Jutta Kunze

Wenn jemand eine Reise tut ...

Jutta Kunze

Wenn jemand eine Reise tut ...

Reiseberichte

Projekte-
Verlag

Impressum

1. Auflage
Satz und Druck: Buchfabrik JUCO GmbH • www.jucogmbh.de
Fotos: Jutta Kunze

© Projekte-Verlag 188, Halle 2005 • www.projekte-verlag.de
ISBN   3-938227-33-8
Preis: 14,90 EURO

... so kann er was erzählen."

Dieses Sprichwort kennen viele, ich habe es mir zu Eigen gemacht und meine Erlebnisse, Eindrücke sowie Erfahrungen von unseren vielen Pauschalrundreisen zu Papier gebracht. Anfänglich ging es nur darum, die am Tage bereisten Etappen stichpunktartig festzuhalten. Wenn man z. B. eine zehntägige Rundreise macht, ‚stürzen' die vielfältigsten Informationen auf einen ein und am Ende der Reise weiß man nicht mehr, wo man alles war und was man alles gesehen hat (ich nenne das ‚Reisealzheimereffekt'). Somit sind viele schöne Dinge in der Erinnerung verloren – also habe ich in den letzten Jahren immer Papier und Bleistift dabei und notiere die vielen kleinen und großen Ereignisse einer Reise. Wie ist das denn nun mit dem Verreisen? Als ‚gelernte Ostdeutsche' stand mir nach der Wende die Welt offen, wobei ich auch schon vor der Wende gemeinsam mit meinem Mann viel gereist bin – allerdings immer nur in östliche Richtung. Mein Mann ist seit über 30 Jahren von einem ‚Reisedrang' und ‚Forscheroder Pioniergeist' besessen, der in unserer Familie, bei Freunden und Bekannten zu folgendem bezeichnenden Spruch führte: „Na, leidest du schon an Reiseentzugserscheinungen? Schließlich warst du die letzten vier Wochen ohne Unterbrechung 'mal zu Hause." Er ist also *die* ‚Reisetriebkraft', immer auf der Suche nach neuen Zielen, der Organisator, der Fotograf und der ‚Kofferträger' ...

Einem persischen Sprichwort zufolge ist das Beste, was man von einer Reise zurückbringen kann, eine heile Haut. Wenn es uns also nach unzähligen Flügen, mehreren tausend Kilometern Strecke, unterschiedlichsten Klimazonen, ungewohntem Essen usw. wieder gelungen ist, heil nach Hause zu kommen, fängt meine Arbeit an. Die aufgeschriebenen Reiseeindrücke werden bearbeitet, abgetippt, mit Fotos und Informationsmaterial ‚aufgepeppt' und ab in einen Ordner. Im Laufe der Zeit zeigten unsere Familie, Freunde und Bekannte Interesse an diesen Aufzeichnungen. Sie meinten oft zu mir: „Warum schreibst du nicht ein Buch über eure Reisen?" Tja, warum eigentlich nicht?

Liebe LeserInnen, nun liegt es also vor, mein kleines ‚Reisebüchlein'. Aber, es ist kein professioneller Reiseführer. Es soll einfach Spaß machen die Seiten zu lesen, sich den fremden Kulturen mit meiner Hilfe zu nähern, ein bisschen von Ferne zu träumen und hier oder dort über die großen und kleinen Pannen oder Missgeschicke, die auf einer Reise ‚lauern', zu schmunzeln.

Oscar Wilde, der irische Schriftsteller, sagte einmal: „Reisen veredelt den Geist und räumt mit unseren Vorurteilen auf."

Also, in diesem Sinne viel Freude mit meinen erlebten Geschichten.

Jutta Kunze

Inhalt

The best of Yukon und Alaska 9

Faszination Südafrika 37

Durch die Schluchten des Yangzeh 67

China – ein Reich zwischen Gegensätzen und Harmonie

Das Land des Lächelns – Japan 105

Große Thailandrundreise 145

Durch die Weite Patagoniens 181

Erlebnis Bali 219

Die Autorin 239

The best of
Yukon und Alaska

„... in a view minutes we are ready for take off ...", dass wir diese Worte hier an Bord der Boing 767 hören, grenzt an ein kleines Wunder, aber der Reihe nach:
Gegen 03.00 Uhr ist unsere Nacht vorbei, wir wollen 04.22 Uhr von Halle nach Weimar und dort den ICE um 06.12 Uhr nach Frankfurt besteigen. Von Frankfurt aus geht unser Flieger um 11.10 Uhr nach Whitehourse in Kanada. Dort ist der Ausgangspunkt für eine 15-tägige Rundreise durch Alaska und Kanada. Unsere Taxe zum Bahnhof ist pünktlich und planmäßig fährt auch der Zug los; bis nach Großheringen geht alles gut. Dann halten wir dort länger als nötig und man sagt auf einmal, dass sich die Weiterfahrt wegen Oberleitungsschaden um einige Zeit verzögert. Nach einer Weile heißt es dann: „Dieser Zug endet hier und fährt zurück nach Halle." Unfassbares Staunen bei uns und Mitreisenden, die genau wie wir den ICE in Weimar kriegen müssen. Das Bahnpersonal ist auch etwas kopflos und nach vielen wertvollen Minuten und etlichen Telefongesprächen will man uns zwei Taxen zur Verfügung stellen. Übrigens sind wir neun Personen die unbedingt zum ICE müssen und dann zwei Taxen? In Großheringen gibt es kein Taxiunternehmen und wir müssen warten bis aus Apolda zwei kommen. Inzwischen ist es schon 06.30 Uhr und wir hören, dass sämtliche ICE-Züge nicht über Weimar fahren – sie werden über Sangerhausen nach Erfurt umgeleitet. Wir rufen unsere Tochter an und bereiten sie schon `mal auf unsere eventuelle Rückkehr vor. Die Taxen sind dann gegen 07.00 Uhr da und wir beide fahren mit zwei weiteren ‚ICE-people' Richtung Autobahn. Geplant ist nun von Seiten der Deuten Bahn, uns nach Erfurt zu fahren und von dort aus sollen wir mit dem Zug nach Frankfurt. Ein Mitreisender hat als Anwalt um 10.15 Uhr einen Gerichtstermin und unser Flieger geht 11.10 Uhr in Richtung Kanada. Aber wenn wir in Erfurt ankommen, fährt kein ICE nach Frankfurt, der es er-

möglicht, pünktlich zu sein. Also wieder mit Handy telefonieren und die Deutsche Bahn sichert im Gespräch zu, dass wir mit der Taxe bis Frankfurt fahren sollen. Ein Festtag für unseren Taxiunternehmer. Es ist mittlerweile 07.30 Uhr und wir sind alle optimistisch, dass wir gegen 09.30 Uhr in Frankfurt sein werden; wir sind ja schließlich schon auf der Autobahn. Bis 20 km vor Frankfurt geht auch alles glatt, wir schwatzen locker, der Taxifahrer ist guter Dinge und dann STAU! Schließlich sind wir 10.45 Uhr am Condor-Schalter zum ,check in', am Schalter ist es so voll, dass wir mindestens eine Stunde stehen müssten. Ich wende mich an eine Mitarbeiterin von Condor, schildere unsere Situation und ganz unbürokratisch werden wir außer der Reihe abgefertigt. Der eigentliche Weg zum Flugzeug streckt sich noch durch etliche Bereiche, wir sind die Letzten die an Bord gehen und Punkt 11.00 Uhr im Flugzeug sitzen. Wolle fallen gleich zwei Steine vom Herzen, so knapp war es noch nie. Ich hatte den Urlaub schon abgeschrieben. So viel Aufregung, Stress und die bisher teuerste Taxifahrt (ca. 620,00 DM) vor Beginn einer Flugreise hatten wir noch nie. Nun können wir also sagen: ,von Halle über Großheringen nach Alaska'. Na gut, unser Flug ist prima – wir haben zwar nur Plätze vor den Rauchern – aber dafür einen Dreiersitz, also viel Platz für uns beide. Pünktlich landen wir in Whitehourse – Außentemperatur 7 °C (ich dachte hier ist Sommer?). Wir erledigen die Einreiseformalitäten – das dauert, denn nur zweimal die Woche kommt ein Flieger aus Europa und die Beamten sind daher ,im Stress'. Später treffen wir unseren Reiseleiter und die anderen Mitreisenden finden sich auch an. Ein Kleinbus, im wahrsten Sinne des Wortes, wird für unsere elfköpfige Gruppe für die nächsten 14 Tage fast ständiges Domizil sein. Unser Reiseleiter Erwin, etwa Mitte 50, stammt aus Deutschland, ist vor sieben Jahren ausgewandert, hat hier inzwischen Familie und ein gutes Aus- und

Einkommen und macht einen recht patenten Eindruck. Den ersten Stopp machen wir am Yukon-River und vertreten uns die Beine. Dann eine kurze Stadtrundfahrt; Whitehourse ist nicht sehr groß. Das gesamte Yukongebiet ist drei Mal größer als die Bundesrepublik und hat aber nur 33.000 Einwohner. Man kann sich vorstellen, was unter einer Stadt oder Ortschaft bzw. einem Dorf verstanden wird. In Whitehourse darf nur maximal zweistöckig gebaut werden, die Straßen sind zwar asphaltiert, aber ansonsten hat die Stadt eher ‚Großdorfcharakter'. Einige ‚native people' (ehemalige Ureinwohner bzw. Eskimos) sehen wir am frühen Abend schon recht ‚betankt' herumstehen – ein typisches Bild für die nächste Zeit und Ausdruck der hohen Arbeitslosigkeit und der geringen Einkünfte. Nach dem ‚check in' im Hotel laufen wir noch zum Supermarkt, später wird geduscht, eine Kleinigkeit gegessen und dann endlich ins Bett. Zu Hause ist schon Freitagfrüh – Wolle schreckt mitten in der Nacht hoch in der Annahme, dass wir es verschlafen haben. Draußen ist es taghell, aber die Uhr zeigt 01.00 Uhr nachts. Wir sind ja weit im Norden unserer Erdhalbkugel und es gibt hier bis zum 21. Juni nur etwa drei bis vier Stunden Dunkelheit in der Nacht. Auf unserem Flug nach Kanada war die nördlichste überflogene Attitude über Grönland und zwar bei 76° nördlicher Breite.

01.06.2001

Nach dem Frühstück heißt es für uns Buswechsel. Wir sind zwei Gruppen zu je elf Personen und machen die Rundreise parallel in zwei Bussen. Zwei Ehepaare hatten die Reise gemeinsam gebucht, sind aber auf die beiden Busse verteilt worden. Nun fragt man uns, ob wir so nett wären und tauschen würden. Na, kein Problem, wir tauschen. Nun ist also Erika unser ‚tourguide' und, welch Zufall, im Bus sitzen zwei

Paare, die uns schon im Flugzeug immer beobachtet haben. Später stellt sich heraus, dass sie im Flieger unsere Reiseunterlagen von FTI gesehen haben und vermuteten, dass wir die gleiche Rundreise machen. Ja, so ist das manchmal. Ich sitze neben den beiden ‚I's' aus Hamburg, Inge und Irene. Wolfgang sitzt zwischen Renate und Heinz aus Mainz. Die ‚tollen' Kleinbusse lassen keine andere Sitzverteilung zu. Eine Österreicherin gehört noch zu uns. Wir kriegen von Erika auch gleich alle die Linie: Essen und Trinken sind im Bus nicht erlaubt, es könnte ja krümeln oder tropfen. Sollten wir Bären, Elche usw. am Wegesrand sehen, kann sie nicht immer halten, da sie auf Sicherheit fährt. Alles klar?

Also los, Richtung Dawson. Dawson liegt etwa 530 km von Whitehourse entfernt und wird auch als legendäre Hauptstadt des Goldrausches von 1898 bezeichnet. Ein Stück fahren wir auf dem Alaska-Highway und dann geht es entlang des Klondike-Highways. Wir bekommen einen ersten Eindruck von der Größe und der Natur Kanadas. Es ist leider trüb und regnerisch. Aber wenigstens bei Fotopausen ist es trocken. Endlos schnurren die Kilometer vorbei und es ist ganz schön eng im Bus. Erika meint, wir hätten ja einen Kleinbus gebucht; ja schon, aber keine Stretchlimousine a' la Trabant. Mittagsstopp ist an einem Imbiss unterwegs. Durch unsere zwei Busse ist der Umsatz für diese Woche in einer halben Stunde erreicht. Weiter fahren wir und dann, ganz plötzlich weiter vorn auf der Straße, ein Bär. Alles wühlt nach Fotoapparat und Videokamera und es wird wie wild drauf los geknipst. Da die Fensterscheiben im Bus aber nicht sehr groß sind und unsere Sicht noch durch die an den Seitenwänden über den Scheiben angebrachten Sicherheitsgurte versperrt wird, ist es nicht so leicht, gute Aufnahmen zu machen. Außerdem sitzen wir zu dritt auf den Bänken und können uns nur eingeschränkt bewegen. Na hoffen wir, dass der Bär auf der Linse ist. Im Örtchen Carmacks – hier sollten wir eigentlich heute übernachten – wird nur kurz aufgetankt. Man hat das Reiseprogramm für heute und morgen geändert und so bleiben wir also nicht hier. Übrigens ist ‚Örtchen' noch geschmeichelt – drei Häuser und fünf Spitzbuben wäre passender. Auf unserer bisherigen Fahrt sind wir am Lake Laberge und am Fox Lake vorbeigekommen. Sie sind beide ganz schön riesig. Im Yukon gibt es nur eine Handvoll asphaltierter Straßen, die wir benutzen, aber es holpert ganz kräftig. ‚Schönen Gruß an die Bandscheiben'. Grund für die Holperstellen ist der andauernde Frostboden; etwa 20 bis 30 cm unter der Erdoberfläche ist der Boden ständig gefroren. Im Frühjahr und Sommer taut es an und dehnt sich aus und führt zu Blasen- oder Senkenbildung im Straßenbelag. Deshalb werden auch Häuser hier oben z. T. auf Pfählen errichtet, damit man sie wieder gerade ausrichten kann, wenn sie sich senken. Das macht man mit einer Art Gabelstapler, der untergeschoben wird und wieder ausrichtet. Am Nachmittag erreichen wir dann Dawson. Hier spielte sich also vieles vom Goldrausch von vor 100 Jahren ab. Mit unserem Bus drehen wir eine erste Runde im Ort. Wegen des ‚permit frost' gibt es hier keinen Straßenbelag auf den Straßen. Der Ort hat noch viele alte Gebäude aus der damaligen Zeit. Vom ‚midnight dom' – einem Aussichtspunkt hoch über Dawson – hat man einen herrlichen Blick auf die Stadt und den Yukon River. Man sieht den riesigen Fluss und unzählige Geröllhalden. Sie verdeutlichen, dass hier fast jeder Zentimeter auf der Suche nach Gold umgewälzt wurde. Wahnsinn, wenn man überlegt, wie vor 100 Jahren hier die Goldsucher am Werke waren und wie der technische Stand war und welche Wetterbedingungen herrschten. Am Abend geht es zu ‚Diamond Tooth Gertie's' Gambling Hall'. ‚Diamandzahn Gerti's' Spielhalle ist das erste kanadische Spielkasino, noch aus der Zeit des ‚goldrush'. Es ist immer noch in Betrieb und herrlich gemütlich. Wir sehen eine typische Westernshow und es ist richtig urig.

02.06.2001

Gemeinsam mit den beiden ‚I's' gehen wir außerhalb des Hotels zum Frühstück, in ein kleines, aber gutes Restaurant. Unser Hotel ist neu renoviert, es wurden Zimmer in einem Anbau noch eingerichtet, es ist sehr schön – aber unter Schweizer Leitung – und das spiegelt sich in den Preisen wieder. Wir vier lassen uns ein prima Frühstück zum halben Preis schmecken. Unsere Gruppe fährt dann zum ‚Claim 33'. Das ist das Gebiet, wo 1898 das erste Gold gefunden wurde und einen wahren ‚run' auf den vermeintlichen Reichtum auslöste. Noch aus der vergangenen Zeit gibt es den ‚dredger Nr. four', den größten Goldeimerreihenschaufelradbagger, der je hier gebaut wurde und zum Einsatz kam. Einfach beeindruckend. Allerdings ist seit 1966 die ‚Canadien Gold Company' still gelegt, da weniger als 30 kg Gold pro Tag gefunden wurden. Es gibt aber immer noch Einzelne, die auch heute ihre ‚Claim's' nach Gold durchsuchen und manchmal auch etwas finden. Diese Goldsucher sind bewaffnet und man kann sich ihre Arbeit nicht einmal ansehen, denn sie schießen sofort, da sie ja nicht wissen, ob einer ehrlich ist oder ihnen etwas Böses will. Wolle und ich bummeln später durch Dawson. Erstens auf der Suche nach einer Telefonkarte und zweitens nach schönen Fotomotiven. Letzteres finden wir reichlich, aber Telefonkarten nicht. Es gibt noch keine, da die Touristensaison gerade erst angefangen hat und noch keine Lieferung erfolgte. Mittag essen wir in einer kleinen Kneipe – die erwachen auch alle so nach und nach aus dem langen kanadischen Winterschlaf. Danach besuchen wir das Visitorcenter und sehen uns drei Filme über Dawson, den Goldrausch und die Schaufelraddampfer an. Es ist echt interessant. Am späten Nachmittag fahren unsere beiden Gruppen mit einem Schaufelraddampfer den Yukon entlang. Man erzählt uns über das Leben der Ureinwohner und auf einer kleinen Insel werden wir von ihnen bewirtet. Es gibt guten Lachs oder Steak. Unsere Gruppe ist recht lustig und wir können uns prima unterhalten. Das Wetter meinte es heute auch gut mit uns. Am Morgen waren es zwar um die 0 °C, aber im Laufe des Tages wurde es schön warm, die Sonne schien und es regnete nicht. Die ersten kleinen Mitbringsel haben wir auch schon.

03.06.2001

Zu viert sitzen wir wieder gemütlich beim Frühstück und heute geht es erst 10.00 Uhr los. Eine kleine, freischwimmende Fähre bringt uns in Dawson über den Yukon-River und wir beginnen unsere Fahrt Richtung Alaska auf dem ‚Top of the World-Highway'. Endlose Wälder und Weite prägen das Bild. Unsere Augen sind nach draußen gerichtet, auf der Suche nach Bären, Elchen, Stachelschweinen usw. Aber leider ohne Erfolg. Es ist recht trüb und regnerisch. Hier auf kanadischer Seite sind die Straßen noch teilweise asphaltiert und es holpert in unserem ‚komfortablen Bus' nicht so. An der Grenzstation zu Alaska – Poker Creek – erledigt Erika für uns alle Formalitäten. Natürlich haben wir aber Vorarbeit geleistet und die grünen Einreiseformulare der USA ausgefüllt. Dann sind wir stundenlang auf Holperwegen unterwegs. Durch die extremen Temperaturunterschiede zwischen Sommer und Winter ist der Straßenbelag arg strapaziert und das merkt man. Unsere Uhren haben wir inzwischen auf ‚Alaska Standard Time' eine Stunde zurück gestellt. Es sind nun zehn Stunden Zeitunterschied zu Deutschland. Ein paar Fotostopps und dann Mittagspause in ‚Chicken'. Der Ort heißt wirklich so: Die Goldsucher aßen vor 100 Jahren vorwiegend die hier lebenden Rebhühner, ‚Ptarmigan'. Da man sich aber über die Schreibweise nicht einigen konnte, taufte man den Ort kurz in ‚Chicken', also ‚Huhn'. Im Sommer leben hier etwa 15 Leute, im Winter etwa neun. Man hat den Eindruck, der Ort stammt aus dem Museum. Es gibt nur etwa drei Häuser, aber

in der einzigen Kneipe etwas zu essen. Einfach unbeschreiblich. Wir können nämlich vor Hunger kaum noch Durst sagen, Essen und Trinken im ‚Bus' sind ja verboten. Gestärkt, Beine und Rücken entkrampft, geht es nun ein Stück weiter – Gold waschen. Am Tanana-River gibt es noch aktive ‚Claims' und das durchgewaschene Geröll wird auf großen Flächen abgeladen. Jeder von uns holt sich im kleinen Souvenirladen eine Goldwaschpfanne, lädt sich draußen etwas Geröll ein und ab zum Fluss. Die Meisten haben ihren vermeintlichen Reichtum schon beim ersten Bewegen der Pfanne im Wasser über ‚Bord' geschwenkt. Tja, gar nicht so leicht, reich zu werden. Wolle hat den Dreh' recht gut 'raus und findet auch tatsächlich etwas Goldstaub. Es ist für alle eine Riesengaudi und die ganze Truppe hat Spaß. Am frühen Abend sind wir dann in Tok. Es ist eine ‚größere' Ortschaft mit 700 Einwohnern. Wir machen die drei Souvenirläden unsicher und können auch endlich eine Telefonkarte kaufen. Sofort melden wir uns bei Cla, dort ist es zwar 04.30 Uhr früh, aber egal. Sie ist auch froh, dass es uns gut geht.
(300 km)

04.06.2001
Wir sind zeitig wach und die ersten beim Frühstück. Das Essen wird serviert und es sind richtige ‚Truckerportionen' – riesig. Nach und nach kommen die anderen und staunen nicht schlecht über das Frühstück. Wir telefonieren noch 'mal mit zu Hause und gegen 08.00 Uhr verlassen wir die ‚Schlittenhunde-Hauptstadt' Tok. Es geht wieder durch die subalpine Tundra der Alaskanischen Bergwelt. Tagesziel ist die Goldgräberstadt Fairbanks. Vor uns liegen wieder Meilen über Meilen, die wir auf dem Alaska-Highway zurücklegen. Alle schauen wieder stundenlang aus dem Fenster – sofern das wegen der Haltegurte möglich ist, um einen Elch, Bären o. ä. zu sehen.

Ich bin der Meinung, im Baum ein Stachelschwein gesehen zu haben, im selben Moment fängt Erika an, über die Briefkästen an den Straßenrändern zu reden. Alles lacht und der Rest der Reise ist mit braunen ‚Stachelschweinbriefkästen' gelaufen. Doch plötzlich – ein Elch! Tatsächlich kriegt Irene nun ihr Foto, sie hat ja auch schon lange genug damit genervt. „Ich möchte jetzt einen Fotostopp. Motiv: Elch im spiegelklaren See, mit Berg im Hintergrund." Oder: „Ich möchte ein Foto: Bär im See oder Fluss mit Lachs im Maul." Ja, ja unsere Irene. Einen Blick auf Büffel, die auf einer Farm gehalten werden, bekommen wir auch noch. Später kriegt sie (und wir auch) noch ein schönes Fotomotiv von den ‚Alaska-Ranges' und sie ist wieder froh gestimmt. Mittagspause machen wir in der Nähe der Alaska-Pipeline, am Harding Lake. Weiter geht es und an der Kreuzung Richardson/Alaska-Highway machen wir im Delta-Junction Visitor Center Stopp. Hier kann man sich Zertifikate ausstellen lassen, die bescheinigen, dass man die Fahrt auf dem Alaska-Highway geschafft hat. Der nächste Halt ist in der kleinen Ortschaft North Pole. Hier wohnt der Weihnachtsmann und in seinem Haus kann man das ganze Jahr über Weihnachtsdeko, Geschenke usw. kaufen. Es gibt eine Post, von der aus man für Weihnachten Karten und Briefe verschicken lassen kann. Wir wollen am Automaten Briefmarken holen und das wird zur Geduldsprobe. Man muss einen Geldschein in einen Schlitz stecken und der Automat zieht diesen ein, gibt Wechselgeld und Briefmarken zurück. Nur bei uns nicht, der Geldschein wird mehrere Mal wieder ‚ausgespuckt', bis es dann nach langer Zeit endlich funktioniert. Nur gut, anderen geht es auch so und der Automat wird zum Anziehungspunkt der Leute, die mit guten Ratschlägen nicht sparen. Am späten Nachmittag erreichen wir dann Fairbanks – die zweitgrößte Stadt Alaskas mit etwa 60.000 Einwohnern. Sie ist Verkehrsknotenpunkt Zentralalaskas und das Tor zu den arktischen Regionen und vielen ‚Wilderness Areas'. Der Polarkreis, ‚Arctic Circle', liegt nur etwa 210 km nördlich, Paris dagegen von ihm 11.325 km entfernt. Die endlosen Weiten, die stundenlangen Fahrten und das Schauen nach Tieren oder Landschaft strengen doch an. Aber wir sind eine wirklich lustige Truppe. Irene ist z. B. unsere ‚Regenmacherin' – sie sagt den Regen immer voraus, auch wenn er nicht kommt; Karl ist unser ‚Chickenmen' – er hat zum Geburtstag eine Henne mit sieben Eiern bekommen und während er im Urlaub ist, sind bereits Küken geschlüpft; Wolle ist mit ‚gekreuztem Besteck' dabei – das sind Hinweisschilder an den Straßen auf Rasthäuser; Inge kennzeichnet der ‚Stenoblock' – sie notiert sich Angaben zu bestimmten Fotos oder der Hinweis von Irene kommt: „Das musst du aber jetzt aufschreiben Inge, sonst vergisst du es und ich erzähle es im Amt." Elisabeth raschelt gern mit Plastiktüten, die sie in ihrem unergründlichen Rucksack hat und damit Erika nervt, usw.

In einem großen Supermarkt kaufen wir noch ein paar Dinge für morgen, da steht der Ausflug in den Denali Nationalpark auf dem Programm.

05.06.2001

Irene hat für heute Regen vorausgesagt, aber 06.30 Uhr – unsere Abfahrtszeit – ist der Himmel strahlend blau. Dafür hat es gestern Abend, genau 22.25 Uhr, geregnet; das hat nämlich Inge auf ihrem Stenoblock verewigt. Wir fahren Richtung Denali Nationalpark und Erika betont noch einmal, dass für unsere beiden Gruppen bisher keine Eintrittskarten zur Verfügung stehen. Wir können das nicht verstehen, denn schließlich weiß der kanadische Veranstalter unserer Reise schon lange, dass ab Mai Reisegruppen kommen. Angeblich sind die Plätze pro Tag für den Besuch des Parks limitiert und es hat erst die Saison wieder begonnen und telefonisch konnte man wohl keine Karten reservieren. Das hebt natürlich die Stimmung im Bus ungemein, besonders die von Irene. Gegen 09.00 Uhr werden wir im Örtchen Denali abgesetzt und Erika und Erwin fahren zum Park, um Eintrittskarten zu besorgen. Der Nationalpark ist der einzige der USA, welcher wegen seiner Tierwelt gegründet wurde. Er ist eines der letzten subarktischen Taiga- und Tundragebiete, wo die Natur noch ganz sich selbst überlassen wird. Er umfasst eine Fläche größer als Hessen. Der endlose Tierweltkreislauf von Jäger und Beute wird im Nationalpark von Menschen nur minimal beeinträchtigt. Es gibt rund 430 verschiedene Arten von Tundrablumen und 37 Säugetierarten, darunter ganz seltene. Um die Artenvielfalt zu erhalten, müssen Besucher Auto und Wohnmobil am Parkeingang abstellen. Die Besichtigung wird mit Shuttlebussen organisiert, die etwa 160 km tief in den Park hinein fahren.

Wir schlendern also erst mal durch den einzigen Souvenirshop und kaufen einige Kleinigkeiten. In ca. einer halben Stunde wollen unsere Reiseleiter zurück sein. Nun, die Minuten vergehen, die Sonne brennt schon ganz schön heiß und die Stimmung ist am Tiefpunkt. Nach etwa zwei Stunden Wartezeit meint Karl, wenn die Beiden nicht bald kommen wird er zum ‚rasenden Elch' und damit ein tolles Fotomotiv für Irene. Na wenigstens haben wir noch Humor. Endlich kommen sie mit einer guten und einer schlechten Nachricht. Die Schlechte: keine Tickets für den Park, die Gute: der Veranstalter trägt die Kosten für einen einstündigen Rundflug im Propellerflugzeug über den Park und die Berge. Nach wiederum fast einer Stunde Wartezeit ist es soweit und unsere beiden Gruppen dürfen fliegen. Verteilt nach Gewicht geht es in die vier Maschinen. Ich hatte mir vorgenommen, nie wieder in eine kleine Maschine zu steigen, aber was soll's (meine Erfahrungen reichen nämlich u. a. auf einen Rundflug mit einem ‚Stoppelhopser' im Grand Canyon zurück; da dachte ich schon, der Flieger bewegt sich nur mit Loopings vorwärts). Erwin gibt mir Akupressurbänder für die Handgelenke und versichert mir, dass ich dadurch keinen ‚Würfelhusten' bekomme. Zur Sicherheit habe ich aber eine große ‚Spucktüte' dabei. Wir sind sechs Leute und der Pilot und nach dem ersten auf und ab durch die Luftlöcher geht es Richtung Berge und Gletscher. Ganz dicht fliegt unser Pilot an die Gipfel und Gletscher heran. Manchmal denke ich, gleich streifen die Propeller den Schnee oder die Eisfelder – aber zum Glück geht alles gut. Der Mount McKinley ist mit seinem 6.194 Meter hohen Südgipfel der höchste Berg Nordamerikas und wir sehen ihn direkt vor uns – gewaltig. Die Sicht auf die grandiose Landschaft unter, vor und neben uns ist einmalig. Die Sonne strahlt und der Schnee reflektiert. Nach über der Hälfte der Flugzeit ziehen aber rasch dunkle Wolken auf und die Berge verhüllen sich im Nu. Unser Pilot macht sich auf den Rückflug. Ganz dicht an den Bergen lag das Flugzeug relativ ruhig in der Luft, jetzt auf dem Rückweg und damit zum Tal hin macht mein Magen schon 'mal diesen und jenen Hopser. Aber Erwins Bänder oder die Einbildung an ihre Wirkung verhindern, dass ich die Spucktüte brauche. Nach der Landung habe ich etwas wacklige Knie, aber ich bin über Alaskas traumhafte Berge geflogen. Auch die anderen kommen alle glücklich 'runter und sind sehr beeindruckt. Nur unser ‚Rolf Herricht' hatte nicht so viel Freude – von 15.00 Uhr bis 16.00 Uhr hat er im Flieger Mittag aufgewischt. Georg, sein eigentlicher Name, kommt mit Frau aus der Nähe von Bad Salzuflen und hat vom Gesicht her unwahrscheinlich Ähnlichkeit mit Rolf Herricht. Auch sein Humor ist toll und unnachahmlich. Unsere Truppe ist nun wieder versöhnt mit dem Veranstalter, der Tag ist noch halbwegs gelungen. Dann geht es zum Hotel, welches auf dem Parkgelände liegt. Erika fährt mit uns nach dem Einchecken noch etwas herum und wir können sehen, wie sich die

Vegetation zur Tundra hin verändert. Am frühen Abend gehen Wolle und ich zum nahen Bahnhof der ‚Alaska Railroad Station'; unzählige Menschen stehen hier. Der Bahnsteig ist abgeteilt und Ordnungsposten sorgen dafür, dass niemand die Absperrung umgeht. Man wartet auf einen Zug, wir mit, das möchten wir ja nun sehen. Die Züge sind sehr elegant und toll und ganz anders als bei uns zu Hause. Er kommt und es ist ein kleines Schauspiel. Servicepersonal steigt als erstes aus, putzt die Haltegriffe, stellt kleine Fußbänke zum Aussteigen bereit usw. Der Zug hat riesige Lokomotiven, herrliche Waggons, feinen Service. Mit so einem Zug würde ich auch 'mal Urlaub machen. Hoffentlich sind Wolle's Bilder etwas geworden.

(300 km)

06.06.2001

Heute fahren wir 07.30 Uhr los und wollen alle gemeinsam unterwegs frühstücken. Nach ca. einer halben Stunde sind wir an Ort und Stelle. Es ist ein kleines ‚Roadhouse' mit zwei Angestellten, eine für die Küche, die andere zum Bedienen. Wir brauchen viel Zeit und Geduld, ehe alle ihr Essen haben; es dauert ewig. Wolle meint, ob wir nicht gleich noch Mittag hier machen wollen, von der Uhrzeit her käme es hin. Es geht dann weiter durch Alaskas Weite; Ziel ist heute Anchorage. Mittagsstopp machen wir in einem Supermarkt. Wir kaufen ‚hot chicken' und lassen uns eine Kundenkarte für den Rabatt ausstellen. Unsere Truppe staunt, denn das kennen sie noch nicht. Gegen 14.00 Uhr sind wir dann in Anchorage, der größten Stadt Alaskas. Sie hat ca. 261.000 Einwohner und war 1915 noch eine Zeltstadt. Während des Eisenbahnbaus der ‚Alaska Railroad' ist sie ständig gewachsen und zählte 1940 noch als Heimat der Tanaina-Indianer, Chugach-Eskimos und russischer Pelzhändler. Der Zweite Weltkrieg brachte der Stadt fieberhafte Aktivität, wirtschaftliches Wachstum und Einwohnerzunahme. Mit den Ölfunden 1957 auf der benachbarten Kenai Halbinsel erlebte die Stadt weiteren Zuwachs. Erika unternimmt mit uns eine kurze Stadtrundfahrt zur Orientierung. Mit dem Hinweis, wir sollten uns nur in Downtown aufhalten, verabschiedet sie sich von uns bis morgen. Der heutige Nachmittag/ Abend stehen für uns zur freien Verfügung. Wolle hat eine Anzeige entdeckt von einer ‚Ulu-Factory' und wir laufen hin. Ich kriege ein schönes ‚Ulu' – ein Messer, welches die ‚native people' benutzen. Wir schlendern durch die Stadt, die Souvenirgeschäfte und Kaufhäuser. Bei ‚JC Penny' ist der größte bisher erlegte Grizzly ausgestellt – Wahnsinn. Anchorages ‚nightlife' und die Gegend, wo unser Hotel liegt, sind nicht so toll, deshalb verbringen wir den Abend auf dem Zimmer. (400 km)

07.06.2001
Auch heute wollen wir und die andere Gruppe gemeinsam frühstücken. Es geht zu ‚Gweeny's', dass ist eine urige Kneipe mit herrlichen schwarz/weißen Fotografien von Alaska und dem Goldrausch und einem ausgestellten, ausgestopften Bären. 06.30 Uhr fahren wir los und es ist nicht weit. Im Restaurant hat man zwar unsere Reservierung vergessen, aber es geht mit dem Frühstück für alle recht flott. Wir sind so zeitig los, da wir nach Seward müssen; das sind etwa 200 km und um 11.30 Uhr fährt dort vom Hafen unser Schiff zur Fjordfahrt los. Also geht es zügig voran und wir machen nur einen kurzen Zwischenstopp. Einige von uns, so wie ich, vertragen Schifffahren nicht so gut und man tauscht ‚Pülverchen, Wässerchen und Pillchen' in Sachen Magenberuhigung. Renate schwört auf Ingwerstückchen (geschält und leicht gezuckert) und bietet mir welche an. Nun es kann ja nicht schaden und ich probiere es (schmeckt scharf und komisch). Überpünktlich heißt es ‚Lei-

nen los' und unsere sechsstündige Kreuzfahrt im Kenai Fjord beginnt. Es ist eine Tierbeobachtungs- und Gletschertour und wir sind gespannt. Tausende von Seevögeln nisten hier im Frühjahr und Sommer; es gibt Seehunde, Buckelwale, Killerwale und viele andere Tiere. Auch will Wolle nun endlich das Gletschereis ‚the whisper of the age' sehen und hören. Es gibt Mittagessen – ich hebe meins auf, sicher ist sicher ... und es wäre schade drum. Tatsächlich haben wir mit dem Wetter und auch mit den Tieren Glück. Das Wetter ist gut und wir sehen ganz dicht am Schiff Buckelwale, Seehunde und Lunds. Wir fahren dann an den Aialik-Gletscher heran und können sehen und hören, wie er ‚kalbt'. Unbeschreiblich!

Jemand von der Besatzung fischt kleine Eisstücke aus dem Wasser und wir legen diese in Cola. Man legt das Ohr ans Glas und kann ganz deutlich hören, wie sich die Jahrtausendalten Lufteinschlüsse im Eis durch den Schmelzvorgang befreien; es wispert und zischt – ‚the whisper of the age'. Die Bruchkante des Gletschers ins Meer ist 100 Meter hoch und er reicht über drei km vom Harding Icefield herunter. Man kommt sich richtig klein vor gegenüber diesen gewaltigen Eismassen. Die Zeit vergeht mit Tierbeobachtung, Fotografieren, Filmen und wir sind schon vier Stunden unterwegs. Wieder rufen die Besatzungsmitglieder: „Wale gesichtet!" und alles stürzt zur rechten Seite des Schiffes, um gut zu sehen – nur ich nicht. Mir wird ganz komisch und ich nehme meine Plastiktüte und Irenes leeren Kaffeebecher und muss auch rufen: „...uuulf...", – aber nur ganz leise. Erika sieht nach einer ganzen Weile, dass ich leicht grün im Gesicht bin und bringt mit schnell die Akupressurbänder. Kurz vor Einfahrt in den Hafen habe ich wieder etwas Farbe im Gesicht. Trotz allem war die Fahrt sehr schön und man kann nur schwer die vielen Eindrücke davon wieder geben. Unser Hotel ist auch gleich am Hafen und wir schlendern später noch durch den kleinen Ort.

(200 km)

08.06.2001

Heute werden wir den langen Weg von Seward über Anchorage nach Glennallen fahren. Beim Frühstück treffen wir nur eine Familie aus der anderen Gruppe; vielen ist es auf Dauer wahrscheinlich doch zu teuer und sie frühstücken auf dem Zimmer. Im Hafen von Seward liegen jetzt zwei große Kreuzfahrtschiffe und die Berge dahinter geben mit ihnen ein tolles Panorama. Wolle macht ein paar Aufnahmen und es geht wieder los. Als willkommene Abwechslung gibt es heute eine Wanderung zum ‚Exit-Gletscher'. Es macht Spaß am Morgen zu laufen, das Wetter ist schön, die Mücken sind noch nicht so verrückt nach uns und wir sehen die herrliche Landschaft. Später halten wir vom Bus aus wieder nach Tieren Ausschau, die ja hier ‚soo zahlreich' vorkommen – nur wenn wir mit dem Bus fahren, verkrümeln sie sich. Ein paar Fotostopps machen wir trotzdem und Mittagspause ist in Anchorage. Anschließend geht es zum Supermarkt, um Bestände aufzufüllen. Unsere Gruppe testet die Sache mit der Rabattkarte und freut sich, als es klappt. Den ganzen Tag über begleitet uns heute das herrliche Panorama der ‚Alaska-Ranges'. Es geht wieder recht lustig zu und Irene sorgt mit ihren Extrawünschen – wie „Aber jetzt will ich als Fotomotiv 'nen Bären mit Lachs im Maul" – für Stimmung. Bärbel und Karl geben auf ihren heutigen 39. Hochzeitstag eine Runde ‚Lolli's' aus – Trinken im Bus ist ja verboten. Und man glaubt gar nicht, wie viel Spaß elf Erwachsene damit haben können.
(500 km)

09.06.2001

Wolle und ich frühstücken wieder fast als einzige von den beiden Gruppen im Restaurant. Pünktlich 08.00 Uhr fahren wir dann ab; heute geht es wieder über die Grenze nach Kanada. Das Wetter ist herrlich, trotz Irenes ‚düsteren' Vorhersagen. Wir haben viel Zeit, da kein Flugzeug oder Schiff erreicht werden muss und so machen wir öfter Pause. Damit können wir auch unsere Beine entlasten, denn unser Kleinbus ist nicht gerade komfortabel. Wir haben aus ‚der Not eine Tugend' gemacht und jeder hat inzwischen beim Aus- und Einsteigen seine Pflichten. Karl sitzt gleich neben den Türen und muss somit diese öffnen, einen Gurt hoch hängen, das Fußbänkchen auf eine sichere Fläche vor die Tür stellen und die Türen aufhalten. Ursel und Georg halten die rechten seitlichen Gurte an die Decke, damit die hinteren Leute beim Aussteigen nicht hängen bleiben. Wir anderen verstauen Rucksäcke, Fototaschen und diversen Kleinkram auf den frei werdenden Sitzflächen, um den Gang zur Tür frei zu machen. Jeder muss wissen, in welcher Reihenfolge eingestiegen wird – im Bus Plätze tauschen usw. ist nicht möglich. Tja, da ist also immer ‚Äktschen'. Bei weiteren Fotostopps verweigern wir das Aussteigen – die Mücken fressen uns auf. Mittag sitzen wir alle gemeinsam am Tisch im Restaurant und es ist wieder lustig, bis alle in ihrem mehr oder weniger guten Englisch die Bestellung aufgegeben haben. Nur Elisabeth fehlt, sie ‚tankt' wahrscheinlich erst 'mal auf. Es war mit Erika ausgemacht, dass wir rufen sollen, wenn wir einen Fotostopp wünschen oder ein Tier sehen, damit sie halten kann. Nach einiger Zeit ruft Renate – aber etwas leise aus der hintersten Reihe: „Da steht ein Elch!" Der ganze Bus brüllt los und Erika tritt voll auf die Bremse (nun würden noch fünf Leute im Bus Platz haben). Das Gewühl und Aussteigritual beginnt, wir sollen aber leise sein, und endlich hat Irene ihr leicht abgewandeltes Wunschfotomotiv ‚Elch am Wasser, mit Berg im Hintergrund' (gewünscht waren zwei knutschende Elche). An der Grenzstation zu Kanada gibt es einen neuen Stempel ‚Beaver Creek' in den Pass. Dann sind wir auch schon im Grenzort, der aus einer Handvoll Häusern und dem Hotel besteht. Im Hotelfoyer gibt es einen Bereich, wo man erlegte und ausgestopfte Tiere der Gegend ausgestellt hat. Es ist interessant und wirklich gut gemacht.

Unsere Bandscheiben und Gelenke sind heute arg in Mitleidenschaft gezogen worden, die Straßen waren sehr schlecht. Unterwegs gibt es zwar immer wieder riesige Baubereiche, wo man versucht bis zum nächsten Winter die Schäden des vergangenen auszubessern, aber alles schafft man nicht. Die Ausbesserungsarbeiten mit riesigen Baumaschinen werden bei laufendem Verkehr gemacht. Es gibt Ampeln am Anfang und am Ende der Bereiche, Sicherheitskräfte an bestimmten Punkten und Führungsfahrzeuge. Diese pendeln zwischen den Enden hin und her und die Autofahrer müssen sich genau nach der vom Führungsauto vorgegebenen Fahrtstrecke halten. Das ist schon beeindruckend, wie das auch funktioniert. Am Abend heißt es also für alle – Rücken ausruhen.
(400 km)

10.06.2001

Heute gibt es das erste Mal auf unserer Rundreise Büfettfrühstück. Inge kommt auch zum Essen und das Büfett ist wirklich gut. Die anderen wollen unterwegs Lachsbrötchen frühstücken. Von Erika werden alle vorgewarnt, dass das kleine alte Roadhouse chaotisch ist, das Essen aber gut sein soll. Unsere Erwartungen werden noch übertroffen, es sieht dort aus ‚wie bei Hempels unterm Sofa‘. Alte kaputte Autos, Fahrräder, Gerümpel, eine kaputte Tanksäule, ein kleiner Garten, der aber gepflegt aussieht, ein halbkaputtes Gewächshaus und im Wohnhaus alles Mögliche. Wir lassen uns sagen, dass man hier in der Abgeschiedenheit und Weite der kanadischen Wälder nichts wegwirft, man könnte ja irgendwann 'mal Ersatzteile o. ä. benötigen. Da der Winter sehr lang ist und manchmal nur einmal im Monat Post kommt, sind die Leute auf sich allein gestellt. Strom wird über einen Generator selbst erzeugt, Fernwärme gibt es natürlich auch nicht. Das Roadhouse wird von Mutter und Sohn bewirtschaftet und sie stellen auch kunstgewerbliche Souvenirs her bzw. verkaufen echte Indianerarbeiten. Die Lachsbrötchen entpuppen sich dann als Toastbrotschnitten mit Lachspaste. Angeblich fangfrischer Lachs, nur püriert. Ach nur gut, dass wir schon prima gefrühstückt haben. Wir sind also unterwegs von Beaver Creek nach Haines Junction und das Wetter meint es wieder sehr gut mit uns. Die Fahrt auf dem Alaska-Highway holpert uns wieder durcheinander, wir sind auf Tier- und Fotosuche und es ist ein schöner Tag. Mittags sitzen wir alle zusammen, auch Elisabeth ist mit dabei. Später geht es weiter und plötzlich schreit Irene: „Ein Bär, ein Bär, hinten links ein Bär!" – nur sind wir gerade auf einem kurvigen Straßenabschnitt und Erika hält nicht an. Tja, so hören wir dann den Rest des Tages von unserer zutiefst deprimierten Irene: „Aber Erwin hätte gestoppt und wäre rückwärts gefahren!" Am Nachmittag sind wir dann in Haines Junction und schauen uns im Visitorcenter einen interessanten Film über den Kluane Nationalpark an. Dann kurze Orientierungsfahrt durch den Ort (wie gehabt drei Häuser, fünf Spitzbuben) und einchecken im Motel. Wir haben wieder alle die Zimmer nebeneinander und die Türen und Fenster zum Fußweg hin. Beste Gelegenheit für Ursel 'mal zu schauen, was so jeder für Nachtgarderobe trägt. Irene trägt rot, das wissen wir schon seit ein paar Tagen durch Ursels ,Aufmerksamkeit'.

Unsere Truppe geht dann noch auf ,Bärensuche' in den Kluane Nationalpark. Etwa 20 min Fahrtzeit und wir sind im Gebiet des Parks. Wir wollen eine kleine Wanderung machen und werden über Verhaltensregeln bei Auftauchen eines Bären informiert. ,Bewaffnet' mit Bärenabwehrspray (das ist kein Witz) und Bärenglocken an der Kleidung (gibt es in jedem Supermarkt) ziehen wir los. Beim Aussteigen aus dem Bus stürzen sich aber erst einmal die Mücken auf uns. Die aben-

teuerlichsten Verkleidungen und Maßnahmen werden ergriffen, damit man nicht gestochen wird (sollte uns so ein Bär sehen, er würde in Panik davon laufen). Wir befinden uns in ausgewiesenem Bärengebiet, an bestimmten Stellen sind Hinweistafeln, wann und wo zuletzt ein Bär gesichtet wurde. Bei uns steht das Datum vom 08.06.2001. Es ist schon etwas komisch zu wissen, das hinter diesem oder jenem grünen Dickicht der Grizzly ‚lauert'. Wir bleiben also alle dicht beisammen, singen laut und machen Lärm. Einerseits möchte man ja ein tolles Foto vom Bären, aber andererseits haben wir keine Lust, Auge in Auge mit ‚ Meister Petz' zu stehen. Inge würde vor Schreck umfallen, Georg müsste für uns als Schutzschild herhalten (er ist fast zwei Meter groß), nur Irene würde ganz leise und ruhig mit ihm reden, dass sie ja nur ein Foto machen wolle.
(300 km)

11.06.2001
07.30 Uhr stehen wir alle abfahrbereit, nur Erika und der Bus fehlen. Sie kommt etwas später – das Frühstück im einzigen Hotel des Ortes dauerte länger, als geplant. Die Leute hier sind alle recht bedächtig und gehen alles mit viel Ruhe und Gelassenheit an. Es ist noch recht frisch und graue Wolken und Nebel hängen ziemlich tief. Unsere heutige Route nach Haines soll zu einer der landschaftlich schönsten im Yukon gehören. Wir fahren auf der Haines Road und entlang des Kluane Nationalpark. Die Berge bilden wieder ein herrliches Panorama. Man hat das Gefühl, die Sonne schafft es durch die Wolken hindurch und später ist es auch so. Die Strecke führt an schönen Seen vorbei, wie z. B. dem Dezadeash Lake. Heute sitzt Irene auf dem Beifahrersitz, jeden Tag kann ja ein anderer vorn sitzen, damit alle 'mal gute Sicht zum Fotografieren usw. haben. Wir haben schon Bedenken wegen Irenes

Stimmung auf Grund des Nebels, aber erstaunlicherweise bricht nicht wie sonst um 09.10 Uhr die ‚Meckerphase' aus. Auf einem Schneefeld sehen wir einen Kojoten. Am Grenzpunkt zu Alaska gibt es einige Informationstafeln und -schriften zur hiesigen Gegend. Hier im Gebiet von Haines ist eine der größten Konzentrationen des amerikanischen ‚Bald Eagles', dem Weißkopfseeadler, beheimatet. Sie sind Amerikas nationales Symbol und kommen im Oktober und November in großer Zahl hierher, um sich von den spät laichenden Lachsen zu ernähren. Die Lachse sind hier auf dem Weg den Chilkat River hinauf. Kurz hinter dem Grenzpunkt zu Alaska halten wir und sollen auf Erwin warten. Erika war wohl noch nicht in Haines und weiß nicht, wo sie den Anfang der Wanderung im nordischen Regenwald finden soll. Auch kennt sie sich im Ort nicht aus. Es ist inzwischen schön warm, keine Mücken, aber anderthalb Stunden Wartezeit sind uns dann doch zuviel. Wir sind hier an einem kleinen Roadhouse und mitten im Wald und es gibt nichts, was von Interesse wäre. Alle sind deshalb recht mürrisch und endlich kommt Erwin mit seiner Truppe. Die wollen hier erst noch ausgiebig essen und wir haben aber keine Lust, noch 'mal solange zu warten. Erika soll uns nach Haines fahren, dort hätten wir schon längst sein können, wenn sich die beiden Reiseleiter besser abgestimmt hätten. Die Atmosphäre im Bus ist also auch erst einmal recht frostig – wir sind ja auch in Alaska. Unterwegs sind noch ein paar Fotostopps, die aber keiner wahrnimmt. Die Straße nach Haines folgt heute größtenteils dem alten Dalton Trail. Das war ein Indianerpfad, der, ins Landesinnere zu Zielorten im Yukon und in Alaska, viel leichter zu begehen war – obwohl länger als die Chilkoot und White Pass Trails, die 1898 im Rausch des Goldes im Yukon so berühmt wurden. Haines liegt am nordwestlichen Ende des Lynn Canals. In Haines schwärmen wir dann aus, um endlich etwas zu essen. Danach geht's für einige von uns direkt ins Hotel,

der Rest macht eine Wanderung im ‚temperated rainforest'.
Dazu fahren wir – immer im Schlepptau von Erwin – zum
Chilkat State Park. Am Wanderpfad angekommen, kann man
an einer Schautafel lesen, wann zuletzt Bären gesichtet wurden, es war ebenfalls der 08.06.2001. Wir wandern also wieder
direkt im ‚Bärenland'. Der nordische Regenwald ist schön.
Ganz urwüchsig, große Bäume, umgestürzte, halb verrottete
Stämme, große Farne, dichte Nadelhölzer und ab und zu ein
Blick auf die schneebedeckten Berge. Gott sei Dank erblicken
wir keinen Bären und auch die Mücken lassen uns in Ruhe.
Am späten Nachmittag bummeln wir noch durch. den hüb-
schen kleinen Ort entlang des Canals.
(250 km)

12.06.2001
Heute können wir 'mal ausschlafen, der Vormittag ist zur freien
Verfügung. Unsere beiden Reiseleiter mussten allerdings zeitig los, da sie die Busse und unser Gepäck auf dem Landweg
die 600 km lange Strecke nach Skagway befördern werden.
Wir sollten eigentlich alle gemeinsam mit der Fähre durch
den Lynnkanal nach Skagway ‚schippern', aber die große Fähre wird repariert und man befördert die Leute in kleineren
Fähren bzw. Wassertaxen. Da ist also kein ausreichender Platz
für Kleinbusse. Wir gehen ganz in Ruhe frühstücken und
bummeln anschließend noch einmal durch die wenigen Geschäfte. Es ist sehr bewölkt und kühl. 11.00 Uhr ist ‚check
out' und nur mit unserem Handgepäck stehen wir zur Abho-
lung zur Fährfahrt bereit. Irene meint, dass das schon komisch sei, so ohne Koffer – man hat soviel Zeit auf einmal,
die man sonst mit der Suche nach Dingen im Koffer verplem-
pert. Wir gehen dann noch Mittagessen und gegen 14.00
Uhr holt uns der Shuttlebus zum Hafen ab. 15.00 Uhr geht
es mit einem Katamaran durch den Lynnkanal nach Skagway.

Fahrzeit ist 35 min; Ursel und ich haben ‚Pülverchen' von Elisabeth bekommen und so kommen wir mit einigermaßen gesunder Gesichtsfarbe in Skagway an. Unsere Reiseleiter sind auch erst kurz vor uns eingetroffen und haben eine anstrengende, weite Strecke hinter sich. Mit den Bussen waren sie länger unterwegs, als geplant. Skagway, das wichtige Tor zum Klondike oder anderer Anziehungspunkte innerhalb des Yukon zur Zeit des Goldrausches von 1897/98, ist heute wie ein Geschichtspark. Die kleine Stadt mit etwa 1.000 Einwohnern beherbergte vor 100 Jahren bis zu 30.000 Menschen. Die Route von Skagway auf dem 53 km langen Chilkoot Trail über den Pass auf der Alaskanischen Seite der Berge, war der schnellste Zugang auf dem Weg in die Klondicke-Goldfelder. Viele restaurierte Ladengeschäfte und noch schön erhaltene Holzwohnhäuser – ein Flair von ‚Goldgräberstadt' machen den Ort sehr reizvoll. Man kommt sich vor wie im Film. In Skagway endet die Route der Fährschiffe des ‚Alaska Highway System' und im Sommer legen hier täglich einige große Kreuzfahrtschiffe an. Auch heute liegen im Hafen vier riesige von ihnen und die kleine Stadt ist voller Menschen. Es macht Spaß hier zu bummeln und über die hölzernen Fußwege zu laufen. Wolle macht ein paar Aufnahmen und nach und nach werden die Straßen wieder leerer. Die ‚Kreuzfahrer' kommen im Laufe des Tages von den Schiffen, schauen, kaufen, kaufen, schauen und gegen 18.00 Uhr sind sie alle wieder an Bord. Die Stadt wirkt dann plötzlich wie ausgestorben und die Geschäfte schließen. Die Schiffe legen am Abend ab und am nächsten Morgen sind neue da, mit neuen ‚Kreuzfahrern' und alles beginnt von vorn.

13.06.2001

Unser 20. Hochzeitstag und wir sind in Skagway/Alaska und lassen uns das Frühstück im ‚Corner Cafe' schmecken. Wer hätte vor 20 Jahren gedacht, dass wir einmal hier an einem 13.06. sein würden? Es gibt erstaunlich guten Kaffee und 09.00 Uhr wird unser Gepäck zum letzten Mal in den Anhänger verladen. Bis 11.00 Uhr bummeln wir durch die herrliche kleine ‚Goldrauschstadt', dann ist ‚check out' und Wolle und ich laufen zum Bahnhof. Ich fahre mit der ‚White & Yukon Railway', das ist eine historische Schmalspurbahn, die den Weg der Goldgräber – den Chilkot Trail – zum Teil berührt. Aus unserer Gruppe sind wir zu viert, die einstündige Fahrt kostet 67,00 $ und wir wollen uns 12.00 Uhr am Bahnhof treffen. Unterwegs sieht Wolle in einem Juwelierladen einen Ring und meint, ob er mir gefällt. Im Laden finden wir einen hübscheren, mit einem Rubin und Diamantsplittern und Wolle schenkt ihn mir. Leider muss er noch etwas kleiner gemacht werden und in einer Stunde soll er ihn dann abholen. Wolle macht am Bahnhof noch ein paar schöne Aufnahmen und dann fahren Renate, Inge, Heinz und ich mit dem herrlichen alten Zug los. Es ist eine wunderschöne Bergfahrt zum Pass und das Wetter spielt auch mit. Inge und ich stehen fast die ganze Zeit auf der Plattform unseres Waggons und haben einen guten Standpunkt für Fotos. Wir ‚Zugfahrer' können nun direkt sehen, wo die Goldgräber vor 100 Jahren versuchten, von Whitehourse aus über den Pass zu kommen, um in Dawson nach Gold zu suchen. Einfach Wahnsinn, wenn man bedenkt, was an Ausrüstung mitgeschleppt werden musste und wie die Natur hier ist. Die ‚Stampeder' (Goldsucher) mussten eine Tonne an Vorräten mitbringen, um etwa für ein Jahr im wilden und kargen Klondike zu überleben. Das schrieb die kanadische Polizei vor. In Skagway im Museum ist das alles ganz toll und informativ aufgearbeitet und man kann sich gedanklich in die damalige Zeit versetzen. Tausende sind mit ihren Lasttieren auf dem Weg zum Gold durch die Berge ‚auf der Strecke geblieben'. Man sieht heute noch in der ‚Dead Horse Gulch' Skelette von 3.000 Pferden liegen. Die Zugfahrt durch diese zur jetzigen Jahreszeit so faszinierende Landschaft ist ein wahnsinnig schönes Erlebnis – wie im Film, einfach unbeschreiblich. In Fraser steht dann unsere restliche Truppe mit dem Bus und Erika. Wolle und ich geben eine Runde Lollis aus, genau wie Bärbel und Karl zu ihrem Hochzeitstag. Wolle gibt mir den schönen Ring und den anderen gefällt er auch. Erika findet uns mit den Lutschern ‚köstlich' und macht den Vorschlag für ein ‚Gruppenhochzeitsfoto'. Also alle aufgestellt, den Lolli in die Gusche und ‚cheeees'. Weiter geht dann unsere Fahrt, es gibt noch 'nen Kaffee und ein paar Fotostopps. Am späten Nachmittag sind wir wieder am Ausgangspunkt unserer Rundreise – in Whitehourse. Wolle und ich gehen noch schön Abendessen im ‚Pandas'. Das ist ein Restaurant unter deutscher Leitung und es gibt u. a. bayerische Küche.

(200 km)

14.06.2001
Der letzte Urlaubstag beginnt – wie schnell doch so zwei Wochen vergehen! Was haben wir alles erlebt, gesehen, für Eindrücke und Erfahrungen sammeln können. Wir hatten auch wieder prima Mitreisende und es hat uns viel Spaß gemacht. Das es hier und dort einige Dinge gab, die nicht so ganz gestimmt haben – nun wir werden uns in Deutschland mit FTI in Verbindung setzten. Nun geht es erst noch einmal zum Essen – Eier, Speck, Bratkartoffeln, Toast, Marmelade, ann reicht es aber wieder für die nächste Zeit mit dem amerikanischen Frühstück. 10.00 Uhr holt uns Erika zum letzten Mal ab und es geht Richtung Flughafen. Wir werden von Whitehourse nach Fairbanks fliegen, haben dort etwa eine Stunde Aufenthalt und dann ab – non stop – nach Frankfurt. Also, Abschied von Erika und von unserer Alaska/Kanada-Rundreise. Diesmal sind Karl und Georg mit Frauen beim

Einchecken ‚dumm' dran – sie waren schon auf dem Flug hierher nicht im Computer der Fluggesellschaft zu finden und jetzt geht das ‚Spiel' für sie wieder los. Man findet nach langem hin und her den Fehler und nun fliegen wir also alle wirklich nach Hause. Der Flug nach Fairbanks ist pünktlich und auch von dort geht es pünktlich weiter. Voraussichtliche Flugzeit ist etwa acht Stunden und dreißig Minuten; das Flugzeug ist nicht voll besetzt. So suchen Inge und ich uns je einen leeren Dreierplatz und können es uns bequem machen. Wir bekommen ‚deutsches' Essen – hmm, lecker, nur die ‚Leberwurst' fehlt (für Georg und mich). Die Zeit vergeht, wir schwatzen über die vergangenen Tage, essen, trinken, schlafen und dann heißt es: „We are ready for landing." Inzwischen ist Freitag, der 15.06.2001 und unser Gepäck wird relativ rasch ausgeladen. Die anderen müssen noch Anschlussflüge nehmen, wir müssen zum Bahnhof. Diesmal klappt alles mit dem ICE und wir sind am Nachmittag in Halle.

Wieder ist eine wunderschöne Reise zu Ende – Kanada, mit dem riesigen Yukongebiet und Alaska, seit 1959 49. Bundesstaat der USA, mit den höchsten Bergen, größten Gletschern und so viiiel unberührter Natur (und den gefräßigsten Moskitos) haben uns berührt. Die Geschichte des Goldrausches ist auch heute noch faszinierend, vor allem die erhaltenen ‚stummen' Zeugen, wie die herrlichen kleinen Orte, die verlassenen Goldminen ...

Faszination
Südafrika

28.01.2002

Kilometer um Kilometer fahren wir mit dem InterRegio von Halle/Sachsen-Anhalt über Thüringen nach Hessen; Ziel ist Frankfurt airport. Wir sind also schon wieder unterwegs in Richtung erster längerer Urlaub. Wir sind erst mittags los und es ist eine schöne Fahrt; gegen 18.00 Uhr sollen wir dann am Flughafen sein. Auf der Strecke sieht man an der Saale, Werra und Fulda schon viele Flächen unter Wasser stehen. Besonders zwischen Bad Hersfeld und Frankfurt. Kündigt sich vielleicht ein Hochwasser an? Ein kurzer Schreck für uns unterwegs – der Zug bleibt auf offener Strecke außerplanmäßig stehen. Das hatten wir doch erst im vorigen Jahr?! Aber nach ca. 20 min geht es weiter und uns bleiben Aufregungen im Zug erspart. Trotzdem sind wir fast pünktlich am Flughafen und fragen uns zum Schalter von ‚South African Airways' durch. Wir checken ein und damit ist unser Urlaubsland klar – wir wollen eine 14-tägige Südafrikarundreise machen. In einer – Gott sei Dank – nicht ganz voll besetzten Boing 747-300 geht es 21.20 Uhr los und mit einer Flugzeit von ca. zehn Stunden der Nacht entgegen. Zeitverschiebung zu Südafrika ist nur eine Stunde, da wir fast gerade aus nach unten um den Globus fliegen. Service an Bord ist prima, aber der Flug selbst dafür ‚gräulich'. Ab etwa 23.00 Uhr heißt es immer wieder „Anschnallen!" wegen starker Turbulenzen und zwischen 04.00 Uhr und 06.00 Uhr ist es besonders heftig. Unser Flugzeug wird hin und her und hoch und runter geschüttelt – nur gut, dass ich nicht gerade jetzt zur Toilette muss. Man kann bei diesem auf und ab nicht aufstehen, da der Boden ständig unter den Füßen weg ist und von oben klappert es auch kräftig in den Gepäckfächern. Ein Beruhigungsschnäpschen gibt es nicht, die Flugbegleiter sitzen auch angeschnallt (aber meine Nerven sind erstaunlich stark, wenn auch sehr angespannt. Scheiß Fliegerei!).

Es ist inzwischen gegen 08.00 Uhr morgens, der **29.01.2002** und endlich heißt es dann Landung in Johannesburg, wo wir in einen Airbus umsteigen, der uns zum Ausgangspunkt unserer Rundreise – nach Kapstadt – bringt. Ob der Mitarbeiter von ‚South African Airline' beim Einchecken in Frankfurt wusste, was uns für ein Flug bevorsteht? Wir haben nämlich für den Flug von Johannesburg nach Cape Town Plätze in der business class erhalten. Wir gehen also im Flugzeug noch eine Treppe nach oben und sitzen mit dem Kapitän auf einer Ebene. Wir haben viel Platz und es ist sehr angenehm, so zu fliegen – kein Vergleich zur Holzklasse. Der Flug ist wesentlich kürzer (zwei Stunden) aber dafür auch viel ruhiger und dann landen wir bei 25 °C Außentemperatur in Kapstadt. Wir haben schon im Flugzeug unser ‚Spiel' gemacht – wer gehört zur Reisegruppe – und das setzen wir jetzt am Gepäckband fort. Das ist immer recht lustig und nach einer ganzen Weile finden sich alle Mitreisenden beim Abholer von ‚Berge und Meer' ein. Wir sind also 54 Leute und verteilen uns auf zwei Busse. Einige sind uns schon im Flugzeug aufgefallen, na mal sehen, wie es so weitergeht. Jetzt heißt es erst einmal, auf zur Stadtrundfahrt. Unser Hotel ist erst am Nachmittag zum einchecken fertig und so müssen wir nach ‚durchschaukeltem Flug', verschwitzt, in Winterkleidung und fast 36 Stunden ohne Schlaf zum Sightseeing. Also los, wir sind schon andere Dinge gewöhnt. Kapstadt liegt zu Füßen des imposant abgeflachten Tafelberges, der mit einer Höhe von 1.000 Meter die Stadt überragt. Leider trägt er heute ein ‚Wolkentischtuch' und ist nur zu erahnen. Das Zentrum der Stadt, zwischen Bergen und Meer erbaut, erinnert an amerikanische Großstädte. Wir schlendern durch einen Park und besuchen das ‚South African Museum'. Hier genießen wir die ‚aircondition' und sehen uns natürlich die umfangreiche naturgeschichtliche Sammlung an. Man kann auch u. a. Zeichnungen der ‚Buschmänner' sehen. Im Hafenviertel – der Waterfront – ist es auch schön. Das Viertel wurde in den 1990er Jahren restauriert und nun gibt es dort Restaurants, Boutiquen, Shops, Weinhandlungen, Souvenirläden, Wechselstuben, eine Brauerei usw. Der Hafenbetrieb geht aber trotzdem weiter. Nachdem wir alle in den Wechselstuben erstes Geld getauscht haben, sehen wir uns noch das schöne Malaienviertel ‚Bo Kaap' an. Kleine, farbige Häuser mit Terrassendächern stehen an den steil abfallenden, gepflasterten Straßen. Hier wohnen heute die ‚Kapmalaien' – Nachfahren indischer und indonesischer Sklaven, die von den Holländern ans Kap verschleppt wurden. Den Namen erhielten die Muslime durch ihre gemeinsame Sprache, dem Malaiischen. Von den Moscheen im Viertel hört man die Muezzins rufen. Gegen 18.00 Uhr sind wir dann endlich im Hotel und die ersten ‚schlauen' Mitreisenden sorgen für Chaos. Sie wollen als Familien einchecken: „Heinz, hol' mal das Voucher aus dem Rucksack und zeige es dort an der Rezeption." Die Nächsten: „Ei, gibbets es jetscht a' ohne Voucher a' Zimmerle?" Da wir aber eine Reisegruppe sind, ist das alles schon erledigt und die Zimmerschlüssel liegen für alle schon parat. Also, ab ins Zimmer, duschen, essen, schlafen.

30.01.2002
07.00 Uhr gehen wir zum Frühstück, es ist in Büfettform und wirklich prima. Das Restaurant ist sehr voll, etliche Mitreisende sitzen schon und lassen es sich schmecken. 08.00 Uhr ist dann Abfahrt zum Ganztagesausflug ans ‚Kap der Guten Hoffnung'. In unserem Bus sind wir 30 Leute und unser Reiseleiter ist Dieter. Er sieht aus wie ein urwüchsiger Bayer. Mindestens 1,90 Meter groß, ein Kreuz wie ein Bär und dicke Waden (die in grob gestrickten Kniestrümpfen stecken). Wenn er durch den Mittelgang im Bus läuft, muss er etwas seitlich gehen, da er sonst stecken bleibt. Er ist in Süd-

afrika geboren, aber deutscher Abstammung. Wir fahren also von Kapstadt aus entlang der Westküste der Kaphalbinsel. Erster Stopp ist in ‚Hout Bay', einem kleinen Ort, wo früher die Holländer Holz (Hout) geschlagen haben. Heute gibt es leider keine Wälder mehr ringsum. Vom kleinen, bunten Hafen aus, machen viele von uns eine halbstündige Boots-fahrt zum ‚Duiker Island'. Hier gibt es Pelzrobben, die aus der Antarktis kommen. In einem schönen Souvenirshop las-sen wir dann die ersten Rands. Unsere Busfahrt geht dann weiter zum ‚Cape of Good Hope Nature Reserve'. Das Reser-vat dehnt sich auf ca. 7.000 ha aus und es gibt viele einheimi-sche Pflanzen, Elenantilopen, viele Vögel und andere Tiere. Vom Parkplatz aus gibt es einen Wanderweg hinauf zum ‚Cape Point', für ‚Fußmüde' eine Seilbahn. Wir wandern nach oben und sind nach ca. 15 min am Kappunkt .Von hier aus hat man einen herrlichen Blick auf die steil abfallenden Felsen und übers Meer. Einige Kilometer westlich von hier liegt das ‚Kap der Guten Hoffnung' – als südlichster Punkt der Kap-halbinsel. Der südlichste Punkt Afrikas allerdings, und damit der Treffpunkt von Atlantik und Indischen Ozean, liegt ca. 200 km östlich von hier. Es ist das Kap ‚Agulhas'. Wir wan-dern oberhalb der Steilküste entlang und es ist hier wirklich schön, aber auch sehr stürmisch. Mittagspause machen wir dann gleich hier im Restaurant des Reservates. Einige unserer Gruppe sitzen schon und wir finden an einem Sechsertisch Platz. Die anderen vier haben schon bestellt, aber der Kellner ist recht flott und auch unsere Bestellung wird gleich entgegen genommen. Ich hatte eine Tagessuppe bestellt und dann wird sie serviert, allerdings nicht für mich, sondern Ursel (die stän-dig Hungrige, wie sich später herausstellt) ruft an unserem Tisch, dass es für sie ist. Sie lässt es sich hinstellen, blickt 'drauf und meint dann: „Nee, ich habe auch Suppe bestellt, aber mit Fisch, hier ist ja gar keiner drin. Das ist nicht meine Suppe." Kunststück, es ist ja auch für mich – ohne Fisch.

Hier im Reservat leben auch Paviane und der Vogel Strauß. Die Affen erweisen sich als gefährliche Räuber. Touristen stehen auf dem Parkplatz und essen Eis, da springt von einem Felsen ein großer Pavian in die Menge, entreißt einer Frau die Eistüte, schwingt sich wieder nach oben und genießt das erbeutete Eis. Ein anderer Affe springt auf einen Tisch und nimmt den Leuten dort ein Sandwich weg ... und äääktschen ... Weiter fahren wir und in dem kleinen Örtchen ‚Boulders' sehen wir uns an einem herrlichen Strand eine Kolonie von Jackas-Pinguinen an. Über Muizenburg an der ‚false bay' – falschen Bucht – fahren wir an der Ostseite der Kaphalbinsel entlang nach Kirstenbosch. Hier besuchen wir den botanischen Garten, der auf ca. 500 ha Fläche wunderschöne Pflanzen hat. Etwa 25.000 einheimische Pflanzen wachsen hier am südöstlichen Hang des Tafelberges. Es ist wirklich beeindruckend. Weltweit wurde hier erstmals ein systematischer Artenschutz praktiziert und die Gärten, ehemals auf dem Gelände von Cecil Rhodes, wurden 1902 dem Staat vermacht. Aber auch außerhalb des Botanischen Gartens gibt es überall herrliche Vegetation. Schirmakazien, Norfolkinselbäume, blühende Eukalyptusbäume, Flammenbäume, usw. Das Wetter ist heute auch recht warm und sonnig, aber sehr windig. Man sagt, dass ‚Adamastos' – der größte der Titanen – unter dem Tafelberg wohnt und wenn er grollt, stürmt es. Nun hoffen wir, dass er morgen nicht wieder grollt.

31.01.2002

Es stürmte die ganze Nacht und manchmal drückte der Wind beängstigend gegen die großen Fenster unseres Hotelzimmers, aber am Morgen gibt es einen strahlend blauen Himmel und kaum Wind. Heute fahren wir in ein Weinanbaugebiet. Südafrika ist ja seit Jahren berühmt für seine Weine und mittlerweile drittgrößter Weinproduzent der Welt. Wir fahren in Richtung der ‚Hottentottenhollandberge' und werden drei Bergpässe überqueren. Als erstes fahren wir durch den noblen und sehr gepflegten Ort Sommerset-West und zum Weingut ‚Vergelegen' (weitläufig gelegen). Das Gut ist aus dem 17. Jahrhundert und wunderschön erhalten und gepflegt. Hier machen wir auch unsere erste Weinprobe und kosten drei verschiedene Sorten. Dann geht es weiter über den ‚Sir Lawry'-Pass entlang des Weinlandes. Die Passstraße ist recht kurvig und steil und den ersten Mitreisenden fällt das Frühstück (oder der Wein? – aber so schlecht war der nicht) aus dem Gesicht. Also Bus anhalten, Spucktüten entsorgen und weiter geht es über den zweiten Pass, mit Namen ‚Mitchell'. Unser Weg führt weiter entlang riesiger Obstplantagen und Pinienhainen. Das hiesige Klima ist für Obst ideal und für Wein bestens geeignet. Weiter fahren wir in Richtung Franschhoek und passieren den gleichnamigen Pass. Die Bergkette hier ist ca. 1.000 Meter hoch. Franschhoek (Franzoseneck) – gegründet von Hugenotten, die wegen ihres protestantischen Glaubens in Frankreich verfolgt wurden – besitzt das ‚Huguenot Memorial'. Es besteht aus drei Bögen, welche die Dreieinigkeit symbolisieren sollen. Obenauf ein Kreuz und davor auf einer Erdkugel die ‚Statue of Liberty'. Die Hugenotten brachten 1688 ihre Kenntnisse vom Weinanbau mit nach Südafrika und legten mit ihrem Wissen darüber den Grundstein für den Weinanbau hier. Im Ort machen wir Mittagspause und danach geht es zum Weingut ‚Bergkelder'. Bei einer Führung erklärt man uns einiges über die Weinherstellung, wir sehen die Produktionsanlagen und die Führung durch einen Schweizer macht viel Spaß. Hier werden für etwa 15 Weingüter Weine abgefüllt, man lagert für sehr zahlungskräftige Leute auch Tausende von Flaschen. Wenn von denen, egal wo er auf der Welt wohnt, jemand etwas von seinem Wein möchte, wird er sofort versandfertig gemacht und losgeschickt. Der Weinkeller ist tief in den Berg hineingebaut und wir besichtigen auch diesen. Anschließend ist Weinverkostung und leicht beschwingt fahren wir dann mit unserem Bus weiter. Das Weingut ‚Bergkelder' liegt in der Nähe von Stellenbosch – der zweitältesten Stadt Südafrikas. An der hiesigen Universität studieren jedes Jahr viele Studenten in Afrikaans. Die Stadt besitzt noch sehr viele schön erhaltene Gebäude im kapholländischen Stil. Charakteristisch dafür sind strohgedeckte, strahlend weiß gekalkte Häuser mit klaren Formen, etwas Stuckverzierung und einem Mittelgiebel in der Hauptfassade. Dieser Baustil ist auf die ersten holländischen Einwanderer etwa um 1652 zurückzuführen und wurde deshalb ‚Cape Dutch Style' genannt. Die Landschaft, die wir heute durchfuhren, ist wirklich schön. Das Wetter ist auch herrlich und so versuchen wir auf unserer Rückfahrt nach Kapstadt zum Tafelberg zu kommen. Um auf den Tafelberg hinauf zu gelangen, gibt es entweder den anstrengenden Wanderweg oder eine Seilbahn. Natürlich wollen alle das Erlebnis ‚Seilbahn' haben, diese fährt aber nur, wenn es nicht sehr windig ist. Im dichtesten Feierabendverkehr quält sich unser Bus durch die Stadt, um endlich bei strahlend blauem Himmel an der Talstation der Seilbahn zu sein. Aber da heißt es leider ‚nix geht mehr' – es ist schon wieder zu stürmisch. Gestern war der Tafelberg im Nebel, na vielleicht klappt es morgen Früh. Die letzte Chance für uns auf den Berg zu kommen, denn morgen beginnen wir mit unserer eigentlichen Rundreise.

01.02.2002

Es ist heute herrlich warm, kaum Wind und so fahren wir gleich nach dem Frühstück noch einmal zur ‚cable car station' am Tafelberg. Es sieht schon von unten beeindruckend aus, wie die Gondeln der Seilbahn steil hinauf fahren – mal sehen, wie es in der Gondel ist. Eine Gondel kann bis zu 65 Personen fassen und kann etwa mit einer Höchstgeschwindigkeit von zehn

Meter pro Sekunde fahren. Es ist toll, wie man innerhalb von nur vier min den Höhenunterschied von fast 1.000 Meter bewältigt. In der Mitte der Gondel ist der Platz für den ‚Fahrer‘, der also die technischen Dinge bewerkstelligt. Ringsum stehen die Gäste und der Gondelboden dreht sich, so dass jeder Fahrgast einen ‚Rundumblick‘ auf Kapstadt, die Tafelbucht und den Berg hat. Pro Stunde können bis zu 900 Personen befördert werden. Von oben lassen wir den herrlichen Ausblick auf uns wirken – schön. Man kann heute auch gut den ‚Löwenkopf‘ und den ‚Teufelszacken‘ sehen, diese beiden Berge ‚rahmen‘ den Tafelberg ein. Dann heißt es: Auf Wiedersehen Kapstadt und wir fahren Richtung Osten, die N2 entlang. Die Gegend ist nun recht karg; hier gab es früher Wanderdünen und deshalb keine Straßen. Erst als man die Sanddünen durch das Anpflanzen von australischen Akazienbäumen stabilisierte, konnte man im vorigen Jahrhundert mit dem Straßenbau beginnen. Unser Weg führt dann entlang der Hottentottenholland-Berge, bis zur ‚Sir Lawry‘-Passstraße. Dort liegt die zweite Kornkammer Südafrikas, das Southkap. Endlose Weizenfelder durchziehen das Land. Später gelangen wir zum Gebirgszug der ‚Onderend‘ (ohne Ende) Berge, wir queren den ‚Riversonderend‘ (Fluss ohne Ende) und sehen den ‚Breederiver‘ (Breiten Fluss) Swellendamm – die drittälteste Stadt Südafrikas liegt auch auf unserer Fahrtroute. Die wild zerklüfteten Gipfel der ‚Langeberge‘ überragen die Stadt. Dieser Gebirgszug bildet gleichzeitig eine Wetterscheide zwischen der Kapseite, von wo wir kommen, und der ‚Kleinen Karoo‘, wo wir hinwollen. Die ‚Kleine Karoo‘ ist eine Halbwüste und das Wort bedeutet ‚Durstland‘. Die Landschaften, die wir heute sahen, haben manchmal gar nichts ‚afrikanisches‘ an sich. Uralte Gebirgszüge, Passstraßen, Täler, dann wieder karge Vegetation oder riesige Obst- und Getreideflächen. Wir sind heute sehr lange mit dem Bus unterwegs und unser Reiseleiter Dieter erzählt viel über die Geographie und Geschichte dieses Landes. Unterwegs haben wir ab und zu schon mal einen Vogel Strauß oder auch einen Springbock gesehen. Am späten Nachmittag sind wir dann in der Nähe von Outsdoorn, der Stadt der Straußenfedern. Auf unserem Programm steht der Besuch einer Straußenfarm. Wir sehen uns also ‚Highgate' unter sachkundiger Führung von Carmen an. Carmen lebt seit sechs Jahren hier und stammt aus Eberswalde (Brandenburg). Sie macht mit uns eine Führung über das riesige Gelände, wir sehen Straußengelege, können unausgebrütete Eier in die Hände nehmen (eine Hand reicht nicht) und hören Interessantes über den Strauß. Mit bis zu 220 cm Körperhöhe und 135 kg Gewicht ist er heute die größte lebende Vogelart der Welt. Es ist ein flugunfähiger Laufvogel und mit seinem fast nacktem Kopf, dem Schnabel, den großen Kulleraugen und dem langen Hals ist es schon ein komisches Gefühl, wenn der Vogel neugierig auf einen zukommt – „Schau mir in die Augen, Kleines." Wer will, kann auch mit dem Strauß auf ‚Tuchfühlung' gehen – man kann sich auf einen setzen. ‚Armes Vieh', aber wir lassen uns sagen, dass so ein Strauß bis zu 80 kg Gewicht trägt – na da hat er bei mir ja keine Probleme. Aber komisch ist das schon, auf einem Straußenrücken. Nur gut, dass das Vieh nicht auf Rennen geht. Nach fast zwei Stunden ist unser Besuch auf der Straußen-Farm zu Ende und gegen 19.30 Uhr sind wir dann im Hotel. Es ist im Bungalowstil gebaut und die Zimmer sind kleine ‚Jollihütten', die auf einem großen Park ähnlichem Gelände stehen. Es sind Rundhäuser, mit Stroh gedeckt, einem großen, hohen Wohnraum und einem kleinen Bad. Hoffentlich wissen die kreuchenden und fleuchenden Tiere der Nacht, dass der Zutritt zu unserer Hütte verboten ist.

02.02.2002

Wie man es auch dreht, es ist von jeder Seite gleich – das Datum. An diesem Tag fahren wir weiter auf der Gartenroute von Outsdoorn nach Plettenberg Bay. Der Weg führt in Richtung Süden und erste Station ist Mossel Bay, als westlichster Punkt der Gartenroute. Hier betraten 1488 das erste Mal Europäer südafrikanischen Boden; der Portugiese Bartholomeu Diaz ging hier in der Bucht vor Anker. Im Museum kann man sich das 23 Meter lange Segelschiff, mit dem Diaz zum Kap segelte, ansehen. Es wurde 1988, zum 500. Jahrestag, in Portugal nachgebaut und wiederholte die historische Reise. Schön ist auch der historische Ortskern um den alten Postbaum. Der Baum wurde schon 1501 von den Seefahrern zur Hinterlegung von Briefen benutzt. Heute ist am Baum ein Briefkasten in Form eines Stiefels und mit diesem Signum wird die hier eingeworfene Post gestempelt (haben wir zu Hause auf den verschickten Karten überprüft – es stimmt). Anschließend bummeln wir durch den kleinen Ort; einige gehen mit Dieter zur Bank, um Geld zu wechseln. Dann finden sich alle wieder im Bus ein – bis auf Eine. Ursel – die mit der Suppe – ist weg. Ursel ist so breit, wie hoch (ca. 1,50 m), schafft gleichzeitig eine Zigarette zu rauchen und ein Eis zu schlecken und dabei über zu dünnes Toilettenpapier zu schimpfen. Wie sagt Reiseleiter Dieter immer so treffend: „Da nehmen Sie 'mal einen großen Schluck Phantasie und stellen sich vor ..." – wenn sie Zigarette und Eis verwechselt ... Ursel und ihr Heinz stammen von der Küste und das hört man am Dialekt. Heinz ist immer recht zünftig gekleidet, derbe Weste, kariertes Hemd, kurze Hosen, Kniestrümpfe, Schiebermütze – fehlen nur noch die Gummistiefel. Er ist –im Gegensatz zu seiner Frau – sehr ruhig. Als er gefragt wird, ob wir nach Ursel suchen sollen, oder ob er sie nicht wieder haben will, überlegt er doch einen Moment. Na die Frage war natürlich nur Spaß und unser Bus dreht mehrere Runden durch den Ort, bis wir die ‚Kleine' dann entdecken. Am Bankautomaten war sie und hat nicht gemerkt, dass die Anderen nicht in der Bank drin waren (war geschlossen) und deshalb zur nächsten Bank gelaufen sind. Die Landschaft die wir heute durchfahren, hat größere Büsche und Bäume, als gestern das Grün der Pflanzen ist auch intensiver. Wir überqueren 800 Meter über dem Meer wieder einen Pass und machen Mittagspause im schönen Ort Knysna. Dieser wird von zwei gewaltigen Felsvorsprüngen überragt, die wie eine Zange ins Meer stehen und eine Bucht bilden. In Knysna kaufen wir in einer Apotheke ein Mittel gegen Malaria – sicher ist sicher. Die südafrikanischen Ärzte gehören zu den besten der Welt. Medikamente sind im Vergleich zu Deutschland sehr billig, das Malariamittel kostet 1/20 vom deutschen Preis. Am Nachmittag sind wir dann in Plettenberg Bay, einem sehr schönen Badeort am Indischen Ozean. Es gibt hier viele luxuriöse Ferienhäuser und unser Hotel ist auch schön. Wir relaxen am Pool, denn das Meer hat hier leider zu viele gefährliche Strömungen. Der Strand zeigt deshalb trotz herrlichstem Wetter, gähnende Leere. Am Abend sitzen wir mit einem Berliner Ehepaar am Tisch, die seit der Wende auch viel gereist sind. Wir schwatzen also vom Verreisen, auch von Reisen zu DDR-Zeiten mit Jugendtourist und stellen fest, was haben wir dahingehend schon alles erlebt!

03.02.2002

Was für eine Nacht – wir haben gestern Abend die ersten Tabletten unseres Malariamittels genommen und haben danach furchtbar geschwitzt. Klatschnass sind wir dann aufgestanden, dabei war die Raumtemperatur sehr angenehm und das Fenster hatten wir auch auf. So konnte man die vielfältigen Geräusche der Tiere in der Nacht hören, aber nicht gut schlafen. Na hoffen wir, dass das für uns die einzigen Nebenwirkungen des Mittels bleiben. Heute ist also Sonntag und damit ‚Halbzeit' unserer Reise. Nächsten Sonntag geht es dann schon wieder Richtung Deutschland. Jetzt fahren wir aber erst einmal von unserem schönen Hotel am Keyrboom-Fluss nach Port Elizabeth. Unterwegs sehen wir noch einmal die vielfältige Kombination von Bergen, Seen, Stränden und dem Indischen Ozean, was bezeichnend für die Gartenroute ist. Wir dachten immer, dass die Landschaft jener mit einem Blumengarten o. ä. zu vergleichen ist. Aber der Name Gartenroute bezieht sich darauf, dass Obst und Gemüse hier gut wachsen und wenn vor Jahrhunderten die Seefahrer auf ihrem langen Weg von Indien nach Holland hier Zwischenstation machten, um frisches Wasser und Nahrung aufzunehmen, verglichen sie die Landschaft mit einem riesigen Garten. Mehrere Brücken, darunter die drittgrößte und höchste (216 m) Südafrikas, überqueren wir und im Tsitsikamma Nationalpark machen wir eine wunderschöne Wanderung. Der Name bedeutet ‚klares Wasser' und der Park beeindruckt mit einer wilden Küstenlandschaft. Für einen fünftägigen Rundwanderweg benötigt man einen Erlaubnisschein, für einen kürzeren Plankenweg zu einer Hängebrücke kann man ohne Schein gehen. Wir wandern also durch den Urwald zur Hängebrücke. Sie hängt über einer Schlucht, in welcher der Storm River in den Indischen Ozean mündet. Mit unserem Bus geht es weiter und wir sehen noch einige Gelb- und Stinkholzbäume, die hier noch wachsen. Dann sind wir in Port Elizabeth und fahren zum Flughafen. Hier verabschieden wir uns von Reiseleiter Dieter, unserem ‚bayerischen' Südafrikaner. Unser Flug nach Durban dauert nur eine Stunde. Durban ist die drittgrößte Stadt Südafrikas und das ganze Jahr über herrscht hier subtropisches Klima. Wir haben heute zu Hause angerufen und mussten hören, dass dort auch fast + 20 °C sind – ich dachte es ist Winter? Heute haben wir in unserer Gruppe nun den ‚echten Beweis', dass man wegen der hohen Kriminalität in manchen Städten aufpassen muss – ein Ehepaar von uns wurde gestern Abend überfallen. Unser neuer Reiseleiter Thomas hat uns beim Einchecken gestern noch gesagt, wir sollen daran denken, Durban ist Hafenstadt und auch so gibt es Kriminelle und wir sollen am besten keinerlei Wertgegenstände, Geld, Schmuck o. ä. bei einem abendlichen Bummel durch die Stadt dabei haben. Auch wäre es angebracht und sicherer zu Mehreren zu gehen – aber das Paar ist alleine los, mit vollem Portemonnaie, Pässen, Uhren, Schmuck usw. Vier Männer verübten den Überfall, der Mann wurde mit Messer auf der Brust bedroht und Beiden hat man alles abgenommen. Gott sei Dank ist ihnen nichts weiter passiert und auch den Brustbeutel mit Flugtickets und ec-Karte haben die Räuber in der Aufregung nicht wahrgenommen. Der Überfall ereignete sich gegen 19.20 Uhr (also noch gar nicht spät) und nicht weit vom Hotel weg. Nachdem sich die Aufregung gelegt hat, beginnen wir mit unserer kleinen Stadtrundfahrt durch Durban. Sie liegt im Gebiet des Kwa-Zulu Natals und wurde 1497 gegründet. Heute besitzt sie den fünftbedeutendsten Hafen der Welt und den bedeutendsten von Afrika. Hier werden also Waren in die ganze Welt umgeschlagen. Die Stadt hat Schätzungen zu Folge ca. 1,2 Millionen Einwohner – zu Zeiten der Apartheid hat man nämlich nur die Weißen bei Volkszählungen erfasst. Die skyline von Durban erinnert etwas an Rio de Janeiro und überall in der Stadt ist der Einfluss der Engländer unverkennbar. U. a. zeugen das schöne Rathaus und die Post davon. In Durban leben viele Zulu und Inder. Die Inder wurden im vorigen Jahrhundert hierher geholt, um auf den Zuckerrohrplantagen zu arbeiten. Heute ist Durban die ‚Hauptstadt' der Inder in Afrika. So sieht man Moscheen für die indischen Moslems und Tempel für die indischen Buddhisten. Es ist sehr heiß und feucht und unser Reiseleiter erzählt viel Interessantes über die Geschichte und das Leben in Natal. Wir besuchen den indischen Markt mit seinen zahllosen Verkaufständen und allen möglichen für uns ungewöhnlichen angebotenen Waren, Gerüchen und Geräuschen. Man merkt den Unterschied vom Klima zwischen Kapstadt und hier, es ist viel feuchter und heißer. Mit unserem Bus geht es dann auf der Autobahn nach Hluhluwe (sprich: schluischlui) wo wir im dortigen Reservat an einer Safari teilnehmen werden. Wir fahren durch schöne Landschaft, viele, viele Zuckerrohrplantagen, vorbei an wilden Feigenbäumen, Strelizienpalmen usw. Regenwald grenzt an die Straße und auf der anderen Seite Strand soweit das Auge reicht. Die Strände sind nicht bebaut, naturbelassen und ganzjährig hat das Wasser etwa 25 °C. Dadurch fühlen sich aber auch Haifische recht wohl. Für einen Badeurlaub ist Südafrika eigentlich nicht geeignet – am Kap ist der Atlantik mit maximal 17 °C zu kalt und auf der anderen Seite der Indische Ozean ist zwar warm, hat aber viele gefährliche Strömungen und Haie.

Mittags sind wir schon im Hotel und werden dort von einem Zulu-Krieger in traditioneller Kleidung begrüßt. Im Hotel und in der Außenanlage stehen schöne, fast lebensgroße Tierfiguren, die aus herrlichem Holz geschnitzt sind. In unserer Reisegruppe haben wir auch zwei Ehepaare aus dem Kölner Raum – ‚Jecken'? Manchmal hat man wirklich den Eindruck, sie sind etwas ‚jeck'! Die eine Frau läuft ständig mit dem Fotoapparat umher und knipst alles, was ihr vor die Linse kommt. Auch wenn gesagt wird, man solle Einheimische erst um Erlaubnis fragen, um ein Foto von ihnen zu machen – ihr ist es egal. Der Mann versucht, sich auf ein wunderschön geschnitztes Nashorn zu setzen – da fällt es mit lautem Getöse samt ihm um und das Horn (vom Nashorn) bricht ab. Na, hoffentlich ist er gut versichert, der Schaden beläuft sich auf ‚einige Märker'. Ich hätte den Herrn 'mal sehen wollen, wenn sich in seinem Vorgarten ein Tourist auf seinen Gartenzwerg gesetzt hätte – wobei das Nashorn hier Lebensgröße hatte. Na jedenfalls fahren wir zum Reservat und in offenen Jeeps geht es auf Safari durch den Hluhluwe Nationalpark, er ist nach Yellowstone der zweitälteste der Welt. Wir fahren zu acht mit einem Ranger los und sind sehr beeindruckt von der Natur. Bewaldete Berge, Täler, freie Flächen und Hügel nur mit hohem Gras oder Buschwerk, kleine Flüsse, größere Wasserstellen und natürlich Tiere. Wir sehen Zebras, Gnu`s, Wasserbüffel, Wasserböcke, Warzenschweinfamilien, Impalas, Nashornfamilien, Giraffen und eine Löwin. Es ist wirklich faszinierend. Es ist heiß, man hört die Geräusche des Urwaldes, der Tiere und Vögel und manchmal aber auch einen anderen Geländewagen. Man muss sich erst an die verschiedenen Farben der Bäume, Sträucher usw. gewöhnen, damit man darin Tiere erkennen kann. Der Ranger und gleichzeitig unser Fahrer erklärt auch viel. Nach drei Stunden sind wir am Ausgangspunkt zurück und mit dem Bus geht es ins Hotel. Bei einem herrlichen Abendessen werden die Erlebnisse ausgetauscht, wer hat welche Tiere gesehen und wo.

05.02.2002
Nach dem Frühstück geht es noch einmal im Jeep auf Safari in den Park. Heute verdecken dunkle Wolken die Sonne, es ist aber trotzdem warm. Leider haben wir um diese Tageszeit nicht soviel Glück mit den Tieren. In der Regel sieht man die meisten vor 06.00 Uhr und dann wieder ab 18.00 Uhr. Naja, einige haben mit uns Touristen ein Einsehen und zeigen sich. So sehen wir wieder Zebras, Warzenschweine, Wasserbüffel Flusspferde, Giraffen, Affen und ein seltenes Spitzmaulnashorn. Wir sind wieder drei Stunden unterwegs und es ist trotzdem schön. Mittags sind wir zurück im Hotel, frisch machen, 'ne Kleinigkeit essen und dann los zum nächsten Programmpunkt – wir besuchen ein traditionelles Zulu-Dorf. Das Dorf (Kral) besteht aus Rundhütten, die wie überdimensionale Bienenstöcke aussehen. Nach einem ganz bestimmten System sind sie angeordnet und geschützt durch einen hohen Palisadenzaun. Abends wird auch das Vieh in den Kral getrieben und in der Mitte in einem Gehege gehalten. So schützt man die Tiere vor Löwen usw. Die Rundhütten sind aus Lehm und die Dächer aus ge-

trocknetem schilfähnlichem Gras. Die Zulus zeigen uns wie Gebrauchsgegenstände und Waffen hergestellt werden. Thomas erzählt viel über die Traditionen und das Leben dieses stolzen Volkes. Auch sehen wir einen *Sangoma* und einen *Nyanga*. Beide sind eine Art Medizinmann/Arzt/Apotheker/Geisterbeschwörer. Der Sangoma kann eine Frau oder ein Mann sein, der in der Lage ist herauszufinden, warum jemand sich nicht gut fühlt. Dazu versetzt er sich in Trance und nimmt mit Geistern der Vorfahren seines ‚Patienten' Verbindung auf. So findet er heraus, welche Krankheit einen bedrückt und aus Pflanzen, Tierhäuten, Knochen usw. macht er ein Mittelchen, das hilft. Der Nyanga, als Arzt und Apotheker, stellt auch aus über 1.500 Pflanzen verschiedene Mittel her; er kann auch Knochenbrüche usw. heilen. Ein Nyanga kann aber nur ein Mann sein, da die Lehre dieser Heilmedizin nur vom Vater an den Sohn weitervererbt wird. In Europa wurde diese Medizin oft belächelt und für Scharlatanerie gehalten, inzwischen sind aber auch die USA an der Erforschung der Wirksamkeit dieser Medizin interessiert. Es ist unbestritten, dass viele Schwarze, die sich nur von einem Sangoma oder Nyanga behandeln lassen, geheilt werden. Das südafrikanische Parlament überlegt mittlerweile sogar, die Behandlungen bei solchen ‚Medizinmännern' von den Krankenkassen bezahlen zu lassen. Man zeigt uns im Kral auch einige typische Tänze der Zulus und es ist echt interessant zu sehen, wie das Leben und Arbeiten hier durchdacht und im Einklang mit der Natur noch funktionieren. Übrigens gibt es in den größeren Städten auch kleine Praxen der Sangomas/Nyangas und die Zutaten für ihre traditionelle Medizin gibt es, z. B. in Durban, auf dem indischen Markt (das Zeug stank bestialisch).

06.02.2002

Heute fahren wir entlang der Lubombo-Berge; sie bilden die Grenze zu Mocambique und wir werden das kleinste

Land der südlichen Erdhalbkugel – das Königreich Swasiland besuchen. Das Königreich hat nur ca. 17.360 km² Fläche und etwa eine Million Einwohner, gehört aber leider mit zu den ärmsten Ländern der Welt. Grund: Vor etwa 100 Jahren hat der damalige König des Landes die Förderung und den Abbau vieler Bodenschätze, Mineralien und Rohstoffe oder den Anbau von landwirtschaftlichen Gütern mit Konzessionen an ausländische Firmen, Privatpersonen usw. verkauft. Das ging soweit, dass praktisch nichts mehr dem Land selbst gehörte. Natürlich war das ein un- glaublich profitables Geschäft für die Besitzer der Konzessionen. Der Enkel des damaligen Königs hat nun versucht, einen Großteil der Konzessionen zurück zu kaufen. Das ist heutzutage natürlich sehr teuer und damit ist kein Geld im Staatssäckel. Dazu kommt, dass die ausländischen Besitzer gar nicht an einem Rückverkauf interessiert sind. Die USA, Europa und sogar die Weltbank unterstützen durch Finanzhilfe, rücken aber ihre wertvollen Konzessionen auch nicht 'raus. In Swasiland gibt es u. a. riesige Zuckerrohrplantagen; der Zucker wird auch gleich an Ort und Stelle verarbeitet, exportiert, um dann wiederum für den Bedarf der einheimischen Bevölkerung teuer importiert zu werden. Irre, was! Zahlungsmittel ist der Lilangeni, die Münzen sind in Blütenform und recht hübsch – aber vom Wert her noch weniger als unsere ‚Aluchips'. Landschaftlich ist es wunderschön und wird auch die afrikanische Schweiz genannt. Viele Traditionen sind hier noch lebendig, die Königinmutter residiert nach wie vor in einem Kral über der Hauptstadt Mbabane, die Einwohner arbeiten auf den Plantagen in den fruchtbaren Tälern oder betreiben Viehzucht. Wir reisen also erst einmal aus Südafrika aus und in Swasiland ein. An der Grenze gibt man sich recht professionell und es gibt Stempel in die Pässe. Wir fahren dann mit unserem Bus durch die herrliche Landschaft und machen in einem kleinen Ort

Mittagspause. Hier schlendern wir bei 40 °C über den herrlichen Markt. Dort gibt es u. a. wunderschöne Schnitzereien, Korbwaren und andere kunstgewerbliche Dinge. In einem Hotel esse ich eine Kleinigkeit und wir löschen den Durst, denn es ist wirklich heiß. Dann geht es mit unserem Bus weiter – aber nur ca. fünf km – und dann auf einem Berghang bergauf bleibt der Bus stehen. Die vielen Versuche unseres Fahrers, den Bus wieder zum ‚Laufen' zu bringen, scheitern. Also erst einmal alle aussteigen und versuchen an den Felswänden etwas Schatten zu finden und sicher stehen zu können. Handy's funktionieren nicht wegen der Berge hier, so muss unser Fahrer per Anhalter zur nächsten Tankstelle (die sind hier aber nicht auf jedem Kilometer), um Hilfe zu holen. Unsere Gruppe macht sich dann in der glühenden Hitze per Pedes bergauf auf den Weg, zum nächsten Hotel. Oben, hinter der nächsten Kurve, soll es sein. Denkste, es ist noch eine Kurve weiter und seit Jahren geschlossen. Wir gehen trotzdem erst einmal auf das verwilderte Gelände – hier ist Schatten – und einige müssen sich nach dem ca. drei km Marsch ausruhen. Unser Reiseleiter Thomas behält aber alles gut im Griff und lässt sich nicht aus der Ruhe bringen. Er organisiert einen ‚Fahrdienst', ein zufällig vorbeikommender junger Mann mit einem ‚Pickup' nimmt 15 Leute auf die Ladefläche und ab geht die Fahrt. Nach ca. zehn min abenteuerlicher Fahrt durch die Berge sind wir wieder in einem Hotel und das wird auch bewirtschaftet. Es ist ein ganz tolles und Thomas sorgt dafür, dass wir auf Kosten von ‚Berge und Meer' mit Getränken versorgt werden. Es ist schon ein putziger Anblick, als 15 total verschwitzte und mit Staub und Motorenöl (von der Ladefläche) beschmutzte Leute im Gänsemarsch durchs vornehme Foyer und dann durchs Restaurant traben, um endlich am Pool Platz zu nehmen. Man hat unsere Gruppe dorthin ‚verbannt' – na egal, Hauptsache erst einmal erholen. Das sagen sich im Anblick des Pools auch einige von unseren Männern, voran mein Wolle und ruck, zuck 'raus aus den Klamotten und nur mit Slip ab in den Pool. Die restlichen 15 Leute unserer Gruppe kommen auch mit Hilfe des Pick-up-Fahrers hier her und Thomas hat in der Zwischenzeit ‚ganz' Südafrika mobilisiert, dass wir hier festsitzen. Er versucht auch von Swasiland aus, den Weitertransport für uns zu organisieren, denn eigentlich sollen wir heute Abend in der Nähe des Krüger Nationalpark Quartier beziehen. Wir müssen also wieder ausreisen, in Südafrika einreisen und die Grenze ist ca. zwei Fahrstunden von hier entfernt, die weitere Fahrt zum Nationalpark würde noch etwa drei Stunden dauern. Es ist ja auch schon Nachmittag und alles gestaltet sich etwas schwierig. Der Reiseleiter versucht auch eventuelle Übernachtungsmöglichkeiten für uns alle zu bekommen. Dann die folgende Information: unser zweiter Bus – wir sind ja 54 Leute von ‚Berge und Meer' und mit zwei Bussen unterwegs – konnte durch Zufall noch erwischt werden, hat seine Leute in einen anderen Bus ‚umgeladen' und wird uns abholen. Die andere Gruppe wird mit einem Bus transportiert, der zufällig leer im Nationalpark war, da dessen Gäste alle auf Jeepsafari sind. Also muss der Bus aus dem Nationalpark erst einmal zum Standort unseres zweiten Busses, Leute aufnehmen und los. Wir warten dann also auf das Eintreffen unseres ‚Abholers' und es vergehen einige Stunden. Dann ist es soweit, er ist da, alle 'rein und zum kaputten Bus zurück, Gepäck umladen und ab Richtung Grenze. Gegen 23.00 Uhr sind wir dann endlich in Hazyview im Hotel. Unsere andere Gruppe ist schon seit einigen Stunden da, hat aber auch leider warten müssen, ihr ganzes Gepäck ist ja noch im Bus Nr. zwei und kommt also auch erst mit uns an. Aber die Meisten haben für so eine Situation Verständnis. Lob von uns Allen an unseren Reiseleiter Thomas, der alles so gut ‚gemanagt' hat.

07.02.2002

Nach einer sehr kurzen Nacht heißt es 04.45 Uhr aufstehen, 05.00 Uhr im Foyer Kaffee oder Tee trinken, Lunchpaket abfassen und 05.30 Uhr Abfahrt zum Krüger Nationalpark. Es gießt wie aus Kannen und ist empfindlich kühl. Unser eigentlicher Bus konnte nicht repariert werden und so fahren wir erst einmal zu 56 Leuten (heute gibt es also auch Stehplätze) mit Bus Nr. zwei zum ca. eine Stunde entfernten Eingang des Parks. Der größte Teil unserer Gruppen fährt mit Jeeps weiter, um die Tiere und Natur hautnah zu erleben. Wir anderen fahren mit dem Bus los, haben den Vorteil im warmen und trockenen zu sitzen und da wir höher als ein Jeep sind, können wir auch besser das Gelände nach Tieren absuchen. Als erstes begegnet uns ein kleiner Elefant. Etwas später ein großer, ausgewachsener Bulle, der sich unserem Bus mit Drohgebärden nähert. Man weiß heute, dass Elefanten langwellige Sequenzen aussenden und damit über zehn km im Kontakt untereinander stehen. Die Männchen ziehen meistens alleine los, die Weibchen und Jungen in der Herde. Elefanten besitzen die Fähigkeit, Familienangehörige, bis hin zu ‚Tante und Onkel' zu ‚erkennen'. Man untersucht zur Zeit, ob Elefanten auch Geisteskrankheiten entwickeln können. Sollte man zu dem Ergebnis kommen, dass das so ist, wäre der Elefant nach dem Menschen das intelligenteste Lebewesen auf der Erde.

Wir fahren durch landschaftlich unterschiedliche Gegenden des Parks. Er ist riesig und erstreckt sich im Lowfeld über 350 km bis hoch zur Grenze an Mocambique, in der Breite misst er 60 km. Damit ist er so groß wie Rheinland-Pfalz. Auf unserem Weg sehen wir Giraffen, Impalas, Affen – zur Frühstückspause treffen wir auf unsere Jeepsafariteilnehmer und ganz nass und durchgefroren heißt es: „Gibt's hier auch 'nen Glühwein?" Inzwischen ist für unsere Reisegruppe aus Johannesburg ein Bus angekommen und wir nehmen ihn gleich in

‚Beschlag'. Es ist ein ganz toller, komfortabler mit viel Platz. Auf einer Seite ist nur eine Reihe Sitze, dann ein breiter Gang und dann Zweiersitze. Große Fenster sind ideal zum Filmen und Fotografieren. Wir fahren weiter und sehen Büffel, Perlhühner, Wildschweine, Marabus, Krokodile, Nilpferde, Adler, Aasgeier und den Bus halten Schildkröten und ein Chamäleon an, als sie die Straße überqueren. Das Chamäleon, am Anfang noch grün, nimmt die Farbe des grauen Straßenbelags an. Es ist wirklich toll hier. Man muss zwar genau aufpassen und konzentriert schauen, denn die Tiere sind bestens ihrer Umgebung angepasst und getarnt. Nach der Mittagspause geht es weiter im südlichen Teil des Parks auf unserer ‚Fotopirsch'. Schön, wenn man z. B. den Affenherden zusieht, wie sie durchs Gelände ziehen. Auch die Giraffen sind imposant. Die Männchen haben zwischen den Hörnern ‚Glatze' und die Weibchen haben Haare 'drauf. Gegen 17.00 Uhr nehmen wir unsere Jeepfahrer auf und fahren zurück zum Hotel. Der Regen hat am Vormittag aufgehört und die Sonne kam ab und zu durch. Aber es war recht windig und man musste entsprechende Kleidung auf den Jeeps haben, um gegen Wind, Nässe und Staub geschützt zu sein. Natürlich war kaum einer darauf eingestellt. Übrigens hat sich heute – wie auch schon im Hluhluwe Nationalpark – erwiesen, dass Wolle's Fernglas das Beste ist, man kann damit auch weit entfernte Tiere sehen – selbst ich.

08.02.2002

Heute schlafen wir etwas länger, Abfahrt mit dem Bus ist erst 08.00 Uhr. Ein paar wenige von unserer Gruppe zieht es wieder auf die Jeeps und für diese ‚Großbildjäger' geht es schon um 05.30 Uhr los. Es hat geregnet, bei unserer Abfahrt hört es aber auf. Gestern waren wir im südlichen Teil des Nationalparks, heute geht es mehr Richtung Norden. Auf unserem einstündigen Weg vom Hotel zum Parkeingang fahren wir wieder an riesigen Bananenplantagen vorbei. Um die Früchte sind blaue Plastiktüten gebunden, damit schützt man die Bananen vor Flecken und Beschädigungen, denn nur einwandfreie Früchte kann man auf dem Weltmarkt und vor allem in Europa verkaufen. Nebeneffekt: In der Tüte entsteht ein Mikroklima und die Bananen reifen schneller. Neben dem Krüger Nationalpark gibt es noch einige Privatreservate, wo man Tiere beobachten und sogar auf Jagd gehen kann. Will man z. B. auf Löwenjagd gehen, muss man vom entsprechenden Land (z. B. Mocambique) eine Konzession dafür kaufen. Darin ist genau festgelegt und beschrieben, welcher Löwe geschossen werden darf. Man nimmt dafür meistens ältere Exemplare, die sehr schön sind, und die Jüngeren haben dann eine Chance in der Hierarchie aufzusteigen. Man kann also nicht einfach irgend einen Löwen schießen. Die Konzession kostet nicht viel, ca. 4.000,00 DM, aber die eigentliche Großwildjagd kann bis zu zwei Millionen US $ kosten. Es entstehen Kosten für den, der weiß wo der Löwe eventuell ist, für die Bediensteten, die das Camp auf- und abbauen, für Köche, Fahrer usw. Tja, somit beschränkt sich heute Großwildjagd – Gott sei Dank – auf einige wenige Bereiche. Im Park fahren wir wieder durch herrliche Landschaften und sehen Impalas, Giraffen, Affen, Elefanten, Zebras und sogar einen seltenen Leoparden. Das war ein Schauspiel – von hinten ruft jemand: „STOOOP – Leopard rechts gesehen!" Der Bus kommt langsam zum stehen und alles wuselt durcheinander mit Fotoapparat, Kameras, Ferngläsern. Die ersten rufen: „... weiter nach hinten fahren ...", die nächsten brüllen: „... weiter nach vorn ..." Schließlich stehen wir in einer guten Position, Motor aus und ‚liegen auf der Lauer'. Man sieht den Leoparden gut getarnt im hohen Gras, ca. drei Meter vom Bus und Straßenrand entfernt, liegen. Er läuft dann ein Stück parallel zum Bus, nach einer ganzen Weile hat er aber genug und verkrümelt sich. Auch einige Elefanten sind wieder in greifbarer Nähe des Busses. Wir beobachten, wie sie die Früchte des Marulabaumes herunterschütteln und genussvoll fressen. Die Früchte sehen aus wie kleine, grüne Äpfel und haben einen hohen Zuckergehalt. Im Magen des Elefanten bildet sich daraus Alkohol und so gibt es ‚beschwipste' Elefanten. Aus den Früchten wird auch ein Likör hergestellt (Amarula), der wirklich gut schmeckt und etwas an Bailys erinnert. Am späten Nachmittag fahren wir durch Gebiete, wo viele Gnus, Impalas und Zebras leben. Also für Löwen usw. ein ‚Selbstbedienungsrestaurant'. Aber leider bleibt die Löwin im Hluhluwe Nationalpark die einzige, die wir in Südafrika sehen. Abends sind wir zurück im Hotel und eine Überraschung wartet auf uns. Als wir gerade ins Zimmer sind klingelt unser Telefon – Claudi macht sich Sorgen und ruft aus Deutschland an. Wir hatten uns die letzten Tage nicht melden können, da die Kartentelefone im Krüger Nationalpark und im Hotel nicht für Auslandsgespräche frei geschaltet sind.

09.02.2002

Es ist Samstagfrüh und wir verlassen Pine Lake um 08.00 Uhr. Vor uns liegt heute ein langer Weg entlang der Panoramaroute nach Pretoria – einer der drei Hauptstädte Südafrikas. Pine Lake liegt in etwa 140 Meter Höhe über dem Meeresspiegel. Wir fahren entlang der kleinen Drakensberge bis auf das Hochplateau in über 1.500 Meter Höhe. Vor Jahrmillionen erstreckte sich hier das s. g. Riff und schuf ein Hochplateau (Highveld) und die Tiefebene (Lowveld). Thomas erzählt wieder sehr viel Interessantes über Südafrika, wie die Apartheid beendet wurde, berühmte Leute, die das heutige Bild Südafrikas prägten und, und, und. Als erstes erreichen wir den Ort Graskop und machen einen ‚technischen Halt' (Pinkel-/Raucherpause und ʻne Kleinigkeit an Verpflegung oder

Getränken kaufen). Erster Fotostops ist an den beeindruckenden ‚Burke's Luck Potholes' – das sind topfförmige Strudellöcher, die in Jahrmillionen durch in der Strömung der Flüsse Blyde und Treur rotierende Steine und Sand aus dem Fels geschliffen wurden. Die Löcher sind benannt nach einem Mann namens Burke, der hier auf seinem Grundstück Gold fand. Da er aber ‚nicht ganz helle auf der Platte war', wie unser Thomas sagte, hatte er nicht viel von seinem Goldfund. Man beobachtete ihn heimlich und folgte ihm und damit war es aus mit dem Geheimnis um den Goldfund. Nächster Höhepunkt auf unserer Fahrt, ist der grandiose ‚Blyde River Canyon'. Die 26 km lange Schlucht hat der gleichnamige Fluss in die Drakensberge gegraben und bis zu 800 Meter tiefe Steilhänge sind hier in Südafrika einmalig. Es ist wirklich sehr schön und man kann sogar bis zum weit entfernten Krüger Nationalpark sehen, bei gutem Wetter, was wir heute haben. Die Landschaft erinnert uns sehr stark an den Grand Canyon in den USA. Wir machen eine herrliche Wanderung entlang oberhalb der Schlucht und dann geht es weiter mit dem Bus. Ein Blick noch auf die ‚Drei Rondavels', das sind drei gewaltige, runde Felsen mit spitzer Abdachung, die wie riesige afrikanische Rundhütten aussehen. Schon sind wieder Wolken und Nebel da, das ‚Riff' bildet nämlich eine Wetterscheide zwischen subtropischem und kontinentalem Klima und die Wettermassen kämpfen ständig miteinander. Es gibt hier auch riesige Baumplantagen, die an den Hängen der Berge wie geometrische Figuren angelegt sind. Getrennt durch breite Schneisen bilden diese bei Feuer einen Schutz, damit nicht die gesamte Plantage abbrennt, sondern das Feuer eventuell nur auf eine geometrische Figur beschränkt bleibt. Mittagsstopp ist im kleinen Ort ‚Pilgrim's Rest' – es ist eine historische Goldgräbersiedlung, die an eine Wildweststadt erinnert. Der Ort ist originalgetreu aus der Zeit des Goldrausches von 1873 erhalten und ist zum Weltdenkmal erklärt worden. Die

Häuser bestehen alle aus Wellblech und wurden damals schon in Fertigteilen aus England per Katalog importiert. Bis 1972 hat man hier Edelmetalle gefunden und abgebaut. Die Landschaft ringsum ähnelt sehr dem Schwarzwald. Wir sehen uns auch den alten Friedhof oberhalb der Ortschaft an und man erkennt, dass die Goldsucher nicht sehr alt wurden. Entweder starben sie durch Krankheiten, Entbehrungen oder waren sie erfolgreich beim Goldsuchen, durch die Kugel anderer. Die ‚Mörder' sind übrigens außerhalb des Friedhofs an dessen Mauern begraben. Wir fahren dann weiter über Lydenberg nach Dullstrom. Dullstrom wird auch Hauptstadt der Forellenzucht genannt und hat mit 2.004 Meter über dem Meeresspiegel den höchstgelegenen Bahnhof Südafrikas. Es liegen noch etliche weitere Kilometer vor uns und dann sind wir gegen 19.30 Uhr in Pretoria.

10.02.2002

Es ist schon wieder unser letzter Urlaubstag in Südafrika, wie schnell doch 14 Tage vergehen. Beim Frühstück herrscht wieder Aufregung, denn gestern Abend ist wieder jemand aus unserer Gruppe überfallen wurden. Jörg, Single, aber ganz nett und aufgeschlossen, wollte gegenüber vom Hotel in einer Passage mit Geschäften und Restaurants am Geldautomaten Geld holen. Man hat ihn sicher beobachtet und da er alleine war, hat man die Chance genutzt. Man hat ihm die ec-Karte geraubt, aber Gott sei Dank, nichts weiter getan. Also muss wieder unser Reiseleiter Thomas alles Notwendige in die Wege leiten. Unser Thomas hat die Woche, die wir mit ihm zusammen sind, wirklich ‚volles Programm': Überfall auf das Ehepaar in Durban, eine Schlange in einem der ‚Jollihütten' von unserer Truppe, kaputtes Holznashorn im Hotel am Hluhluwe Nationalpark, Buspanne im Swasiland, Überfall in Pretoria und nicht zu vergessen, die ständig nörgelnde Frau

Kühn. Frau Kühn ist mit ihrem Mann unterwegs und sie kommen aus Berlin. Kaum haben wir unsere Zimmer in den Hotels belegt, ist sie auch schon wieder an der Rezeption und mit diesem und jenem nicht einverstanden. Das ging sogar soweit, dass Reiseleiter Thomas mit Kühns das Zimmer tauschte. Dabei waren die Hotels wirklich nicht schlecht, man muss auch das Preis-/Leistungsverhältnis bei ‚Berge und Meer' sehen. Aber Leute, denen nichts recht ist und die sich selber nicht leiden können, gibt es wohl überall (nur strapaziös, wenn man solche in der Reisegruppe hat). Zum letzten Mal wird also unser Bus mit dem gesamten Gepäck beladen, denn heute Abend fliegen wir von Johannesburg nach Hause. Das Gepäck wurde in den Tagen hier immer mehr und so mancher hat Schwierigkeiten, alles unterzukriegen. Für mich entstand manchmal der Eindruck, dass einige nur Interesse am Einkaufen hatten, aber jeder 'halt nach seiner ‚Fasson'. So türmen sich auf den hinteren Plätzen Kisten, Schachteln, Beutel mit bemalten Straußeneiern, Holzmasken, anderen kunstgewerblichen Gegenständen, südafrikanischen Wein usw.
Wir starten mit einer kurzen Stadtrundfahrt in Pretoria, der Verwaltungshauptstadt von Südafrika. Die anderen Hauptstädte sind Kap Stadt, als Sitz des Parlamentes, und Bloemfontein mit Sitz des Obersten Gerichtshofes. Die Stadt hat sehr viel Grün und schöne Bauten. Im Frühling, wenn die vielen tausend Jakarandabäume an den Alleen blühen, verwandeln deren Blüten die Straßen in lilafarbene Flächen. Wir sehen uns von außen das imposante ‚Union Building' an, wo 1994 die Feier zum Amtsantritt des Präsidenten Nelson Mandela war. Das Sandsteingebäude ist schön. Von den Parkanlagen am Gebäude hat man einen tollen Blick auf die Stadt. Wir sehen den ‚Church Square' mit den Gebäuden des Stadtrates, dem Justizpalast und dem Paul-Krüger-Denkmal, fahren durch das Botschaftsviertel und besuchen das Paul-Krüger-Haus. Er war von 1883 an erster Präsident der Zuid-Afri-

kanischen Republik und lebte von 1884-1901 in Pretoria.
Dann fahren wir weiter und etwa sechs km südlich von Pretoria erhebt sich das schon von weiten zu sehende ‚Voortrekker
Monument'. Der 40 Meter hohe Quaderbau mit 64 aus Gra-
nit gehauenen Ochsenkarren wurde 1939 zur Erinnerung an
den ‚Großen Treck' der Buren und ihrer Schlacht gegen die
Zulu errichtet. Im Inneren des Baus erzählt uns Thomas an-
hand der riesigen in Stein gemeißelten Szenen von der Ideo-
logie der Buren und den blutigen Auseinandersetzungen mit
den Zulus. Unseren letzten Mittagsstopp machen wir Halt in
Sandton, einer ‚künstlichen' Stadt (ähnlich Brasilia). In einem herrlichen Einkaufszentrum fallen für mich bei einem
schönen Juwelier noch ein paar Ohrringe ab und in einem
gepflegten Restaurant essen wir gut zu Mittag. Dann ist zum
letzten Mal Treffpunkt unserer Gruppe und es geht weiter
nach Johannesburg. Was wir dort zu sehen bekommen, haben wir nicht erwartet. Die Stadt ‚stirbt' langsam aber sicher.
Viele große Unternehmen, Banken, Versicherungen haben sich
aus ihren Hochhäusern im Zentrum nach Sandton zurückgezogen und ‚Downtown' Johannesburg steht gespenstisch leer.
Wir sehen eines der größten und luxuriösesten Hotels das
‚Carlton' – leer, eine Kunsteisbahn mit olympischen Dimensionen – leer, das riesige Geschäftscenter ‚Twentowers', Sitz
von Firmen aller Art – leer, Hochhäuser – leer. Das Rathaus –
leer, die Post – leer, usw. Die verlassenen Gebäude werden
von den Ärmsten der Armen in Besitz genommen und die
Kriminalität ist sehr hoch, etwa acht Morde pro Nacht werden registriert. Als Weißer geht man in Johannesburg besser
nicht spazieren und wir lassen uns sagen, dass Weiße, die hier
arbeitsmäßig noch zu tun haben, zusehen, um am Nachmittag aus der Stadt zu ihren Wohnungen in anderen Orten zu
kommen. Auch unser Bus wird kritisch und nicht sehr wohl-
wollend von den Schwarzen ‚beäugt'. Schließlich sind wir
dann am Flughafen und das große Einchecken beginnt. Tho-

mas kümmert sich um unser Gepäck, wir erhalten an einem Schalter nach Vorlage von Quittungen die Mehrwertsteuer wieder, welche wir beim Kauf von Artikeln unterschiedlichster Art bezahlen mussten und dann verabschieden wir uns von Reiseleiter Thomas – unserem Schweizer, der seit 15 Jahren in Südafrika lebt und von ‚der anderen Fakultät' war. Aber seinen Job als Reiseleiter hat er wirklich sehr ernst genommen und echt gut gemacht (wir haben schon viele Reiseleiter und deren Arbeit kennen gelernt, daher können wir einschätzen: er war sehr gut). Wir haben noch einige Stunden bis zum Abflug Zeit, aber auch die vergehen. Wir rufen noch einmal zu Hause an, tauschen die Sommersachen gegen unsere Winterkleidung, bummeln noch durch Duty-Free-Shops, tauschen die übrigen afrikanischen Rands in Euro und dann ist ‚boarding time'. Wir haben zu zweit einen Dreierplatz und das ist recht angenehm auf einem so langen Flug. Dann kommt aber unser Single Jörg, er hat unmögliche Sitznachbarn, und quartiert sich bei uns ein. Nun ja, etliche Bier und Wein verhelfen den Männern zu einem gesunden und lauten Schlaf – aber was soll's. Nach ca. zehn Stunden landen wir in Frankfurt, Koffer kommen auch recht schnell vom Gepäckband und so schaffen wir den Zug nach Halle und sind gegen 12.00 Uhr zu Hause.

Wieder einmal haben wir einen herrlichen Flecken auf unserer Erde gesehen und viele interessante Dinge, tolle Landschaft, herrliche Tiere, unbekannte Traditionen, andere Lebenseinstellungen, nette und weniger nette Leute kennen gelernt ...

Durch die Schluchten des Yangzeh

China – ein Reich zwischen Gegensätzen und Harmonie

Mein vorliegender kleiner Bericht entstand auf einer 14-tägigen Rundreise durch ein Land mit Ausmaßen Europas, mit Gebirgen, Hoch- und Tiefebenen, Becken und Küsten, mit dem drittlängsten Fluss der Welt, seltenen Tieren, einer rund 3.000 Jahre alten Hochkultur, mit einer Einwohnerzahl von ca. 1,2 Milliarden Menschen, einer für uns fremden Schrift und Sprache und, und, und. Auf unserer Reise legten wir etwa 15.000 Flugkilometer zurück, fuhren ca. 800 km auf dem Yangzi und waren ungezählte ‚Bus- und Laufkilometer' bei unterschiedlichsten klimatischen Bedingungen unterwegs – um wenigstens einen kleinen Teil dieses faszinierenden Landes kennen zu lernen.

Zum Auftakt, am **20.03.2002**, gibt es gleich Probleme – der Bus zum Flughafen kann nicht fahren, ein Wasserrohrbruch legt alles lahm, Stau bis sonst wohin. Zum Glück kommen wir dann mit dem Auto auf Schleichwegen vorwärts und schaffen den Flieger nach Frankfurt/Main. Dort treffen wir auf Mitreisende und den Verantwortlichen des Reiseveranstalters Gebeco. Das ist schon ein recht ‚betagter', weißhaariger Herr, im Namen hat er ein ‚ von', aber ‚betucht' scheint er nicht zu sein. Nach zwei Fragen von Reisenden steht ihm schon der Schweiß auf der Stirn und er wirkt leicht verwirrt. Hoffen wir, dass dieses Exemplar von Reiseleiter nur hier vor Ort ist. Wolle soll das Gruppenvisa nehmen und alles weitere managen; er lehnt aber dankend mit dem Hinweis ab, dass er dafür zu wenig Reiserfahrung hat. Na gut, so werden also die nächsten angesprochen und diese sind ganz erpicht darauf. Mit 25 min Verspätung heißt es ‚take off' und mit einer 747-400 der Lufthansa geht es Richtung Shanghai. Die Maschine ist fast bis auf den letzten Platz ausgebucht, die Sitzreihen sind für einen Langstreckenflug ungewöhnlich eng. Wir haben den Eindruck, dass man noch ein paar Plätze eingebaut hat (nach dem Motto: noch 'nen Eimer Wasser an die Suppe, es kommen noch zehn Mann). Will man aufstehen, muss man den Kopf und Oberkörper leicht nach vorn neigen, Po nach hinten und in dieser Haltung (à la Klappmesser) sich vorsichtig aus der Reihe schieben. Aber Achtung! Mit Busen nicht am Vordersitz bzw. mit dem Hintern nicht am Sitznachbarn hängen bleiben. Vom Service her, haben wir auch schon wesentlich Besseres erlebt. Die Flugbegleiter sind nicht gerade die personifizierte Freundlichkeit, Durchsagen sind fast nur bei Turbulenzen (würden wir ja sowieso merken), Frischtücher für Hände und Gesicht gibt es nicht, Wein wird sehr sparsam ausgeschenkt, Toilettenartikel wie Schlafsocken, Lotion oder Mundwasser sind auch nicht an Bord. Naja, nichts desto trotz, führt unsere Flugroute Richtung Ostsee, nach St. Petersburg, weiter Richtung Sibirien, Nowosibirsk, entlang der Mongolei über Peking nach Shanghai. Zeitweise haben wir örtliche Turbulenzen, aber es geht und nach etwa neun Stunden und vierzig Minuten sind wir am **21.03.2002** gegen 11.00 Uhr Ortszeit mit einer etwas harten Landung (alle Gebisse noch drin?) auf dem Flughafen Pu Dong in Shanghai. Hier werden wir von Lisa-Lou, unserer chinesischen Reiseleiterin abgeholt. Lisa ist sehr jung, spricht aber nach einem nur vierjährigen Deutschstudium ausgezeichnet Deutsch und wird uns die gesamte Reise über begleiten. Unsere Reisegruppe besteht aus 37 Leuten, die auf zwei Gruppen aufgeteilt sind. 17 in der Gruppe ‚Löwe' (da sind auch wir) und 20 in der Gruppe ‚Panda'. Das Alter reicht von Mitte Zwanzig über Mitte Vierzig und Anfang Fünfzig bis zu Achtzig. Da ist also ein wirklich alter Herr dabei, der es wahrscheinlich noch einmal wissen will. Na hoffentlich hat er sich nicht zuviel zugemutet. Ansonsten ist es von den Berufen her bunt gemischt, viele Ärzte (in der anderen Gruppe), Handwerker, Hebamme, Beamte, Hörgerätakustiker, Künstler, Vertreter für Stützstrümpfe, Hausfrauen. Wir sind diesmal nicht die einzigen ‚Ossi's', mit uns sind noch sieben andere Leute aus den neuen Bundesländern unterwegs. Lisa hat sich vorgenommen, uns ein wenig Chinesisch zu lernen – aber sprich' mal mit einer Kuh (oder Löwen, also unserer Gruppe) französisch. Nun, das erste ist ja noch leicht, wie ‚Guten Tag' (Nie Hau) oder ‚Wie geht's?' (Nie Hau Ma). Schwieriger wird es schon, als Lisa das Wort ‚Ma' mit vier unterschiedlichen Betonungen ausspricht und jede Betonung ein anderes Wort bedeutet. Wir lernen aber gleich am Anfang etwas ganz wichtiges – in China sollte man sich nie mit dem bei uns so üblichen ‚Tschüß' verabschieden, das bedeutet hier: ‚Geh' zur Hölle'. Unser kleiner Sprachkurs findet auf dem Weg vom Flughafen zum Stadtzentrum im Bus statt und wir sind etwa eine Stunde unterwegs. Wir fahren vorbei an riesigen Baustellen u. a. an einer für einen Transrapid. Unser Hotel ist prima und nach dem Einchecken machen wir einen ersten Bummel durch die umliegenden Straßen. Das Hotel hat 27 Etagen, die Häuser gleich nebenan haben aber nur maximal drei Etagen. Man sieht Menschen über Menschen, Fahrräder soweit das Auge reicht und daher auch alle paar Nasen lang eine Fahrradwerkstatt. Auf dem Fußweg steht ein Klappstuhl, etwas Werkzeug auf einem Hocker o. ä. – fertig ist die Werkstatt. Das ist hier ein immerwährendes Gewerbe. Daneben findet man z. B. eine Garküche, d. h. ein alter großer Topf mit Deckel auf einer Feuerstelle, ein kleiner Tisch oder eine Holzbohle dienen als Ablage für die Zutaten und man kann also zusehen wie Fleisch, Geflügel, Gemüse oder was auch immer, im Topf oder auf Spießen gegart werden. Es gibt auch Geschäfte mit Lebensmitteln, Kleidung, Schuhen, Lederwaren usw. Diese sind zur Straße hin offen und recht bunt durcheinander gewürfelt. Man kann auch einen Schuster auf dem Fußweg finden, Lederstücke, Absätze und eine uralte Nähmaschine auf einem kleinen klapprigen Tisch und fertig zum Reparieren. Die Fußwege sind ziemlich holprig, auf der Straße fahren rasant Autos, Busse, LKW, Mofas, Taxen wild hupend und viele, viele Fahrräder aneinander vorbei. Man muss aufpassen, wo man hinläuft, um nicht unter die Räder (egal, was für welche) zu kommen oder in einen Gully zu fallen, da auf ihm der Deckel fehlt. Hebt man den Blick doch 'mal nach oben, baumelt über einem gewaschene Kleidung, die auf einem gespannten Seil von der Hauswand zum Laternenpfahl oder zwischen zwei Laternenpfählen hängt. Auf- und abgehängt wird die auf Kleiderbügeln befindliche Wäsche mit Hilfe einer Stange, an deren Ende ein Haken ist. Viele Eindrücke stürmen auf uns ein und wir bleiben immer wieder stehen, um diese oder jene für uns ungewohnte Sache zu betrachten. Was uns auch auffällt, über der Stadt hängt eine riesige, schmutzige Dunstglocke – DDR-Chemie lässt grüßen. Wir kaufen noch auf der Post Briefmarken, die Postangestellte freut sich offensichtlich ein paar ‚Langnasen' bedient zu haben. Eine Telefonkarte holen wir auch und diese wird gleich ausprobiert – funktioniert prima.

22.03.2002

Nach einem ausgiebigen Frühstück geht es mit Lisa auf Stadtrundfahrt. Leider ist es, wie schon gestern, sehr frisch und sehr dunstig, ab und zu regnet es. Wir besuchen also z. B. den Yu-Garten (Garten des Erfreuens), er ist bereits 400 Jahre alt und wurde damals von einem Provinzgouverneur angelegt. In typischer chinesischer Gartenbaukunst liegt er auf nur etwa zwei ha Fläche und man sieht viele Pavillons, Gänge, Teiche, Flüsse, Brücken, Felsen, Bäume auf engstem Raum. Auch sieht man einige ‚falsche' Drachen an Hausdächern oder auf Mauern. Damals war der Drache Zeichen der kaiserlichen Macht. Stellte jemand bei sich zu Hause einen Drachen auf oder bildete ihn an Wänden ab, verlor derjenige seinen Kopf. Ein ‚echter' kaiserlicher Drache hat fünf Krallen. Damit die Leute auch einen Drachen haben konnten, ohne ihren Kopf zu verlieren, stellten sie ihn mit drei, vier oder sechs Krallen dar und überrumpelten damit die kaiserliche Polizei. Im gewundenen, verwinkelten und doch weitläufigen Garten ist Wolle plötzlich verschwunden. Aber weder ,kopflos', noch vom Drachen gefressen, finden Lisa und ich ihn wieder. Er hat fotografiert und gefilmt und nicht gesehen, wohin unsere Gruppe gelaufen ist. Er hat dann die ,Panda' Reisegruppe getroffen und diese haben uns per Handy informiert, dass er bei ihnen ist. Also, alle da und weiter durch die Straßen der Altstadt von Shanghai. Hier ist es herrlich, enge Straßen mit typischen zweigeschossigen Holzhäusern, kleinen Geschäften und einem großen Basar. Hier gibt es viel von der Fa. ,Kitsch & Co', aber auch schöne handwerkliche Souvenirs aus Bambus, Holz, Seide, Stein, Jade usw. Durch die fremden Schriftzeichen an den Geschäften oder auf Plakaten, den Lampions, den fremden Gerüchen und Geräuschen, den vielen fremden, aber für uns fast gleich aussehenden Gesichtern, merkt man schon, dass man in einem anderen Kulturkreis, außerhalb Europas ist. Wir fahren dann zu einer Seidenfabrik und sehen hier die unterschiedlichen Entwicklungsstufen einer Seidenraupe, man zeigt uns, wie aus den Kokons die Seidenfäden gezogen werden und wir staunen, wie reißfest diese sind. Wir können auch zusehen wie Seidenbetten hergestellt werden und das alles ist doch recht interessant. Natürlich – wie fast überall auf der Welt – fehlt auch hier am Ende nicht der ,Souvenirshop', in welchen man die unterschiedlichsten Dinge aus Seide kaufen kann. Mit dem Bus geht es dann wieder zum Zentrum und auf eigene Faust bummeln wir entlang der Nanjing Road – einer riesigen Einkaufsstraße. Hier im Zentrum gibt es mehr Autoverkehr und es ist bei deren Fahrweise lebensgefährlich, einfach über die Straße gehen zu wollen (wobei die Farben der Ampeln auch nicht von Jedem akzeptiert werden). Wir erfahren, dass es in China kaum private Pkw gibt, sie sind einfach zu teuer. Ein Durchschnittsverdiener hat etwa 1.500 bis 2.000 RMB im Monat, das sind ca.

200/300 Euro, ein Auto kostet ca. 120.000 RMB und das Nummernschild muss auch noch einmal mit ca. 100.000 RMB bezahlt werden. Die Autos, welche auf der Straße sind, gehören also in der Regel Firmen, Banken, Versicherungen usw. (haben blaue Nummernschilder), Polizei oder Armee (haben weiße Nummernschilder), Busse/LKW sind mit gelben Schildern gekennzeichnet und sieht man mal ein schwarzes, dann ist es ein Privatauto. So langsam haben wir Hunger und wollen etwas essen. Das gestaltet sich als schwierig, es gibt zwar viele Restaurants, aber die Speisekarten sind ausschließlich in chinesisch geschrieben und sind auf einigen doch Speisen abgebildet, weiß man nicht so recht, wie es zu definieren ist. Man spricht und versteht zwar hier vereinzelt schon englisch, aber das reicht nicht aus – so sind wir ganz froh, als ein McDo in Sicht kommt. Das ist zwar auch etwas gewöhnungsbedürftig für unser Auge – die Burger sind mit chinesischen Schriftzeichen zu sehen, aber man kann zeigen was man möchte und ich denke, man kriegt auch das, was es sein soll.

Die Nanjing Road führt direkt zum ,Bund', der berühmten Uferpromenade von Shanghai. Sie zieht sich entlang des Flusses Huangpu und wir sehen eine imponierende, moderne skyline. Auch gibt es Gebäude der Zwanziger- und Dreißigerjahre im westlichen Stil und manches erinnert an Bauten in Kiew oder Moskau – das haben wir ja nun nicht erwartet. Damals verlegten viele der bekanntesten Banken und Handelsgesellschaften der Welt ihre Asiensitze nach Shanghai, da günstig gelegene Hafenstadt und durch die tollen Bauten erhielt die Stadt von den Händlern auch den Namen ,Paris des Ostens'. Übrigens ist Shanghai mit 15 Millionen Einwohnern zweitgrößte Stadt Chinas, liegt nur etwa vier Meter über dem Meeresspiegel und der Name bedeutet ,Stadt über dem Meer' (Shang = über und Hai = Meer). Leider blieb es heute den ganzen Tag über diesig, kühl und regnerisch. Die Autos sind dadurch mit einer richtigen Dreckschicht bedeckt.

23.03.2002

Bereits 07.00 Uhr ist heute Abfahrt und nach zwei Tagen schlechten Wetters scheint doch heute so früh schon tatsächlich die Sonne. Wir müssen zum Flughafen und von dort geht es zur zweiten Station unserer Rundreise, nach Wuhan. Auf unserem Weg zum Flughafen fahren wir quer durchs Stadtzentrum, wir sehen mehrspurige Straßen übereinander gebaut (wie in den USA), ultramoderne Hochhäuser, Gebäude im typisch russischen Stil, sogar mit rotem Stern 'drauf, dazwischen ausgedehnte Parkanlagen und immer wieder alte Straßenzüge mit kleinen zweistöckigen Holzhäusern. So früh am Morgen sehen wir überall in den Parks oder auf den Fußwegen Chinesen beim Schattenboxen (Thai Chi), egal ob Alt oder Jung, es ist hier ganz normal, seine Übungen im Freien entweder alleine oder mit mehreren zu machen. Am Flughafen erwarten uns ,sozialistische Disziplin und Ordnung' – d. h. wir müssen uns in einer feststehenden Reihenfolge (laut Gruppenvisa) aufreihen, Pässe in der Hand und dann geschlossen zum Abfertigen. Man erhält die Bordkarte und diese wird an einem Schalter gestempelt und dann geht es erst zum Abflugsteig. Viele sind eifrige ,Stempelsammler' im Reisepass, aber dieser wird ja leider nicht gestempelt, da wir auf Gruppenvisa reisen. Also müssen sich die Sammler mit den gestempelten Bordkarten begnügen. Der Flug von Shanghai nach Wuhan dauert etwa 90 min und bei kühler Temperatur steigen wir dort aus. Wuhan ist Hauptstadt der Provinz Hubei und hat ca. 3,5 Millionen Einwohner. Sie ist das wichtigste Wirtschaftszentrum Zentralchinas und wichtiger Verkehrsknotenpunkt. Die Stadt liegt an der Mündung des Han Jiang in den Yangzi. Uns erwartet ein straffes Besichtigungsprogramm, denn heute Abend sollen wir schon ,eingeschifft' werden und unsere Yangzi-Kreuzfahrt starten. Also, wir beginnen mit der Fahrt vom Flughafen zum Zentrum, vorbei an großen Reisfeldern, Raps- und Gemüsefeldern, es gibt viele Fischteiche und auch Palmen. Man merkt aber schon auf der Fahrt zur Stadt den Unterschied zu Shanghai – hier ist das Leben noch viel ursprünglicher und es gibt noch nicht soviel Moderne. Aber jetzt geht es erst 'mal zum gemeinsamen Mittagessen. Wir sitzen an großen runden Tischen zu acht Personen, in der Mitte der Tische gibt es je eine große Drehplatte. Auf diese werden dann die einzelnen Speisen in Schüsseln oder auf Teller gestellt und man dreht entsprechend die Platte, um an die Speise zu kommen, die man mag. Man legt sich dann auf einen kleinen Teller sein Essen und ‚Guten Appetit' – tja, wenn das so einfach wäre! Wir sammeln nämlich fast alle erste Erfahrungen mit Stäbchen (Hilfe, mein Auge – Au, das war mein Ohr). Nur gut, dass auch ein paar Gabeln herumliegen und wir nicht ganz so hungrig gehen, wie wir gekommen sind. Nun also los mit der Besichtigungstour – erste Station ist das Provinzmuseum Hubei's, in dem man Klangsteine und andere kostbare Musikinstrumente aus dem Grab eines Markgrafen von vor 2.500 Jahren sehen kann. Unsere örtliche Reiseleiterin schleift uns zu jeder Vitrine, jedem alten ‚Suppentopf' und Sakopharg, sprudelt ohne Punkt und Komma die Information heraus – sie scheint unter Zeitdruck zu stehen. Zweite Station ist der Huanghelou (der Turm der gelben Kraniche), dessen Namen er einem Gedicht verdankt. Berühmt ist das aus fünf Etagen bestehende und jetzt 51 Meter hohe Gebäude, weil es dutzendfach zerstört und immer wieder aufgebaut wurde. Im Affentempo geht es dann zur Station Nr. drei – dem buddhistischen Tempel Gui Yan. Er wurde vor 300 Jahren am Ort eines alten Gartens erbaut und hat sich den Gartencharakter erhalten. Innen kann man den ‚lächelnden Buddha' und den ‚Jadebuddha' bewundern. ‚Bewundert' wird von mir auch eine gewisse ‚Örtlichkeit' – die nach Lisas Übersetzung ‚Harmonie' für den Körper verspricht – die Toilette. Ein ummauertes Loch im Boden, Türen davor, die halbhoch wie im Westernsalon sind und fertig (ob Buddha sich hier schon Harmonie verschaffte?).

Wir wissen nun auch, warum unsere örtliche Reiseleiterin sowenig Zeit hatte, wir müssen mit unserem Bus noch ca. drei Stunden von Wuhan nach Shashi fahren, dort wartet unser Schiff. Gegen 17.00 Uhr verlassen wir Wuhan und fahren dabei über die 1.670 Meter lange und 20 Meter breite Yangzi-Brücke, das ist schon ein beeindruckendes Bauwerk. Die Straßen außerhalb sind in einem katastrophalen Zustand, was unsere Bandscheiben ab und zu heftig zu spüren bekommen. Wir fahren durch weite Ebene, hier und dort Reisfelder oder Fischteiche; Dörfer in unserem Sinne sehen wir nicht. Vereinzelt stehen ein oder mehrere Häuser zwischen den Feldern. Sie machen einen eher unbewohnten Eindruck (kein Putz, keine Kanalisation, keine Beleuchtung, keine Gardinen usw.), aber das täuscht. Es wohnen Leute in den Häusern und es ist eine andere Welt, die wir durchfahren und sich uns in der beginnenden Dunkelheit erschließt. Ab und zu sieht man nun doch in den Häusern oder Hütten einen Lichtschein, ansonsten ist es stockdunkel. Weit und breit keine größere Ansiedlung, von Straßenbeleuchtung ganz zu schweigen. Wir fahren zwar auf einer so genannten Autobahn, die wegen des Staudammbaus entstand, aber es holpert ganz schön. Kurz vor Shashi passiert es dann, unser Busfahrer sieht eine Bodenvertiefung zu spät, kann nicht mehr bremsen und fährt mit vollem ‚Karacho' durch. Wir lernen ohne Flugzeug zu fliegen, finden uns an der Busdecke und dann unsanft im Sitz wieder. Vier Leute auf der Rückbank erwischt es besonders arg. Einer stößt sich am Gepäcknetz ein gewaltiges Horn und holt sich im Gesicht einen Bluterguss. Es ist unser Vertreter für orthopädische Stützstrümpfe und nun hat er auch insgeheim seinen Spitznamen weg: Guido HORN – wie war das, wer den Schaden hat, braucht für den Spott nicht zu sorgen. Auch unser

Gepäck im Busstauraum unter uns hat es tüchtig gerüttelt; hoffentlich liegt nicht die Hälfte irgendwo hinter uns in der ‚Walachei‘. Etwas demoliert kommen wir in Shashi an und gehen noch zum Abendessen. Wie zum Mittag sitzt unsere Gruppe wieder an großen runden Tischen, mit Drehplatte und wieder nur Stäbchen. Das chinesische Essen hat wenig gemeinsam mit dem, welches wir zu Hause in den chinesischen Restaurants oder an Imbissbuden kennen. Hier ist es viel öliger, entweder ganz scharf oder kaum gewürzt. Dann geht es zum Schiff – die MS ‚Snow Mountain‘ ist für die nächsten vier Tage und Nächte unser schwimmendes Hotel. Der Weg zum Fluss ist genauso halsbrecherisch, wie die Straßen – steile, nasse Treppen mit Löchern und Dunkelheit. Nun, wir kommen alle heil auf dem Schiff an, das Gepäck ist auch vollständig, die Kabinen werden verteilt und nach 15 min Verschnaufpause ist dann noch offizielle Begrüßung durch den deutschen ‚Cruises director‘. Es gibt ein Gläschen Sekt, nach einer kurzen Ansprache ist es für Heute geschafft und wir ‚fallen‘ in unsere Kabinen. Das ist wörtlich zu nehmen – hier auf dem Schiff, wie auch in allen Tempeln und Pagoden, ist als Schutz vor bösen Geistern die Türschwelle ca. 20 cm hoch und mindestens fünf cm breit, also ‚Latschen hoch‘.

24.03.2002
Gestern war schon 05.30 Uhr wecken, heute können wir ‚länger‘ schlafen – 06.00 Uhr ist Weckruf und das über Kabinenlautsprecher! Eigentlich bin ich doch im Urlaub, oder? Nach einer recht kurzen Nacht finden wir uns alle, etwas fröstelnd und hungrig, auf dem oberen Außendeck ein. Wir sehen von Bord aus, wie unser Schiff in einem der drei Schiffshebewerke von Yichang befördert wird und wir uns nun in dem engeren Abschnitt des Yangzi befinden. Wir fahren auf dem Nanjin Pass, (früher Aus-

oder Einfahrt zu den Schluchten), der aber bereits im See liegt, den der 1989 fertig gestellte Gezhou Damm schuf. Unser Weg führt uns nun die nächsten Tage durch die drei Schluchten des Yangzi und eine interessante Fahrt soll uns bevorstehen. Unser ‚Cruises director', mit Namen Jürgen, gibt informative Erläuterungen zu allem und nach etwa einer Stunde auf Deck, bei Kälte und Nebel, sind wir dann alle beim Frühstück. Wir sind insgesamt 90 Passagiere und erscheinen wie gesagt auf ‚einem Ruck' zum Frühstück. Das chinesische Personal ist restlos überfordert, sie kommen nicht nach mit Kaffee kochen, Brot toasten, auffüllen der leer gefutterten Schalen usw. An einigen Tischen regt sich deshalb gleich Unmut, aber was soll's, wir sehen das an unserem Tisch recht gelassen. Wir fahren nun schon eine Weile durch die rund 76 km lange Xiling-Schlucht. Inmitten der Schlucht, bei dem Ort Sandouping, entsteht der neue, gewaltige und sehr umstrittene ‚Drei-Schluchten-Damm'. Die größte Baustelle der Welt ist Ziel unseres ersten Landganges und mit Bussen fahren wir hin. Der Damm soll 2.335 Meter lang und 185 Meter hoch werden, die Staulänge 600 km betragen und das größte Wasserkraftwerk der Welt soll entstehen. Was wir sehen ist wirklich gewaltig. Es arbeiten hier etwa 28.000 Leute, die meisten davon Soldaten und 1/5 sind auch Frauen. Die Leute sind in einfachen Wohnvierteln (mit Lagercharakter) untergebracht. Der Bau erfolgt in drei Phasen und die Bauzeit erstreckt sich von 1992 bis 2009. Die dann überflutete Fläche soll 1.084 km² umfassen und es müssen 1,3 Millionen Menschen umgesiedelt werden. Das muss man sich 'mal vorstellen! Das Gebiet was wir jetzt durchfahren, wird einen höheren Wasserspiegel haben, als jetzt; etwa 130 Meter bis 175 m. Die berühmten Schluchten wird es ab dem Jahr 2003 so nicht mehr geben, denn dann beginnt man mit der Flutung des Gebietes auf 135 m. Jürgen und die anderen Gebeco-Mitarbeiter geben uns noch weitere Detailinformationen zum Bau, die uns sehr nachdenklich machen. Z. B steigen die Kosten des Baus höher als erwartet, wo spart man eventuell bei den Geldern für die Umsiedlung, was das bedeutet, kann man sich vorstellen. Am Nachmittag genießen wir die Fahrt auf dem Außendeck bei herrlichstem Sonnenschein. Als unser Schiff an einem Engpass verkehrsbedingt halten muss, regnet es dicke, fettige Rußflocken auf uns herab. Das kommt vom Dieselschornstein unseres Schiffes und einige verschmutzten sich ihre helle Kleidung. Aber Jürgen, inzwischen Ansprechpartner für alle Probleme und Sorgen seiner Gäste, lässt die Kleidung auf Kosten von Gebeco an Bord säubern. Nach dem Abendessen ist dann im ‚Ballroom' eine kleine Show, welche die Besatzung für uns arrangiert. Wir sehen chinesische und buddhistische Tänze, unser ‚Cruises director' Jürgen – ein Deutscher, der seit Jahren mit seinem Freund in Hongkong lebt und seit vier Wochen hier auf dem Schiff das Sagen hat – singt auf chinesisch und das wirklich gut. Wir sitzen, wie auch zu jeder Mahlzeit, mit den anderen vier Sachsen-Anhaltinern an einem Tisch und haben viel Spaß. Das sind Jutta und Inge, die beiden Hörgeräteakustikerinnen sowie Petra und Henry. Petra arbeitet bei der Bundesknappschaft, Henry bei der Deutschen Bahn und nennt außer seiner Frau, dem Sohn, einem Haus auch 70 Karnickel sein eigen. Ein paar Spielchen, z. B. mit Stäbchen Glaskullern von einem Gefäß in ein anderes legen, Stuhltanz usw. werden auch gemacht. Dabei gibt es kleine Preise zu gewinnen. Henry spielt auch mit und gewinnt einen echten chinesischen Papierfächer. Natürlich soll er gleich am Tisch ausprobiert werden – aber er geht nicht auf. Wolle bietet seine Hilfe an, fasst mit seinen ‚zarten' Händen zu – und es hat sich ausgefächert. Jetzt haben wir zwei Teile, aber Lisa-Lou hilft und klärt alles zur Zufriedenheit.

25.03.2002

Gestern gab es ja beim Frühstück mit dem Nachschub Probleme, heute funktioniert es reibungslos (Jürgen hat gestern zum Mittag deshalb alle Getränke auf Rechnung von Gebeco gesetzt). Unser Schiff liegt seit gestern Abend in Wushan vor Anker. Das ist ein kleiner Ort am Nordufer und Ausgangspunkt für den Bootsausflug zu den ‚Drei kleinen Schluchten', die sich im malerischen Da Ning Fluss befinden. Wushan liegt eingebettet in den Bergen und an den Felshängen und wird durch den neuen Stausee überflutet werden. Man macht es mit fast allen betroffenen Städten/ Siedlungen so, dass sie abgerissen werden (sollen), die Steine werden gesäubert und dürfen von den jetzigen Einwohnern mitgenommen werden. Baumaterial ist teuer und so will man die Bewohner etwas versorgt sehen, falls sie an ihrem neuen Haus etwas anbauen wollen. Man sieht auch schon stellenweise neu errichtete ‚sozialistische Plattenbausiedlungen', die höher oder weiter im Land liegen, als die jetzigen Häuser. Ob sich allerdings ein Bauer in einem Zehngeschosser wohl fühlen wird, sei dahingestellt. Beim Frühstück beobachten wir aber erst einmal fasziniert, wie unzählige Chinesen, ‚mal mit weißen, ‚mal mit gelben und ‚mal mit blauen Hüten und im ‚Mao-Anzug' die steilen Felswege entlang laufen, um zum Bus zu gelangen, der sie zur Arbeit fährt (‚Arbeiterberufsverkehr'). Es gleicht einem Ameisenschwarm, der entlang seines Weges krabbelt. Nach dem Frühstück holen wir unsere Sachen für den Landgang und müssen feststellen, dass unser Kabinenboden feucht ist. In unserer Nachbarkabine ist ein Wasserrohr geplatzt und diese steht nun schon unter Wasser. Da alle beim Frühstück waren, ist das Malheur erst nach einer guten halben Stunde bemerkt worden. Das Bordpersonal steht etwas ratlos da und weiß nicht, was es tun soll. Also muss Jürgen anweisen, dass das Wasser abzustellen ist, erst einmal Handtücher usw. geholt werden, um ‚aufzutitschen' und dann wie es weiter geht. Na ‚mal sehen, ob das Personal alles verstanden hat, zumindest lächeln sie ihren ‚director' freundlich an. Die ersten Gäste stehen auch fast gleichzeitig am Empfang und wollen sich beschweren: „Bei uns läuft kein Wasser. Wie sollen wir jetzt die Toilette spülen?" Nach dem Durcheinander geht es dann zum Ausflug. Bewaffnet mit kleinen, abgezählten Plastikkärtchen verlassen wir das Schiff und steigen bzw. klettern die steilen Stufen zur Straße hinauf. Die Plastikkärtchen müssen bei Rückkehr aufs Schiff abgegeben werden, so dass man merkt, wenn ein ‚Ausflügler' verschütt geht. Unsere Busse sollen uns oben an der Straße aufnehmen, doch diese ist so schmal und steil und durch chinesische LKW, Motorräder, Fahrräder, fliegende Souvenirhändler und uns Touristen völlig verstopft. Es geht nichts mehr und ein wildes Hupen, Schimpfen, Schreien und Gestikulieren beginnt. Wir stehen mit dem Rücken an der Felswand und betrachten dieses Chaos – unbeschreiblich. Von den LKW oder Motorrädern fährt aber auch nicht einer ein Stück zurück und nun kommen auch noch die ‚Sänftenträger' dazu. Da der Weg vom Schiff zur Straße wie gesagt sehr steil ist, hatten Ältere und ‚Fußlahme' die Möglichkeit, sich für ein kleines Entgelt mit einer Sänfte hoch tragen zu lassen. Nach ca. 20 min entspannt sich langsam die Situation, unsere Busse kommen zu uns durch und los geht es. Wir fahren durch Wushan und was wir sehen, kann man nur schwer in Worte fassen. Viele Häuser stehen schon leer und sind z. T. abgerissen, aber das normale Leben der Einwohner – ob mit oder ohne eigene Behausung – geht trotz Schutt, Baudreck und viel Staub weiter. An vielen Ecken liegen riesige Müllberge, dazwischen stehen kleine Geschäfte, die wie in Shanghai zur Straße hin offen sind und noch verkaufen. Alles verschwindet unter einer grauen Staubschicht. Es gibt viele ‚Frisörgeschäfte', bestehend aus zwei Stühlen, einer Schüssel zum Haare waschen, einem Wasserschlauch, einem an einen Nagel aufgehängten, halbblinden Spiegel; wieder Garküchen, die zur Straße hin ihre Kochgefäße und Zutaten haben, Wasserbecken auf der Straße, wo man seine Wäsche waschen kann und, und, und. Die Leute tragen ihre Einkäufe oder auch Kohlen, Kartoffeln und alles Mögliche in Kiepen oder mit Hilfe von einem Bambusstab. Dieser wird über die Schultern gelegt, rechts und links hängt je ein großer geflochtener Korb für die Last und fertig. Die Leute hier leben sehr bescheiden und sind zum Teil sehr arm. Am Daning Fluss steigen wir in Boote um, die bis zu 20 Personen fassen und den Sampans nachempfunden sind. Uns umgibt eine herrliche Landschaft, die Schluchten sind wirklich schön. Als erstes fahren wir durch die ‚Drachentor-Schlucht‘. Hier kann man im Fels noch die Reste des längsten bekannten Holzweges sehen (ursprünglich 300 km). Dazu wurden Löcher in den Fels gehauen – die ragen hier zum Teil bis 1.000 Meter hoch aus dem Wasser – und in die Löcher wurden Holzpfähle gesteckt, darauf wurden Bohlen gelegt und fertig war der Transportweg für Menschen, Vieh und Waren. Über Jahrhunderte hinweg war das die einzige Landverbindung zwischen Ansiedlungen und Dörfern in den Tälern des Yangzi und seiner Nebenflüsse. Man musste bestimmt ‚höhentauglich‘ und ‚schwindelfrei‘ sein, um da entlang zu laufen. Die zweite Schlucht heißt ‚Nebelschlucht‘ – das stimmt auch und in ihr kann man hoch oben im Fels einen 2.000 Jahre alten ‚Eisensarg‘ hängen sehen. Es ist aber ein Holzsarg, der im Laufe der Jahrtausende eine dunkle Eisenfarbe angenommen hat. Die letzte und längste Schlucht heißt, Schlucht des Smaragdgrünen Tropfens‘ und am Ende von ihr wenden die Boote und es geht zurück. In den Tälern und Ebenen zwischen den Schluchten leben einfache Bauern und bewirtschaften die Felder mit Kartoffeln, Sojabohnen und anderem. Da die Böden sehr fruchtbar sind und das Klima günstig, gibt es zwei Ernten im Jahr. Der Fluss wird von mehreren Touristenbooten, aber auch von vielen Lastkähnen befahren und es ist echt interessant. Jürgen ist auch mit von der ‚Partie‘ und gibt gute Informationen über Landschaft, Leben und

Geschichte von hier an uns weiter. Nach gut drei Stunden sind wir zurück auf der ‚Snow Mountain' und uns erwartet eine immer noch feuchte Kabine. Jürgen bietet uns an, in die Juniorsuite zu ziehen und das tun wir auch. Unser Domizil besteht nun aus einem kleinen Wohnraum, Schlafraum, Waschplatz und separatem Bad (eigentlicher Mehrpreis gegenüber Standardkabine: 300 Euro pro Person). Nach dem Mittagessen sind wir alle an Deck und erleben die Weiterfahrt unseres Schiffes durch die Wu-Schlucht; leider ist das Wetter nicht so toll wie gestern. Wer am Nachmittag Lust hat, kann mit einem Thai Chi Meister ein bisschen Thai Chi üben. Wir schauen zu und es sieht komisch aus, wie die ungelenken Gäste versuchen, die geschmeidigen, harmonischen Bewegungen nachzumachen und dabei nicht das Gleichgewicht zu verlieren (wir halten den Kopf gerade, drehen den Oberkörper nach rechts, verschränken die Arme links kreuzseitig und stellen unsere Beine so und so – und morgen lösen wir den Knoten auf). Auf dem verglasten Aussichtsdeck kann man sich auch mit Kaffee, Tee und anderen Getränken verwöhnen lassen. Man sollte aber vorsichtig sein, Getränke oder dergleichen per Handzeichen, die wir von zu Hause her kennen, zu bestellen, man könnte überrascht sein ...
In China zeigt man:
1. mit nach oben gerichteten Zeigefinger
2. mit nach oben gerichtetem Zeige- und Mittelfinger
3. mit nach oben gerichteten Mittel-, Ring- und kleinem Finger
4. alle nach oben ausgestreckte Finger einer Hand, ohne Daumen
5. alle nach oben ausgestreckte Finger einer Hand
6. kleine Finger und Daumen um 90° gedreht nach oben gerichtet (‚Zeichen' für Telefonieren)
7. nach oben gerichteter Daumen, Zeige- und Mittelfinger
8. nach oben gerichteter Daumen und Zeigefinger
9. der Zeigefinger wird um 45° angewinkelt hoch gezeigt
10. die Faust

26.03.2002

Heute morgen gegen 06.30 Uhr hat unser Schiff nach einer doch recht stürmischen und schaukeligen Nachtfahrt etwas unsanft in Shi Bao Zhai angelegt. Hier besichtigen wir nach dem Frühstück einen fast 400 Jahre alten Tempel, der über 30 Meter hoch ist, sich nach oben verjüngend an einem Felsen hochzieht. Er hat neun Stockwerke und man sagt, hat man sechs erstiegen, ist man dem ,Himmel' schon ganz nah. Vom Schiff zum Tempel sind es ca. 20 min zu Fuß und als wir von Bord gehen, werden wir von Einheimischen in Drachenkostümen mit chinesischen Tänzen und Musik begrüßt. Unser Weg führt durch eine sich im Abriss befindliche Stadt, wieder schmale, verwinkelte, steile Gassen – bevölkert von Straßenhändlern, die ihre Armut durch uns Touristen lindern wollen. Auch hier wieder Schutt, Abrisslärm und viel Baudreck. Der Tempel selbst ist sehr schön, im Inneren gehen wir auf ,Hühnerleitern' aus Holz sechs Stockwerke hoch. Da wir doch wesentlich schwerer als Chinesen sind, hoffen wir, dass die Holzzwischendecken unser Gewicht tragen (sonst wäre es ein schneller Weg vom ,Himmel' zur ,Hölle'). Ein in Stein gehauenes Buddhagesicht soll den Tempel schützen – macht es auch – und wir kommen alle heil oben an und betreten aus dem Tempel heraus eine Plattform im Fels. Von hier hat man einen tollen Blick auf den Yangtzi, die kleine Bergstadt und das weite Land ringsum. Durch die Flutung des Stausees wird auch dieser Tempel bis zur ersten Etage im Wasser stehen. Man hat vor, ihn zu schützen und will eine Mauer herum bauen, so dass er zwar unterhalb des Wasserspiegels, aber wie auf einer Insel im See stehen soll. Zurück an Bord machen wir eine Schiffsbesichtigung. Wir dürfen auf die Brücke und in den Maschinenraum. Das Schiff wurde 1995 in China neu gebaut, hat aber den technischen Stand der 1960er Jahre bei uns. Nach dem Mittagessen sitzen wir zusammen und spielen ,Mahjong' oder ,Go'. ,Go' ähnelt ganz entfernt dem Spiel

‚Vier gewinnt' und wird von den Chinesen viel und gern gespielt. Man sieht sie abends an der Straße sitzen und gemeinsam Karten oder o. g. Spiele spielen. Es sind sehr gesellige Leute. Jürgen hält am Nachmittag einen Vortrag zur chinesischen Schrift und Sprache. So hören wir, dass ein Wort aus einem Bedeutungs- und einem Betonungsteil besteht, was sich aus der Satzstellung ergibt. Alle Sätze sind einfach aufgebaut und haben keine Zeitformen. Will ich sagen ‚Gestern schlief ich', heißt das ‚Gestern ich schlafen'. Weiterhin gibt es einen bestimmten Wortschatz und neue Wörter kommen nicht hinzu. So gibt es kein Wort für Computer, das ist ein ‚elektronisches Gehirn', auf der Speisekarte steht z. B. ‚Eigelbkuchen' – das sind Eierbiskuitplätzchen oder Pfannkuchen. Am Abend ist dann Kapitänsdinner und man gibt sich viel Mühe mit Bedienung, Service usw., aber ich kann mich mit dem Essen nicht anfreunden. Wie meint Wolle so treffend: „Da erübrigt sich zu Hause eine Apfel-Essig-Diät."
Nach dem Dinner sitzen wir wieder im ‚ballroom' zusammen und haben viel Spaß. Die Crew hat für uns eine kleine Modenschau vorbereitet, dann kriegen wir eine ‚Klitzekleine' interessante Darstellung von Thai Chi, es werden Gedichte vorgetragen, es wird gesungen – auch der chinesische Manager des Schiffes stellt sich auf die Bühne; bei uns unvorstellbar, dass ein Manager vor seinen Gästen singt. Auch sind einige Gäste mutig und zeigen eine kleine Darbietung – tja, was doch so alles möglich ist.

27.03.2002

08.30 Uhr ist ‚ausschiffen' und unsere Kreuzfahrt endet nach vier Tagen und Nächten und ca. 850 km Fahrt auf dem Yangtzi in Chongqing – einer der größten Städte der Welt. Hier vereint sich der Yangtzi mit dem Jialing Fluss, einem von mehr als 700 Nebenflüssen, die ihre Wassermassen in den Chang

Jiang, den Langen Fluss, ergießen. Es herrscht hier subtropisches Klima und ständig hängt eine Dunstglocke über der Stadt. Der Großraum Chongqings – dazu gehören auch Städte die 300 km entfernt sind – hat ca. 30 Millionen Einwohner, umfasst etwa 80.000 km² – das sind Dimensionen! Die Stadt selbst hat ungefähr 5,8 Millionen Einwohner, sie ist laut, staubig, chaotisch, riesig und hat zu unserem Erstaunen keine Fahrräder. Es schmiegen sich alte und z. T. halb abgerissenen Häuser an moderne Hochhäuser, die Stadt liegt 240 Meter über dem Meeresspiegel, wird von vier Bergen eingerahmt und es herrscht subtropisches Klima, zwei Flüsse fließen hier zusammen, deshalb gibt es hohe Luftfeuchtigkeit und nur etwa alle 20 Jahre Schnee. Wir sehen das Gebäude der Volkskongresshalle, einen Park, indem auf den Beeten und an den Wegen riesige, bunte (kitschige) Stoffblumen stehen (sehr gewöhnungsbedürftig für unser Auge), wir besuchen die Markthalle – auch sehr gewöhnungsbedürftig für europäische Nasen, Augen und Ohren und auch Füße – denn man sollte schon schauen, wo man ‚hinlatscht'.

Beim gemeinsamen Mittagessen geht die Rätselei wieder los, was ist was und was schmeckt wie? Es gibt immer Vorspeisen, das sind in der Regel kalte Fleischstückchen, kaltes, gewürztes Gemüse (Lotuswurzeln, Gurken), Nüsse (nimm mal 'ne Erdnuss mit Stäbchen), dann gibt es die warmen Gerichte, Reis (recht klumpig, sonst würde er vom Stäbchen fallen), Schweinefleisch z. T. sehr scharf oder süß-sauer gewürzt und mit viel Knoblauch, Huhn, Fisch mit viel Gräten und immer Suppe. Die gibt's zum Schluss und entweder schwimmen abgehackte Hühnerfüße 'drin oder heute sah das Ganze nach Seetang aus, manchmal schauen auch mehr Augen 'raus, als 'rein. An unserem Tisch findet sich aber immer ein ‚Mutiger', der wenigstens 'mal probiert. Das Essen kann hier richtig in Stress ausarten, nicht nur, dass man aufpassen muss, seinen Nachbarn oder sich mit den Stäbchen nicht zu ‚traktieren', muss man auch aufpassen, dass man die große Drehplatte mit den Speisen nicht gerade dann dreht, wenn ein anderer versucht mit Stäbchen Fleisch oder Gemüse zu ‚angeln‘, nein man muss auch darauf achten, was man in den Mund steckt! Es könnten Speisen sein, die auf den ersten Blick harmlos aussehen, beim ersten Bissen aber ihre Schärfe entfalten – das ist dann der ‚Feuereffekt‘. Wir machen es also jetzt immer so: einer kostet, die anderen schauen zu und wenn beim ‚Koster‘ die Augen ‚Handtellergröße‘ annehmen, der Kopf rot wird, die Stimme weg bleibt und der Griff zum Glas geht – dann ist der ‚Feuereffekt‘ eingetreten. Wenn der ‚Vorkoster‘ den Kopf noch hin und her wiegt und noch sagen kann: „Na ja, ich weiß nicht so recht“, war es so lala, schüttelt er den Kopf vom kleinen Zeh her über den gesamten Körper, dann ist es sehr gewöhnungsbedürftig für unsere Geschmacksnerven (aber ‚kopflos‘ – vom vielen schütteln – ist dann doch Keiner von uns nach Hause geflogen). Ab und zu ist aber auch etwas dabei, was schmeckt und es gibt oft Eier, in allen Variationen (hoch lebe der Cholesterinspiegel). Heute gibt es als Spezialität dieser Region ‚Honigkartoffeln‘. Das sind gekochte Kartoffeln, die mit heißem Honig übergossen werden. Der bildet auf den heißen Kartoffeln eine weiche Kruste und es schmeckt ungewöhnlich, aber nicht schlecht (Wolle kostet nicht und meint, dass ist ja wie Spanferkel mit Pfefferminzsoße). Nur sollte man gute Zähne haben, wenn man abgekühlte ‚Honigkartoffeln‘ isst. Als Abschluss gibt es entweder frisches Obst oder kleine Süßigkeiten, die an Kuchen erinnern. Im Vergleich mit dem chinesischen Essen, was man bei uns in Deutschland am Imbiss oder im Restaurant bekommt, hat dieses hier nur den Namen gemeinsam. Es ist wirklich ganz anders und für uns gewöhnungsbedürftig. An unserem Tisch ist es immer recht lustig und auch gemütlich. Fast alle ‚Ossis‘ haben sich da zusammengefunden, aber auch ein paar sehr nette ‚Wessis‘. Eigentlich sollte man dahingehend nicht unterscheiden, aber wenn man z. B. von Mitreisenden aus den alten Bundesländern zu hören bekommt, dass der Osten für sie ein weißer Fleck ist und das auch so bleiben wird, dann fragt man sich, was in solchen Köpfen vorgeht.

In unserer Gruppe fällt auf, dass immer ein und dieselben bei Erklärungen der Reiseleiter nicht zuhören. Da wird gefilmt, fotografiert, geschwatzt und herumgelaufen, aber dann wird gefragt, wo und wann wir uns wieder treffen. Spezialisten dafür sind unser ‚Guildo Horn' und seine Frau. Sie hat eine Stimme wie ein Reibeisen, beide ‚qualmen wie die Schlote' und wenn sie ihre ‚zarte' Stimme erhebt und nach einer eben erklärten Sache fragt, dann schmunzeln wir doch alle. Das nächste Pärchen sind unsere beiden vom ‚anderen Stern', beide immer schwarz gekleidet – er Künstler und sie ‚Wunderblume' (soll Lehrerin sein), wird von ihm ‚Cherry' genannt. „Cherry hast du deine Migränetabletten auch genommen; Cherry nimm' den Schirm wegen der Sonne; Cherry ‘mach den Kragen der Bluse hoch, damit es dir nicht zieht; Cherry pass' auf, hier ist eine Stolperstelle." – KÖSTLICH. Bei Henry und Petra heißt das: „heb' de' Beene un pass off, wo de' deine Ständer hinsetzt." Dann sind da noch unser ‚Provinzpolitiker' (Angestellter in einer kleinen Stadt und sitzt im Stadtrat) mit seiner Frau. Sie ist vom Typ her eine ‚Hella von Sinnen', genauso viel Frau, genauso viel ‚Mundwerk' und im richtigen Leben eine Hebamme. Beide heißen hinter vorgehaltener Hand nur ‚unsere Knutschis'. Wo sie gehen und stehen, ob im Bus, beim Essen, bei Besichtigungen oder sonst wo, wird gepusselt. Man könnte meinen, sie sind 18 und frisch verliebt, aber sie sind beide Mitte Vierzig und alle amüsieren sich über die beiden. Dann ist da noch unser ‚Lufthanseat', ein älterer Herr, der mit 64 Jahren noch in der Verkehrsleitkontrolle der Lufthansa arbeitet, uns viel Interessantes übers Fliegen und Reisen erzählen kann und sich bei uns recht wohl fühlt. Unser ‚Single' aus Erfurt, ein netter, junger, sehr ruhiger Mann, unsere beiden netten Hörgeräteakustikerinnen, unsere beiden aufgeschlossenen jungen

Beamtinnen vom Berliner Sozialamt und unsere ‚Buddhistin' vervollständigen ‚Löwengruppe'. Letztere ist bereits Rentnerin, weiß alles besser, ist sehr um ihr eigenes Wohl besorgt (Beispiel Abendveranstaltung im ‚ballroom': Sie sitzt bei uns am Tisch, verdeckt mit ihrem Rücken die Sicht zur Bühne und folgender Dialog entsteht – sie zu Jutta: „Können Sie noch etwas sehen?" – Jutta: „Ja, noch" – Inge: „Ich sehe Nichts" – wir auch nicht, aber das verhallt ungehört) und manchmal recht ‚anstrengend'. Am Nachmittag zeigt man uns die Altstadt von Chongqin, die sehr schön ist, aber gleich nebenan eine riesige Baustelle hat. Also Baustellen oder ‚Abriss'-stellen haben wir in der einen Woche schon genug gesehen. Am Abend gehen wir noch in der Nähe des Hotels spazieren und beobachten das chinesische Alltags-abend-leben, welches sich zum großen Teil auf dem Fußweg oder vor den Häusern, auf Plätzen und in Parks abspielt. Auch hier schwatzt man, spielt Karten oder Mahjong und liebt Karaoke. Wir werden als ‚Langnasen' wieder etwas genauer betrachtet und hören von unserer Reiseleiterin, dass für die meisten Chinesen Europäer usw. alle gleich aussehen. Das kann ich ja nun überhaupt nicht verstehen, aber so ist es wohl. Das ich keine Ahnung habe, ob vom Aussehen her ein Japaner, Chinese oder vielleicht Mongole vor mit steht, ist klar – sehen für mich alle gleich aus. Aber auch hier hat Reiseleiterin Lisa einen Tipp: „Wenn du nicht weißt, was für einen Asiaten du siehst, dann frage dich: Wie spät ist sein Gesicht? Stehen die Augen auf zehn min nach 10.00 Uhr, dann ist es ein Chinese; stehen die Augen auf 20 min nach 08.00 Uhr, dann ist es ein Japaner, stehen die Augen auf 15 min nach 09.00 Uhr, dann ist es ein Koreaner."

28.03.2002

Heute fliegen wir von Chongqin nach Xi'an – Ziel ist für uns die Besichtigung der weltbekannten Terrakottaarmee. Auf unserem Weg vom Hotel zum Flughafen fahren wir an Terrassenfeldern vorbei, wo wie vor Hunderten von Jahren mit Hilfe der Wasserbüffel das Feld bestellt wird. Auch fahren wir an Baustellen des Straßenbaus vorbei und sehen – wie schon so oft – dass man hier noch viel per Hand macht, moderne Maschinen und Hilfsmittel gibt es kaum. In China gibt es offiziell auch keine Arbeitslosen. Bis vor etwa zehn Jahren war es so, dass ein Arbeiter sein ganzes Leben in einer Fabrik gearbeitet hat und dafür eine kleine, billige Wohnung (meistens nur ein Zimmer) für sich und seine Familie erhielt. Seit der Öffnung Chinas hat sich das aber geändert, es gibt jetzt Eigentumswohnungen, die Mieten sind enorm gestiegen. Durch Veränderungen in der Produktion fallen auch hier Arbeitskräfte weg und diesen wird zweimal etwas anderes angeboten, nehmen sie es an, ist es okay, nehmen sie es nicht an, sind sie dann ‚Arbeitswartende‘, so der offizielle Name in China. Unser Flug dauert ca. eine Stunde und dann sind wir in Xi'an. Die Stadt liegt in der Provinz Shaanxi und wird auch Stadt des ‚westlichen Friedens‘ genannt. Sie ist die älteste kaiserliche Stadt Chinas, war vor 3.000 Jahren Hauptstadt und hat heute etwa sieben Millionen Einwohner. Die Stadt macht auf den ersten Blick einen recht sauberen Eindruck und ist sehr großflächig angelegt. Es ist herrlich warm und unser örtlicher Reiseleiter zeigt uns als erstes ‚Beilin‘ – den ‚Stelenwald‘, der im Provinzmuseum zu sehen ist. Hier kann man 2.000 Jahre alte Steinstelen sehen, in die wichtige Texte, u. a. des ‚Konfuzius‘ (chinesischer Philosoph), eingraviert wurden, um sie vor Verfälschung und Totalverlust bei Feuer zu schützen. Es ist auch ein Zeitdokument für die chinesische Kaligraphie. Zur weiteren Verbreitung der Texte fertigte man früher ‚Abreibungen‘ an, was man sich auch heute noch ansehen kann. Es wird dazu dünnes Reispapier auf die Stele geklebt und mit Hilfe einer tuchbespannten Holzscheibe wird schwarze Farbe auf das Papier geklopft. Sieht toll aus. Das

Provinzmuseum liegt innerhalb einer dicken Stadtmauer an der Stelle, wo früher der Konfuziustempel war. Im Eingangsbereich hat man mit Geistermauer, Ehrentor und halbmondförmigen See die ursprüngliche Anordnung erhalten. Wir hören, dass man solch einen Tempel nie durch das Haupttor betritt, sondern, als Ehrerbietung gegenüber Konfuzius, ca. 150 Meter seitwärts davon durch einen Nebeneingang. Das Gelände ist sehr schön, mit viel Grün und herrlichen, alten Pavillons. Dann wandern wir auf der Stadtmauer aus dem 14. Jahrhundert entlang. Diese ist 14 km lang, unten 16 Meter und oben 14 Meter breit. Auf der Mauer gibt es einen Pavillon, der früher ein Observatorium war. Von der Mauer aus hat man einen Blick zum Glockenturm, ihm gegenüber liegt der Trommelturm. Die Glocke verkündete einst die Tageszeiten und die Trommel die Nachtzeiten. Gegen 19.00 Uhr fahren wir zum gemeinsamen Abendessen. Als wir aus dem Hotel kommen sieht die Sonne aus, als wäre sie von einem Sandsturm verdunkelt – ist sie sicher nicht, der viele Schmutz in der Luft wird Schuld sein (zu Hause erfahren wir dann, dass es in Peking einen Sandsturm aus Richtung Wüste Gobi gab, ob das im Zusammenhang stand?). Unser Bus quält sich durch den Feierabendverkehr. Hier zu fahren ist wirklich eine Kunst oder nach dem Motto: ‚der Mutigste hat Vorfahrt‘. Es gibt zwar Ampeln die funktionieren, aber egal ob rot oder grün, es wird gefahren. Aber nicht auf einer Fahrbahnseite wie wir es kennen, nein kreuz und quer geht es zu, und durch Bremsmanöver unseres Fahrers werden wir durchgerüttelt, da er sonst ab und zu einen Fahrradfahrer als Kühlerfigur aufgabeln würde. Zum Essen sitzen wir wieder an großen runden Tischen und die Drehplatte in der Mitte ist diesmal ziemlich ‚gefährlich‘. Beim leichtesten Antippen, ‚geht sie ab wie Schmidt's Katze‘ und wir müssen aufpassen, dass die Suppe nicht die Fliehkraft kennen lernt. Zurück im Hotel machen Wolle und ich noch einen Bummel die Straße entlang. Das ist auch immer interessant. Es gibt hier einige Internetcafes, Restaurants und kleine Geschäfte. Wir kommen auch an einer Zahnarztpraxis vorbei und sind froh, sie nicht zu benötigen. Wolle hat zwar beim Abendessen ein Stück Plombe verloren, als er aber den alten Zahnarztstuhl, die Instrumente wie vor 50 Jahren und den ‚leicht' vergammelten ‚Spucknapf' sieht – suchen wir das Weite. Übrigens konnte man den Behandlungsraum vom Fußweg aus durch ein schmutziges, bis zum Boden reichendes Fenster sehen.

29.03.2002
Nach einem guten Frühstück (endlich 'mal wieder fast deutsches Brot und Wurst) fahren wir zur ‚Großen Wildganspagode'. Ein Kaiser hat hier zu Ehren seiner Mutter um 647 einen Tempel aus der Sui-Dynastie ausbauen lassen. Später wohnte der Mönch Xuanzang darin (602 bis 664). Er war 17 Jahre durch Indien gereist und hatte viele buddhistische Schriften mitgebracht, die er hier übersetzte. Er hat auch viel dafür getan, den Buddhismus in China zu verbreiten. Die Anlage selbst ist sehr schön und man kann u. a. mehrere Buddhastatuen bewundern. Auch heute leben hier noch Mönche und man kann Kerzen und Weihrauchstäbchen entzünden. Allen Ernstes fragt doch tatsächlich die ‚Frau von Guido Horn', ob die vielen ‚Räucherstäbchen' wegen Mücken entzündet werden oder ob es Glück bringt?! Wir gehen durch den ‚Räucherstäbchennebel' und sehen uns die Pagode an. Auf dem Gelände gibt es auch zwei Ausstellungshallen, in denen man riesige, in Sandelholz geschnitzte Wandreliefs sehen kann, die das Leben und Wirken bis hin zum Nirwana von Xuanzang erzählen. Nach unserem Besuch in der Wildganspagode geht es in eine Jadefabrik. Früher war Jade in China nur der kaiserlichen Familie vorbehalten. Die Qualität von Jade misst sich am Härtegrad – je härter umso besser (ähnlich Diamant). Jade

von guter Qualität ist außerdem unter Licht durchscheinend und fasst sich kühl an. Wolle kauft mir einen Jadeanhänger für meine Kette, in 18c Gold – sieht sehr schön aus. Beim Mittagessen amüsieren wir uns, wie kunstvoll der Kellner mit Stäbchen Nudeln aus der Suppe in unsere kleinen Suppentassen legt. Die Nudeln sind extrem lang (ca. 50 cm); in China ein Symbol für langes Leben. (die Amüsiererei hört auf unserer Seite aber auf, als es daran geht, die Nudeln mit einem typischen chinesischen Löffel zu essen – jetzt amüsieren sich die Kellner). Nur Wolle ißt heute gar nichts, er ist der Meinung, dass er sich zum Frühstück ‚überfuttert' hat und sein Magen noch voll ist. Nun steht noch die Terrakottaarmee auf unserem heutigen Besichtigungsprogramm.

Sie wurde 1974 zufällig von Bauern entdeckt, die auf der Suche nach Wasser an einem Brunnenbau waren. Die ‚Armee' steht 1,5 km vor dem Grabhügel des ersten chinesischen Kaisers Quin Shihuangdi, der auch die chinesische Mauer bauen ließ und der in der chinesischen Geschichtsschreibung recht gut weg kommt. Man lobt sein Ziel, die Reichseinigung, die er mit despotischen Mitteln forcierte. Sofort nach seiner Thronbesteigung ließ er mit dem Bau seines unterirdischen Mausoleums beginnen und etwa 700.000 Zwangsarbeiter mussten daran schuften. Bis heute ist dessen Grabanlage ungeöffnet und das ganze Ausmaß der Anlage ist noch nicht zu erkennen, da man noch keine historischen Aufzeichnungen aus dieser Zeit gefunden hat. Das beim Brunnenbau entdeckte Feld besteht aus vier Schächten, zwei großen Figurenfeldern, der Kommandozentrale und einem weiteren Schacht. Die Figuren sind mittlerweile von riesigen Hallen überdacht, in denen ein entsprechendes Raumklima herrscht und Restaurierungsarbeiten an den Figuren ausgeführt werden. Im ersten Schacht stehen in elf Gängen, von je 2,5 Meter dicken Wänden getrennt, Soldaten- und Pferdefiguren in Schlachtstellung dicht an dicht. Der Boden ist von Kacheln bedeckt und früher befand sich eine von Holzpfosten gestützte Decke aus Baumstämmen, Strohmatten, 30 cm Mörtel und drei Meter Erde über den Figuren. Dadurch ragte das Feld etwa 1,5 bis zwei Meter über das Bodenniveau. Die Decke brach im Laufe der Jahrtausende ein und ein Teil der Baumstämme versteinerte. Die Reste kann man so noch sehen. Im Schacht drei stehen sie nicht in Schlachtordnung, sondern wenden sich nach innen und tragen Zeremonialwaffen. In einer weiteren Halle kann man einen vierspännigen Kampfwagen mit einem Offizier, einem Wagenlenker und zwei Soldaten sehen. Beeindruckend. Die Figuren selbst waren früher bemalt und die Basisplatten und Unterschenkel sind aus massivem Ton, darauf wurde noch eine Platte als Unterkante der Kleidung gesetzt. Der Körper baut sich aus Tonwülsten oder vorgefertigten Platten auf, an sie wurden dann die Arme angesetzt. Die Köpfe wurden als Hohlformen aus zwei Teilen gefertigt. Man hat bisher acht verschiedene Menschenkopfformen registriert und 85 verschiedene Namensstempel gefunden, die beweisen, dass mindestens 1.000 Personen mit der Herstellung der Figuren beschäftigt waren. Die Figuren wurden dann bei ca. 1.000 °C gebrannt, bunt angemalt und mit Waffen aus Holz mit Bronzespitzen versehen. Man kann sich in extra Vitrinen ausgestellte, lebensgroße, restaurierte Krieger ansehen – das Ganze ist sehr interessant und wirklich einmalig. Bis vor ein paar Jahren waren auch viele ausländische Archäologen hier beschäftigt, inzwischen hat sich das Ausland aber weitestgehend davon zurückgezogen und China selbst fehlt das nötige Geld, um hier weiter Unentdecktes offen zu legen und weiter zu suchen und zu restaurieren. Schade! Die hier gesammelten Eindrücke muss man in Ruhe verarbeiten und sicher auch noch einmal dieses oder jenes nachlesen. Am Abend im Hotel stelle ich fest, dass Wolle sich beim Frühstück nicht überfuttert hat. Er hat ein in schwarzen Tee gekochtes Ei (gibt es hier bei fast jedem Frühstücksbüfett) gegessen und sich damit den

Magen/Darm verdorben. Er meinte zwar, dass das Ei nicht viel anders als ein normal gekochtes geschmeckt hat – aber irgendetwas war ‚faul' (im wahrsten Wortsinn) an der ‚Sache', sonst hätte es keinen so ‚durchschlagenden' Erfolg gehabt.

30.03.2002

Es ist zwar unser Urlaub – aber trotzdem 05.30 Uhr wecken und 06.00 Uhr Frühstück. Wir müssen zum Flughafen und dort geht unsere Maschine um 08.40 Uhr nach Beijing (Peking). Vorher gibt es aber erst einmal beim Einlass zum Frühstücksbüffet ratloses Staunen bei unseren ‚Außerirdischen, den vom anderen Stern'. „Was ist das denn für ein Zettel den Sie da haben? So etwas haben wir nicht." Es sind Frühstückscoupons die wir schon gestern vorlegen mussten und beim Einchecken mit den Zimmerschlüsseln erhalten haben.

Wir verlassen also Xi'an, wo auch vor Jahrhunderten die ‚Seidenstraße' als Handels- und Kulturstraße zwischen Asien, Afrika und Europa begann. Auf dem Flughafen ist es wieder sehr voll, unsere Maschine auch und nach einem etwas turbulenten anderthalb Stunden Flug landen wir bei herrlichem Sonnenschein in Beijing, auch ‚nördliche Hauptstadt' übersetzt. Wir werden wieder wie auf allen bisherigen Etappen von einer örtlichen Reiseleitung in Empfang genommen und auf unserem Besichtigungsprogramm steht heute der Besuch des Sommerpalastes. Vorher geht es zum gemeinsamen Mittagessen. Um ehrlich zu sein, ich kann das Essen nicht mehr sehen, aber etwas Reis schadet ja nicht. Dann also los zum Sommerpalast, der etwa 20 km außerhalb von Peking liegt. Wir fahren ein ganzes Stück durch die Stadt und hatten nicht erwartet, soviel Neues und Westliches zu sehen. Wolle war ja vor sechs Jahren schon 'mal hier und ist erstaunt, was so alles gebaut wurde. Die Stadt macht für ihre Größenverhältnisse einen sauberen, gepflegten Eindruck und dann sind wir am

‚Yihe Yuan', der im Wesentlichen um 1750 entstand. Es ist ein riesiger, kaiserlicher Garten mit zahllosen Hallen, Wohnhöfen, Pavillons, Pagoden, einem großen künstlichen See usw. Das Berühmteste am Sommerpalast ist wohl der 728 Meter lange und mit 8.000 Roman- und Landschaftsszenen bemalte Wandelgang. Er zieht sich entlang des Kunming Sees und endet an einem steinernen Raddampfer. Wir machen also einen herrlichen Spaziergang – mit vielen tausend anderen Besuchern. Es ist Samstag, aber so ein Gewühle und Gewimmel hatten wir nicht erwartet, aber was soll's. Vom Wandelgang aus hat man etwa nach der Hälfte des Weges einen Blick zu einer Tempelanlage, die sich den Hügel hinaufstreckt. Darin befindet sich die ‚Pagode des Duftes und des Buddhas'. Viele Plätze, Gärten und Pagoden tragen in China solche Bezeichnungen, z. B. auch ‚Garten der Tugend' und ‚Harmonie' oder ‚Halle der Erheiterung'. Am Raddampfer bzw. dem Marmorboot gibt es eine Anlegestelle für Schiffe und unsere gesamte Truppe fährt mit einem über den Kunming See. Am anderen Ufer gehen wir über die Siebzehn-Bogen-Brücke mit ihren 500 verzierten Stützen der Balustrade. Nachdem uns am Busparkplatz wieder Souvenirverkäufer belagerten, geht es zurück ins Zentrum von Peking. Viele unserer Mitreisenden kaufen, kaufen, kaufen auf der gesamten Reise. Hier ein Souvenir, dort ein Mitbringsel und da eine Kleinigkeit. Mancher hat nun mittlerweile Probleme, alles zu verstauen. Wir wohnen im ‚Asia-Hotel' und es ist – wie alle bisherigen auf der Reise – wirklich gut. Obwohl Peking schon recht westlich wirkt, gibt es auch hier Fahrräder über Fahrräder und die Verkehrsregeln scheinen niemanden zu kümmern. Wir hören, dass man pro Jahr eine Fahrradsteuer in Höhe von vier Yan bezahlen muss (wäre das nicht eine neue Einnahmequelle für unseren Finanzminister?), und ein Fahrrad zwischen 200 und 1.000 Yan kostet. Also wirklich erschwinglich für einen Durchschnittschinesen.

31.03.2002

Zum heutigen Ostersonntag – wird in China nicht gefeiert, aber im Hotel hat man Osterdekoration mit kleinen lebenden Küken und Hasen aufgebaut – haben wir ein straffes Besichtigungsprogramm und 08.30 Uhr geht es los. Wir fahren zum etwa 50 km entfernt liegenden Tal der dreizehn Ming Gräber. Es ist schon schön warm und zum Erstaunen unserer Truppe erscheinen Wolle und ich in kurzen Hosen (so mancher würde im Laufe des Tages gern mit uns tauschen). Wir betreten die Anlage durch das ‚Großes rote Tor', was früher in einer vorhandenen Mauer den Eingang bildete. Dahinter beginnt die ‚Geisterstraße', an der überlebensgroße Tier- und Menschengestalten die Gräber vor Räubern und bösen Geistern schützen sollen. Die Straße ist über ein km lang und am Ende ist noch ein Tor, das den Blick auf das erste Grab versperrt. Die gesamte Anlage liegt in einem landschaftlich schönen Tal und ist sehenswert. Nach diesem Ausflug bringt man uns zu einem weiteren ‚Höhepunkt' der Reise, dem Mittagessen. Wir werden in einen ‚Mitropa Speisesaal' größerer Dimension verfrachtet. Busse über Busse stehen auf dem Parkplatz und als wir den Saal betreten, können wir kaum fassen, was wir sehen. 6.200 Personen finden an Zehnertischen Platz und es ähnelt einer Massenabfütterung. Geschirr ist aus Plaste – bis auf die Schnapsgläser – und Schnaps können wir jetzt gebrauchen, auch wenn er 56 % hat. PROST (unsere ‚Wessis' sind auch allesamt sprachlos). Dann geht es zur Großen Mauer. Die Fahrt durch die herrliche Berglandschaft nach Badaling ist schön. Die Große Mauer (eigentlich ‚Lange Mauer' übersetzt) ist Chinas antibarbarischer Schutzwall (nicht antifaschistischer Schutzwall), den der erste Kaiser ausbaute. Dazu ließ er vorhandene Mauerstücke miteinander verbinden; so wie wir sie heute sehen, gestaltete man sie aber erst zur Zeit der Ming-Dynastie. Wie ein riesiger ‚Lindwurm' wand sich der zwischen drei Meter und acht Meter hohe Wall mit bis zu zwölf Meter hohen Türmen über eine Länge von etwa 6.300 km über Bergrücken, Pässe und Gipfel. Die Mauer war aber nie Grenzmarkierung, sondern diente als militärisches Hindernis für all jene, die jenseits des ‚Reichs der Mitte' lebten. Wieder sind wir mit tausend anderen Touristen aus aller Welt unterwegs, diesmal also auf der ‚Langen Mauer'. Es ist sehr beeindruckend hier zu stehen und auf den uralten Steinen, Treppen und Mauern zu laufen. Das ist ganz schön anstrengend, es sind enorme Steigungen dabei, z. T. Stufen, die sehr steil sind, aber auch Teile, die wie schiefe Ebenen sind. Das Laufen hier geht in die Beinmuskulatur. Wenn uns vor zwölf Jahren jemand gesagt hätte, dass wir 'mal hier sein werden, wir hätten ihn für mehr als verrückt erklärt.

Das Wetter meint es schon den ganzen Tag gut mit uns und es ist ein wirklich gelungener Ausflug. Auf dem Weg zurück sind wir alle etwas ‚lahm', trotzdem sind wir erstaunt über die touristische Erschließung der chinesischen Sehenswürdigkeiten insgesamt. Bei Wolle's erstem Besuch hier gab es kaum ausgebaute Zufahrtsstraßen, Souvenirverkäufer und englisch wurde auch nicht gesprochen bzw. verstanden. Inzwischen hat China einen Riesenschritt vom frühfeudalen Agrarland zum etwas westlichen Einflüssen unterliegendem Industrieland getan. Natürlich spielen viele historisch gewachsene Zusammenhänge, der andere Kulturkreis, die Stellung der chinesischen Familie, die über Jahrhunderte alten Traditionen, die Glaubensrichtungen usw. bei der vorsichtigen Öffnung des Landes gegenüber der Welt, eine große und nicht zu unterschätzende Rolle. Am wichtigsten bei allem ist aber nach wie vor der Einfluss der Kommunistischen Partei Chinas.

Der Großteil unserer Gruppe geht heute zum ‚Pekingentenessen' – hoffentlich wissen sie, dass dabei meist nur die Haut der über offenem Eschenholzfeuer geräucherten Ente gereicht wird.

01.04.2002

Auf dem Programm stehen heute der Besuch des Tian'anmen Platzes, der ‚Verbotenen Stadt' und des Himmelstempels, außerdem müssen wir gegen 17.30 Uhr im Flugzeug sitzen und nach Shanghai fliegen. Touristenherz, was willst du mehr? Unsere örtliche Reiseleiterin hier in Peking ist zum Abschluss auch der absolute ‚Clou'! ‚Mehrmuss' ist noch geschmeichelt, sie bringt es wirklich fertig, mit uns durch die Stadt zu fahren, ohne etwas zu erklären oder auf Interessantes hinzuweisen. Wir müssen immer wieder nachfragen und dann antwortet meist unsere Lisa, die ja nun die ganze Zeit mit uns unterwegs ist. Inzwischen sind wir an viele Menschen, ob Einheimische oder Touristen, gewöhnt und so heißt es auch auf dem Platz des Himmlischen Friedens ‚Augen zu und durch'. Zu Kaisers Zeiten durften normale Bürger nicht auf den Platz, 1949 verkündete Mao von hier aus die Volksrepublik. Sein Mausoleum beherrscht seit 1977 den südlichen Teil des Platzes. Außerdem stehen hier die ‚Große Halle des Volkes', das Geschichts- und Revolutionsmuseum und in der Mitte das 38 Meter hohe Denkmal für die Volkshelden. Allerdings werden die Ereignisse von 1989 hier auf dem Platz nicht erwähnt. Zu Fuß geht es dann zum Kaiserpalast. Der Palast hat gigantische Ausmaße, wurde ständig aus- und umgebaut. Puyi, der 1911 abgesetzte letzte Kaiser von China lebte hier bis zu seiner Vertreibung 1924. Man betritt den Palast durch das nach Süden ausgerichtete Mittagstor und ist beeindruckt. Bilder aus dem Film ‚Der letzte Kaiser' tauchen in unseren Gedanken auf und es ist nicht zu beschreiben, wie man sich hier fühlt. Den Grundriss der kaiserlichen Hauptstadt beherrscht die Symbolik der Mitte. Eine lange Nord-Süd-Achse mit mächtigen Toren sowie dem Trommelturm und dem Glockenturm als nördlichem Abschluss zieht sich hindurch und trifft im Zentrum auf ein Rechteck, mit dem sie das Zeichen *zhong* bildet. Es steht für Mitte, denn hier, in der Mitte des Reiches der Mitte, lag der Inbegriff der Macht, der Kaiserpalast. Vieles in China wird mit Symbolen verbunden, z. B. die Zahl acht steht für Glück, die vier für Tod, die neun ist die Zahl des Kaisers, die sieben die der Kaiserin. Eine Schildkröte steht für langes Leben usw. Wir laufen durch die Anlage, sehen uns Wohnanlagen an und unsere Reiseleiterin merkt nicht, dass sich einer nach dem anderen ,abseilt' und steht dann verwundert nur noch mit drei Leuten da. Na ja, wir genießen diese Besichtigung und anschließend geht es noch zum Himmelstempel ,Tiantan', der weit im Süden der Stadt liegt. Er müsste eigentlich richtig übersetzt ,Himmelsaltar' heißen und wurde als Opferstätte für den Himmel genutzt. Der Kaiser herrscht durch das Mandat des Himmels, der nach chinesischer Auffassung weder ein Ort noch mit einem höheren Wesen verbunden ist. So musste er hier jedes Jahr seine Machtausübung legitimieren. Auch hier ist es sehr schön und beeindruckend. Nun geht es zum Flughafen, dort soll unser Flieger gegen 19.00 Uhr starten. Leider gibt es einen schlimmen Zwischenfall, denn unser ältester Mitreisender – der 80-jährige Doktor – bricht auf dem Flughafen zusammen. Gut, dass wir einige Ärzte dabei haben und gemeinsam mit dem chinesischen Arzt vom Flughafen leisten sie Erste Hilfe. Sämtliche Körperfunktionen sind bei dem alten Herrn durcheinander, er ist nicht transportfähig und muss sofort ins Krankenhaus. Hoffentlich übersteht er es. Da wir auf Gruppenvisa reisen, dieses für 37 Personen ausgestellt ist, heißt es nun, mit den Behörden sich gut stellen, dass zwei gestrichen werden. Es ist ja nicht abzusehen, wann der alte Herr und seine Frau nach Deutschland fliegen können. Aber darum kümmert sich der Vertreter von Gebeco. Es ist bereits nach 21.00 Uhr, als wir in Shanghai landen. Die Stadt strahlt zum Abschied in einem herrlichen Lichterglanz und es sieht echt toll aus. Das Wetter ist auch gut und wir sehen noch einmal auf der Fahrt zum Hotel die wunderschön angestrahlten Bauten am Bund, den Fluss und die skyline. Im Hotel ist dann 22.00 Uhr noch ein letztes gemeinsames Abendessen. Wir haben keine Zeit uns umzuziehen und so sitzen wir an unserem letzten Abend in China verstaubt, verschwitzt und recht geschafft am großen, runden Tisch. Stimmung kommt auch nicht so recht auf, ist ja auch kein Wunder.

02.04.2002

Eben noch in Shanghai und nun auf dem Frankfurter Flughafen – das wird es für uns in ein paar Stunden heißen. Heute ist also Rückflug nach Deutschland; vorher gehen wir aber noch die letzten ‚Märker' umsetzen. Ich bekomme Dank Wolle's Talent zum Feilschen noch eine schöne Lederhandtasche. Shanghai weint, es regnet in Strömen, so fällt der Abschied nicht so schwer. Lisa, unsere kleine, nette Reiseleiterin hat es aber doch recht mitgenommen, uns heute zu verlassen. Sie hat sich wirklich viel Mühe gegeben und trotz ihrer erst 24 Jahre, hat sie vieles gemeistert. Ob es die ständig fragenden ‚Guido Horns', der herumbrüllende ‚Außerirdische', die Migräneanfälle von dessen Frau, zuwenig oder zuviel Gepäckstücke, nicht bezahlte Minibarrechnungen oder unfähige örtliche Reiseleiter waren, sie behielt die Nerven. Hat uns vieles, was nicht im Reiseführer steht, über ihr Land erzählt und uns aus ihrer Sicht Dinge nahegebracht, die für Europäer nur schwer zu begreifen sind. Hat sogar auf dem Kreuzfahrtschiff ein Gedicht ganz toll rezitiert und ins Deutsche übersetzt und man musste sie einfach gern haben, da sie noch eine sehr natürliche Art und bescheidenes Auftreten hat. Also, Abschied am Flughafen, Lisa bekommt reichlich Trinkgeld, ein paar persönliche Geschenke, einen großen Blumenstrauß und dann heißt es für uns ab durch die Sicherheitskontrolle. Eigentlich müsste ich es ja bei meinen vielen Flügen wissen, aber ich habe einfach nicht daran gedacht – eine Nagelschere ist in

meinem Handgepäck und Wolle muss sie extra einchecken. Im Flugzeug ist diesmal etwas mehr Platz und wir verteilen uns. Wolle sitzt ein paar Reihen hinter mir, ich in einer Viererreihe, die ich nur mit einem dicken Chinesen teilen muss. Neben mir sitzen auf der anderen Seite des Ganges Jutta und Inge und dann gesellt sich auch Petra dazu. Es wird ganz lustig, die Drei sind recht trinkfest. Der Flug ist vom Service her ganz toll und mit dem Hinflug nicht zu vergleichen. Außerdem ist es ein Tagflug und so wird an Bord keine Ruhe gehalten. Wir fliegen etwa elf Stunden und fünf Minuten. Die Route führt über Peking nach Ulan-Bator zum Baikalsee, weiter Richtung Irkutsk, Krasnojarsk, Sibirien, nördlich von Moskau geht es nach St. Petersburg, zur Ostsee und dann nach Frankfurt. Dabei erfahren wir auch, dass China als einziges Land der Welt die Flughöhe nach dem metrischen System berechnet, alle anderen nach ‚Fuß'. Das erste Mal in meinem Leben kaufe ich an Bord beim ‚Duty-Free-Shop' ein und leiste mir eine schöne Uhr von Empore Armani. Der Flugbegleiterin sage ich, sie soll wegen der Bezahlerei den Herrn in der dritten Reihe schräg hinter mir ansprechen. Mit den Worten: „Ihre Frau hat gerade eingekauft. Dürfte ich um Ihre Kreditkarte bitten", tut sie es auch. SCHÖN.
In Frankfurt müssen wir noch auf unseren Anschlussflug nach Leipzig warten und nun merkt man aber die vielen Stunden, die hinter uns liegen, den Flug, den vielen Rotwein und die Zeitverschiebung. Endlich hebt auch die kleine Maschine Richtung Leipzig ab und nach kurzer Zeit landen wir und wieder geht eine Reise zu Ende.

Es war im Vergleich zu vielen bisherigen Reisen aber doch anders – wir haben also in nur 14 Tagen ein Land bereist, dass die Größe von ganz Europa hat (aber belächeln wir nicht manchmal die Japaner, die in wenigen Tagen um die Welt jetten um hier und dort sich etwas anzusehen?) – das Land des Yin und Yang. Wir sahen, dass sich nicht nur in der Philosophie, sondern auch in Natur und Landschaft Gegensätze vereinen. Gebirge bis 8.000 Meter Höhe, endlose Sand- und Geröllwüsten, Graslandebenen, von Terrassenfeldern gesäumte Täler, Hunderte von Metern breite Flüsse, Seen, grüne Reisfelder und das Meer. Shanghai, Metropole mit einer glitzernden Welt der Neonreklame; das ‚alte' China an den Ufern des Yangtzi mit heiligen Stätten, Bergen und Klöstern; Xi'an – mit seinen Spuren aus der Vergangenheit; Peking – verdeutlicht den Umbruch des Landes mit moderner Architektur, Designer-Boutiquen, Palästen kaiserlicher und revolutionärer Macht und so könnte man noch unzählige Dinge anführen …

Das Land des Lächelns – Japan

03.10.2002

Tag der deutschen Einheit – und wir sind 'mal wieder unterwegs in die ‚weite Welt'.

Meine Kollegen spötteln schon, ob es denn nun noch ein Land gibt, was wir nicht bereist haben. Och ja, da gibt es noch 'ne Menge z. B. Japan. Wir machen also eine elftägige Reise durchs Land ‚des Lächelns' und werden uns u. a. Hiroshima, Kioto und Tokio ansehen. Vorerst sind wir aber noch zu Hause in Halle und wollen mit dem Zug um 12.06 Uhr nach Leipzig fahren und dort in den ICE nach Frankfurt umsteigen. Unser Verhältnis zur Deutschen Bahn ist seit dem Stress mit der Anfahrt nach Frankfurt zu unserem Alaskaurlaub etwas zwiespältig und eine gänzlich neue Erfahrung kommt heute hinzu. In unserem Zug sind etliche rechte Jugendliche, die zu einer Demo nach Leipzig wollen. Am Haltepunkt Großkugel wird unser Doppelstockzug von ca. 30 vermummten linken Jugendlichen überfallen. Plötzlich wackelt unser Zug, es wird gebrüllt, Türen werden aufgerissen, Stinkbomben fliegen 'rein und von außen werden Pflastersteine gegen die Abteile und Fenster geworfen. Instinktiv ducken wir uns und Gott sei Dank sitzen wir oben, hier splittern die Scheiben nur in sich, unten gehen sie z. T. kaputt. Alles dauert nur wenige Minuten und der Lokführer fährt weiter, bevor die Vermummten in den Zug stürmen. Der Schaffner informiert über Handy die Deutschen Bahn und wir sitzen doch alle recht geschockt in den Abteilen. Die Rechten sammeln sich dann im hinteren Abteil und diskutieren auch noch großspurig, wie sie es den Linken gezeigt hätten, wären diese in den Zug gekommen! So schnell wie sich alles abspielte, umso länger braucht man, alles zu fassen und sich zu sammeln. Zum Glück ist niemand verletzt, aber Angst und Fassungslosigkeit sieht man in den Gesichtern der Mitreisenden. In Leipzig wird unser Zug auf dem Bahnhof vom Bundesgrenzschutz in ‚Empfang' genommen. Der gesamte Bahnsteig ist voll von BGS-Leuten, zum

Teil mit Hunden und am Bahnsteigausgang werden alle Reisende, die im Zug waren, gefilmt (also sind wir jetzt ‚erkennungsdienstlich' erfasst). Auf einem anderen Bahnsteig kommt ein Zug mit Fußballfans von ‚Aue' an, auch dort ein ‚Gejohle' und Gebrüll und der BGS flankiert rechts und links von diesem Trupp durch den Bahnhof. ‚Ich glaub`, ich bin im falschen Film.'

Unsere Fahrt nach Frankfurt verläuft dann ohne weitere Aufregung – nur dass wir erst im falschen Zug saßen. Der fuhr zwar auch nach Frankfurt, hatte aber eine Ankunftszeit um 21.00 Uhr – unser Flieger geht aber 20.30 Uhr. Im Flughafen kennen wir uns nun schon ganz gut aus und finden gleich den Schalter von ANA. Wolle steht zum einchecken an und ich gehe mit dem Koffer zur Sicherheitskontrolle. Und wieder eine neue Erfahrung – ich muss den Koffer zur Kontrolle öffnen. Na toll, also den Koffer hoch auf den Tisch, aufschließen und ganz vorsichtig ‚wühlt' sich der Sicherheitsbeamte durch unsere Wäsche. Nur gut, dass diverse Sachen ordentlich verpackt sind und z. B. die BH's nicht über den Tisch ‚purzeln'. Es ist alles okay – die Bombe war im Schuhabsatz – ha, ha. Nein, eigentlich macht man damit keine Scherze und man ist ja froh, wenn der Anschein erweckt wird, dass man sicher fliegen kann. Wir kriegen einen Zweierplatz in der letzten Reihe (nach dem Motto: diese Reihe fliegt nicht nach Tokio) haben aber dadurch bequem Platz, da diese Sitze den Raum von einem Dreiersitz einnehmen. Oft werden wir gefragt, wie dass denn nun auf so einem Langstreckenflug ist. Nun, das Flugzeug fährt zur Startbahn und wenn die Starterlaubnis erteilt ist, geht es ab. Wir fliegen mit einer Boing 747-400, mit ca. 400 Leuten an Bord und wenn sich dieser ‚Vogel' in die Luft erhebt, spürt man schon ein gewaltiges Gewicht und es knackt ‚im Gebälk' . Man hat einen Druck auf den Ohren, liegt nach hinten gekippt im Sitz, erträgt die kleinen und größeren ‚Lufthopser' und endlich ist nach einigen Minuten der Steigflug nicht mehr so stark. Nach ca. einer halben Stunde ist dann die vorgeschriebene Reiseflughöhe von etwa 10.000 Meter erreicht, die Anschnallzeichen gehen aus und das Serviceprogramm wird in Englisch, Japanisch und Deutsch bekannt gegeben. Vorher gab es einen Film zu den Sicherheitsvorkehrungen an Bord und unser Flugzeug hat unter dem Cockpit eine Außenkamera. So wurden die Bilder vom Start direkt ins Innere übertragen und das sieht natürlich ganz toll aus. Ich kann mir aber die Bilder nicht ansehen, mir wird komisch in der Magengegend, wenn ich die Bilder auf der Leinwand sehe und gleichzeitig den Start spüre, vielleicht auch noch zum Fenster 'raus sehe. Uuuiii ... Nun beginnt man mit der Ausgabe von Getränken und Knabberzeug. Wir haben ein richtiges ,Lahmbein' an Flugbegleiterin erwischt; sie kann zwar unheimlich nett lächeln, macht vor jedem Gast den sie bedient eine höfliche Verbeugung – aber beim Laufen und Bedienen kann man ihr ,die Schuhe besohlen'. Die anderen Flugbegleiter sind mit ihren Reihen schon längst fertig, da hat unsere gerade so 2/3 geschafft. Wolle meint, nur gut das wir zehn Stunden und dreißig Minuten fliegen, so haben wir wenigstens die Chance doch noch irgendwann etwas zu kriegen. Zum Essen gibt es eine warme Mahlzeit und gegen Morgen einen kleinen Imbiss. Das Abendessen besteht entweder aus Schweinefleisch oder aus Fisch. Als wir in der letzten Reihe dann 'dran sind, entschuldigt sich die Flugbegleiterin bei uns mit einem charmanten Lächeln und meint, zu ihrem Bedauern hat sie nur noch Fleischgerichte anzubieten, Fisch ist alle. Wir sind aber froh darüber, dass es nicht anders herum ist – Fisch ist nicht so unser Ding. Dazu gibt es Kartoffeln, Spinatgemüse sowie Kartoffelsalat, japanische Nudeln (mit 'ner Sojabohnensoße), Brötchen, Lachs- und Putenfleisch-/Salamisalat und als Dessert Kuchen. Außer alkoholischen und alkoholfreien Getränken werden auch Tee und Kaffee ausgeschenkt. Ich nehme Tee, nicht ahnend, das es echter japanischer, grüner Tee ist. Er sieht in der Tasse blass grün aus und man kann bis zum Boden der Tasse durchsehen. Er riecht wie Spinatkochwasser und schmeckt auch so. Ich will ja den eingefleischten Grünen Tee Trinkern nicht zu nahe treten, aber der Grüne Tee, den man bei uns zu kaufen bekommt, hat nichts mit diesem hier gemeinsam – außer der Bezeichnung. Wieder eine neue Erfahrung. Das Unterhaltungsprogramm an Bord läuft dann ab. Man zeigt zwei Spielfilme und die Musikkanäle stehen auch zur Auswahl. Man versucht ein bisschen zu dösen und irgend wann, viele Stunden später, wird der Imbiss serviert und dann heißt es „We are ready for landing."

Es ist inzwischen der **04.10.2002** und gegen 14.30 Uhr Ortszeit landen wir auf dem internationalen Flughafen von Tokio-Narita. Hier treffen wir auf unsere 15 Mitreisenden und unsere Reisegruppe ist komplett. Am Flughafen werden wir von einem Gebeco-Mitarbeiter abgeholt und müssen samt Gepäck und nach Erledigung der Einreiseformalitäten zum Bus. Dieser bringt uns zum nationalen Flughafen Haneda und von dort geht es weiter nach Hiroshima. Wir haben sehr wenig Zeit, müssen fast quer durch Tokio, stecken im Stau und brauchen über anderthalb Stunden dort hin. Von der riesigen Stadt ist auf unserer Fahrt außer einem Labyrinth an Straßen nicht viel zu sehen. Unser Flieger geht 17.40 Uhr und 17.35 Uhr sind wir alle an Bord. Die Maschine ist nur wenig besetzt und die Flugzeit von etwa eine Stunde und zwanzig Minuten vergeht schnell. In Hiroshima werden wir von Peter, unserem Reiseleiter für den gesamten Aufenthalt in Japan, abgeholt. Man hatte ihn schon telefonisch informiert, dass wir wahrscheinlich erst mit einer späteren Maschine ankommen; umso größer seine Freude, dass wir den Flieger doch noch erwischt haben. Peter lebt seit ca. zwölf Jahren in Japan, stammt ursprünglich aus Augsburg, hat Japanologie studiert und gibt an der Universität in Kioto Deutschunterricht. Wir sind wieder mit einem Bus unterwegs und nach etwa einer Stunde Fahrtzeit im Zentrum von Hiroshima angekommen. Unser Hotel ist direkt am ‚Friedenspark‘, die Zimmer sind sehr schön und gut ausgestattet.

05.10.2002

Der zentrale Weckruf klappt, das Telefon bimmelt um 07.00 Uhr Ortszeit. Innerlich ist zwar für uns erst 00.00 Uhr – aber es hilft nichts – 'raus aus den Federn. Das Frühstück ist wider Erwarten international und wir werden langsam munter. 09.00 Uhr trifft sich unsere Gruppe in der Lobby und das Besichtigungsprogramm beginnt. Direkt neben unserem Hotel erstreckt sich der ‚Friedenspark‘ als Gedenkstätte an den Atombombenabwurf von 1945. Wir laufen am Mahnmal, dem ‚Atombombendom‘ – dem Gebäude der ehemaligen Industrie- und Handelskammer – vorbei zur Straßenbahnhaltestelle. Zu diesem Teil der Geschichte Hiroshimas erfahren wir am Nachmittag mehr, jetzt geht es erst einmal 45 min mit der Straßenbahn zur Bootsanlegestelle und von dort mit der Fähre zur heiligen Insel Miyajima (Schreininsel). Der Insel vorgelagert sind große Austernbänke. Man züchtet sie für den Verzehr und für die Perlenindustrie. Auf Miyajima befindet sich der wohl älteste Schrein Japans – der Itsukushima-Schrein. Ein Schrein ist ein religiöser Bau und man findet hier auf der Insel noch andere religiöse Bauten, wie buddhistische Tempel oder Pagoden. In Ufernähe erhebt sich das berühmte Holz-Torii, der symbolisch-mythische Zugang zum Heiligtum. Peter erklärt uns einiges zum Shinto, einer Religion, die sich fast ausschließlich auf Japan begrenzt. Es ist die ursprünglichste Religion Japans, in deren Mittelpunkt ein Schöpfungsmythos steht. Darin werden die Entstehung der Welt und die Abstammung des Kaiserhauses unmittelbar von der Sonnengöttin Amaterasu abgeleitet. Es soll wohl ca. acht Millionen Gottheiten dabei geben und Peter erzählt, dass die Japaner als Shinto geboren werden, nach dem Konfuzianismus leben, christlich heiraten (weil das so schön romantisch und westlich ist) und buddhistisch sterben. Man vermischt also Teile der unterschiedlichen Religionen und kommt damit zurecht. Komisch, was? Wir besichtigen also den Schrein und erfahren, warum die Leute zu einem Schrein kommen und beten. Man kommt hierher, um die Götter für Glück, Gesundheit usw. zu bitten. Glück z. B. beim Bestehen der Aufnahmeprüfung zur Uni. Das ist ein ganz wichtiger Punkt im Leben eines jungen Japaners. Besteht man die Aufnahmeprüfung, egal wie, schließt sich ein Studium an und ein Job in einer der großen Firmen ist als Uniabsolvent gut möglich. Bevor man den Schrein betritt, reinigt man sich die Hände in einem Wasserbecken und spült den Mund mit Wasser aus. Das bedeutet, man ist rein, auch von bösen Worten. Man geht zum Heiligtum, meistens ein Spiegel oder es ist eingeschreint, nicht wie z. B. im Christentum das Kreuz oder so, und versucht die Götter auf sich aufmerksam zu machen. Dazu klatscht man laut in die Hände, bewegt evtl. Rasseln oder wirft Geld, weil das so schön klimpert. Dann bringt man seinen Wunsch vor und um das Ganze noch zu steigern, kann man Orakel kaufen. Es gibt großes Glück, kleines Glück und gerade so und großes Pech, kleines Pech und gerade so. Hat man ein weniger gutes Orakel erwischt, kann man es im Schrein an einen Baum, einen Strauch oder an eine Wand binden und dort lassen. Je mehr Geld man für ein Orakel ausgibt, desto größer ist die Chance, ein wirklich Gutes zu erwischen. Tja, auch hier gilt also: ‚ohne Moos, nix los'.

Wir machen einen kleinen Spaziergang auf der Insel und uns begleiten z. T. Rehe. Sie gelten hier in Japan als heilig und werden verehrt. Sie werden von Touristen und Einheimischen gefüttert, sind deshalb auf Menschen geeicht und ganz schön frech. Man muss aufpassen, dass sie einem nicht an der Kleidung knabbern oder den Rucksack anfressen. Das Gelände hier auf der Insel ist bergig, wunderschön, viel Grün und es gibt eine Menge japanischer Zierkirschbäume. Wir sehen uns den herrlichen Daishoin-Tempel an, der noch als original Holzbau erhalten ist. Am Tempel ist eine Treppe, auf der rechts und links jeder Stufe kleine Buddhastatuen stehen. Diese sollen die 500 Hauptschüler Buddhas symbolisieren. Jede Figur trägt einen anderen Gesichtsausdruck und das soll folgendes bedeuten: Der Buddhismus ist eine für jeden Menschen angemessene Religion, egal in welcher Lebenslage er sich befindet. Die Treppe wird durch Gebetsmühlen senkrecht geteilt, die in der Mitte der Treppe eine Art Geländer bilden. Sie zeigen die Lebensstationen Buddhas von der Geburt, über Flucht, Askese usw. bis hin zum Nirwana. Auf der Insel gibt es auch die ‚Tatomi Hall' – die Halle der 1.000 Reismatten. Sie heißt so, weil sie von der Fläche her 1.000 Reismatten fasst. Eine Matte hat das Maß 1,80 x 0,90, also ca. 1,5 m² und ist auch heute noch in Japan ein gängiges Raummaß. Inzwischen ist es nach 13.00 Uhr und unser gemeinsames Mittagessen steht an. Peter erklärte gestern Abend, dass man in Teig gebackene Austern oder Fleisch bekommen kann. Wolle, ich und noch zwei Leute entscheiden sich für Fleisch, die anderen wollen ‚lecker' Austern essen. Wir vier waren mit unserer Wahl gut bedient, die ‚Fischesser' lassen große Teile auf den Teller (ob die ersten morgen mit Magenproblemen kämpfen?).

Wir verlassen mit der Fähre die Insel und in zehn min sind wir wieder an der Straßenbahn, also 45 min Fahrt zurück zum Ausgangspunkt unserer Besichtigung. Unsere Gruppe ist nun direkt im Friedenspark. Peter bittet darum, dass wir uns setzen und erzählt viel Interessantes, z. T. für uns Unbekanntes zum Atombombenabwurf. Dazu ist es nötig, dass er weit in die japanische Geschichte zurückgreift und er beginnt mit dem 16. Jahrhundert. Hier war es so, dass sich Japan von der restlichen Welt total abschottete, in Europa und anderswo aber viele Veränderungen, Fortschritt, Kolonialisierung und so weiter auf dem Vormarsch waren. Etwa Mitte 1600 zwangen amerikanische Seefahrer dann das politische Oberhaupt, den Shogun, das Land wieder zu öffnen. Aber erst um 1880 wurde das moderne Japan gegründet. Man wollte dann alles das aufholen, was in der restlichen Welt in mehreren Jahrhunderten schon erreicht war. So wurde u. a. die preußische Verfassung zum Vorbild genommen, da dort auch eine Person die Macht hatte – der Kaiser. Lange Zeit waren ja die Shogune politische und militärische Herrscher in Japan, nicht der Kaiser, obwohl es das Kaiserhaus immer gab. Um 1900 wird die Welt durch die Annexion Koreas auf Japan aufmerksam, während des Ersten Weltkrieges wird Japan Wirtschaftsmacht, in den 1930er Jahren bekommt der Nationalismus in Japan großen Einfluss, 1940 schließt man mit Deutschland und Italien den Dreimächtepakt, 1941 den Nichtangriffspakt mit der Sowjetunion ab und überfällt Pearl Harbor. Man sagt, dass das erst den Ausschlag gab, das sich die USA in den Zweiten Weltkrieg verwickeln ließen. Es begann der Pazifische Eroberungskrieg und bis 1942 beherrschte Japan große Gebiete des pazifischen Raumes. Die Amerikaner kämpften sich Stück für Stück an das Mutterland Japan heran und waren so später in der Lage, auch Bomben auf Japan zu werfen. Es sollen mehr Bomben auf Japan gefallen sein, als auf Deutschland. Deutschland kapitulierte im Mai 1945, Japan verweigerte strikt eine Kapitulation. Die Amerikaner waren im Besitz der ersten Atombombe und so wurde diese also am 06.08.1945 auf Hiroshima abgeworfen. Die Stadt war zu diesem Zeitpunkt ein wirtschaftlich und militärstrategisch wichtiger Platz und noch kaum zerbombt. Es ist schon eigenartig, hier – genau gegenüber dem Atombombendom – zu sitzen, die Ausführungen von Peter zu hören, darüber nachzudenken, was uns in der Schule an Geschichte dahingehend erzählt wurde, was wir hier heute dazu hören und die Eindrücke zu verarbeiten. Etwa 400 Meter über dem Gebäude der damaligen Industrie- und Handelskammer explodierte die Bombe, die Druckwelle breitete sich rings um das Gebäude aus, so dass dieses selbst stehen blieb, als einziges in einem Umkreis von über zwei km. Mit der ungeheuren Druckwelle war eine enorme Hitzeentwicklung verbunden, die alles zerstörte, dann wurden der radioaktive Staub und die Aschepartikel wieder nach oben gesogen – der Atompilz entstand. Später ‚regnete' diese ‚Wolke' ab und der ‚schwarze Regen' hinterließ nur Tod. Im Museum ist das alles sehr eindrucksvoll dargestellt. Für uns bleibt die Feststellung, dass bei jedem Krieg, egal in welchem Jahrhundert der Menschheit geführt, die Verlierer nur die Menschen selbst sind. Was ist das für eine Welt?

Japan sieht sich auch heute noch als generelles Opfer des Bombenabwurfes. Dass aber durch Japan auch 20 Millionen Menschen ums Leben kamen, bei den ganzen Kriegen die das Land führte, wird verschwiegen. Zur Zeit des Atombombenabwurfs lebten auch viele Koreaner als Zwangsarbeiter in Hiroshima. Auch sie fanden den Tod und Korea wollte die Toten durch ein Mahnmal im Friedenspark ehren. Es wurde Korea verwehrt; sie mussten das Denkmal außerhalb aufstellen. Peter wird nach Reststrahlung gefragt und antwortet, dass es offiziell heißt, es gibt keine mehr. Wie es wirklich aussieht, darüber spricht niemand. Auch wird verschwiegen, dass Überlebende und deren Familien diskriminiert wurden und werden, weil man nicht wusste was passiert, wenn man z. B. jemanden aus Hiroshima heiratet und Kinder geboren werden. Heute versucht Hiroshima vom Image der Atombombenstadt wegzukommen. Schaut man sich um, sieht man eine moderne Stadt, mit allem, was eine heutige Großstadt ausmacht – wenn nicht das Gebäude der ehemaligen Industrie- und Handelskammer wäre.

06.10.2002

Wir verlassen heute Hiroshima gegen 08.15 Uhr und unser Tagesziel ist die alte Kaiserstadt Kioto. Gestern war es schön warm und die Sonne schien, heute ist es auch warm, aber der Himmel ist wolkenverhangen. Die ersten anderthalb Stunden fahren wir entlang der Inlandsee nach Kurashiki, die Gegend ist bergig und wir durchfahren viele Tunnel. Während der Fahrt erzählt Peter einiges zum japanischen Schulsystem, zur Arbeit in Japan usw. Er meint auch, dass die Sprache eigentlich gar nicht so schwer ist, im Gegensatz zur Schrift. Einige Wörter erinnern an englische oder deutsch Begriffe, nur noch mit einer Endung 'dran. Z. B. bedeutet ‚arbeito' nebenbei arbeiten (Studentenjobs u.ä.), 'gaido' ist der Reiseleiter, 'basso' ist der Bus und 'drivo' der Fahrer. ‚Biru' heißt, na was wohl? Bier! Das Wort 'achso' hat die gleiche Bedeutung wie im Deutschen und wird auch so ausgesprochen. Konsonant und Vokal bilden immer eine Einheit und ein Wort endet fast nie auf einen Mitlaut, dann hängt man eben eine Endung an.

Wird ein Kind geboren, brauchen die Eltern ein finanzielles Polster – die Krankenkassen bezahlen das nicht. Es gibt spezielle private Entbindungskliniken in denen der Aufenthalt hotelmäßig ist und ganz toll; man bekommt auch einen Einführungskurs in Kinderpflege usw. und der einwöchige Aufenthalt kostet mit Entbindung und allem ca. 5.000 Euro. In der Regel sind die Frauen zu Hause und beaufsichtigen ihre Kinder, da es Kindergarten u. ä. zwar gibt, aber nicht so ausgeprägt wie in Deutschland – dafür aber noch wesentlich teurer und die Betreuung ist nur vormittags. Mutterschutz gibt es auch, aber bei weitem nicht so ausgedehnt wie bei uns. Mit sechs Jahren kommen die Kinder in die Grundschule, nach vier Jahren schließen sich drei Jahre Mittelschule und drei weitere für die Oberschule an. Das Schulsystem ähnelt dem amerikanischen. Meistens sind es Ganztagsschulen und die Kinder haben bis ca. 17.00 Uhr Unterricht. Mittagessen gibt es in der Schule und nach Schulschluss geht der Großteil der Schüler noch zum Nachhilfeunterricht, den s. g. ‚Paukschulen'. Dort werden sie für die Aufnahmeprüfung zur Uni vorbereitet, vieles ist auf auswendig lernen begründet und deshalb werden die Japaner auch als ‚Handbuchgesellschaft' betitelt. Peter, der an der Uni unterrichtet, meint, dass sie wirklich nicht in der Lage sind, eigenständig zu lernen und zu denken (für ‚alles' gibt es ein Handbuch, aber funktioniert so das Leben?). Die Uni absolviert man in vier Jahren, zwei davon sind allgemeinbildend im Collegesystem und zwei weitere fachspezifisch. Wie man den Ab- schluss dann schafft, ist egal; die eigentlich Ausbildung – nicht mit unserer Lehre zu vergleichen – ist dann in der Firma, die einen Absolventen einstellt. Bis dahin sind für die Eltern ca. 200.000 Euro Ausbildungskosten angefallen. Als Anfangsgehalt erhält ein Absolvent in der Regel pro Lebensalter x 10.000 Yen pro Monat. Die soziale Absicherung erfolgt auch über die Firma. Es gibt bei vielen Wohnungszuschüsse, Ruhestandsgehälter, Krankenkassen usw. Will man in einer Firma vorankommen, erwartet man unbedingte Loyalität zur Firma und nach der Arbeit hat man auch keine private Freizeit wie bei uns. In Japan ist es gang und gebe, dass der Chef und seine Mitarbeiter gemeinsam zum Essen, Trinken und Karaoke gehen. Da schließt sich keiner aus, dabei sein ist angesagt und wenn der Chef dann meint, er ist müde und er will nach Hause, erst dann können auch die anderen gehen. Die Einkommenssteuer ist sehr niedrig, die Gehälter relativ hoch – aber in den meisten Familien ist der Mann der Alleinverdiener. In Kurashiki gibt es ein kleines, gut erhaltenes, altes Zentrum, indem viele Handwerker noch ihre traditionelle Kunst ausüben. Wir schlendern durch diesen alten Bereich und dann geht es wieder für anderthalb Stunden mit dem Bus weiter. Wir erreichen Himeji und hier gibt es die einzige vollständig erhaltene Burg Japans – Shirasagi-jo – Burg des weißen Reihers. Die Anlage ist recht groß und stellte die letzte Rückzugsburg (Trutzburg) des Shoguns, dem militärischen Oberhaupt, dar. Shogune gab es von 1200 bis 1866 und ihm unterstanden als Krieger die Samurai. Auch sie zeichneten sich durch uneingeschränkte Loyalität gegenüber ihrem Herrn aus. Die Kirschblüten stellen in Japan ein Symbol der Samurai dar. Kirschblüten fallen in ihrer vollen Pracht vom Baum, ein Samurai musste auch in der Lage sein, seinem Leben (auch in voller Blüte) selbst ein Ende zu setzen. Nun aber zurück zur Burg – die Gebäude sind vollständig aus dem 1600 Jahrhundert und daher anfällig für Feuer. Als Schutz davor hat man an den Dachecken kunstvoll geschnitzte, riesige Fischschwänze angebracht (Fisch = Wasser = schlecht für Feuer). Die Gebäude sind grau und weiß gehalten und erheben sich eindrucksvoll über der Stadt. Wir besichtigen auch das Innere der Burg und da heißt es erst einmal: Schuhe aus und Pantoffeln an. Die Burg war ja wie bereits erwähnt keine Wohnburg und daher gibt es auch keine Einrichtungsgegenstände. Nur viel Holz, als Fußboden, als Wand, als Decke, als Fenster und als glatte, steile Treppe zwischen den Stockwerken. Die Stufen sind sehr schmal (Hilfe, ich mit den riesigen Pantoffeln) und Wolle meint, ich soll im Entengang – Füße v-förmig setzen – die Treppe runter gehen. Ich habe es nicht probiert und bin heil unten angekommen. Es hieß zu Beginn unserer Besichtigung, wir treffen uns 15.00 Uhr im Burghof. Fast alle sind da – bis auf zwei Damen. Peter sucht sie in der Burg, in dem angrenzenden Gelände, aber nix. Wir laufen dann Richtung Parkplatz und siehe da, in der Nähe stehen die Beiden. Sie wundern sich, wieso die Gruppe nicht 15.00 Uhr da war, dass Treffpunkt im Burghof war, hören sie angeblich zum ersten Mal. Gegen 17.00 Uhr erreichen wir Kioto und unser Hotel liegt im Zentrum der Stadt. Wir wollen uns noch ein bisschen umsehen, was aber fast unmöglich ist. Überall quirlen viele Menschen und Fahrräder durcheinander, nicht wie in China auf der Straße oder separaten Wegen, nein, mittendrin. Abgestellte Fahrräder sorgen noch zusätzlich für Behinderung und hier werden diese vom Ordnungsamt abgeschleppt. Gegen eine empfindliche Geldbuße kann man sie wieder abholen. Man kann also nicht nur Autos falsch parken. Es fängt dann auch noch an mit regnen und so schlendern wir zum Hotel zurück.

07.10.2002

Heute ist ein ganzer Besichtigungstag für Kioto eingeplant. Nach dem Frühstück – welches in Hiroshima samt Hotel besser war – fahren wir 08.30 Uhr los. Auf unserem Weg durch die Stadt erklärt uns Peter, dass diese von der Lage her dem Prinzip des Feng Shui (sprich: Fung Ssui) folgt. Sie liegt in einem Talkessel, ist daher von drei Seiten durch Berge begrenzt und nach Süden hin offen und es fließen zwei Flüsse durch die Stadt. Sie wurde ab 793 nach dem Vorbild des chinesischen Chang 'an auf Grund eines geometrischen Planes und mit rechtwinkligen Straßenzügen erbaut. Sie war von 794 bis 1600 kaiserliche Hauptstadt. 1600 wurde Edo (das heutige Tokio) Hauptstadt, aber erst 1868 verlegte man die Residenz nach Tokio. Kioto gilt als Inbegriff japanischer Kultur und Juwel unter den Städten Ostasiens. Vorerst erschließt sich für uns aber nicht dieses Bild. Wir fahren durch Straßen, die es überall in großen Städten der Welt so oder ähnlich gibt. Verschiedene Architektur scheint ein bisschen durcheinander geraden zu sein. Dann plötzlich fährt man an großen weißen, fast ein km langen Mauern entlang. Diese sind mit schwarzen Ziegeln gedeckt und durch ein toll verziertes Tor gelangt man auf ein Gelände mit Tempelbauten, Schreinen und herrlichen Gärten. Unser erstes Ziel ist der Ryoanji-Tempel. Auf dem Weg dorthin kommen wir am Kaiserpalast vorbei. Um ihn zu betreten, benötigt man eine Sondergenehmigung. Im Tempel heißt es erst einmal Schuhe aus und barfuss oder auf Strümpfen laufen. Es ist ein Zen-Tempel und Peter versucht, uns in aller Kürze etwas über den Zen-Buddhismus zu erzählen. Er wird nicht als eigenständige Religion angesehen, sondern als eine Art Philosophie betrachtet. Man versucht dabei, sich auf das Wesentliche zu beschränken, man lässt Schnörkel und schmückendes Bauwerk weg. So sind z. B. die Berge außerhalb des Geländes mit in die Gestaltung des Parkes auf dem Tempelgelände einbezogen (man spricht vom geborgten Bild. Der berühmte Steingarten des Tempels wurde 1473 von einem Zen-Meister angelegt. Man sieht ein schlichtes weißes Kiesfeld mit fünf Steingruppen, die insgesamt 15 Steine haben. Der Kies ist in regelmäßigen, geraden Rillen geharkt, um die Steingruppen herum aber wellenförmig. Das soll eine Landschaft mit Bergen (Steingruppen) und Wasser (wellenförmig geharkte Kies) darstellen. Begrenzt ist alles von einer Lehmmauer und einem Teil des Tempels. Zen bedeutet auch, in sich hinein versunken zu sein, um sich vom *ich* zu lösen und die Einsicht ins Innere der Dinge zu bekommen. Man sagt, Buddhismus ist Leiden, da alles vergänglich ist und alles ständigen Veränderungen unterworfen – auch man selbst, von Geburt bis Tod. Man kann die Leiden auflösen, indem man sich also vom *ich* löst und das Innere der Dinge sieht. Peter sagt, wir sollen uns an den Rand des Steingartens setzen, tief aus- und einatmen und das Bild samt Umgebung auf uns wirken lassen. So machen wir es also; 17 europäische Touristen sitzen denn in Strümpfen (mit und ohne Löcher) bzw. barfuss am Steingarten, versuchen das eben Gehörte zu verarbeiten und hängen ihren Gedanken nach. Ob die allerdings nur auf den Zen-Buddhismus orientiert waren, sei dahingestellt. Wenn man das Kiesfeld betrachtet, kann man nie alle 15 Steine mit einem Blick erfassen (außer von oben). Das bedeutet, man soll mit dem zufrieden sein, was man hat (Form und Leere ergänzen sich). Auch heute leben hier noch Mönche; dieser Teil der Anlage ist jedoch nicht für Touristen zugänglich. Wir gehen dann weiter durch den Tempel und gelangen zu einem kleinen runden Wasserbecken. In der Mitte hat es eine viereckige Vertiefung auf deren Rand Schriftzeichen sind, die zum Ausdruck bringen, dass jeder Tag ein schöner Tag ist und man zufrieden sein soll. Man soll mit der Natur im Einklang leben, selbst Teil der Natur sein und die Natur sich nicht zum Untertan machen. Der Park und Garten in der Tempelanlage ist sehr schön. Es gibt herrliche Baumgruppen, Sträucher, Moosflächen, einen Teich usw. Es sieht alles schlicht aus, wir lassen uns aber sagen, dass die Pflege und Erhaltung eines solchen Gartens sehr aufwendig ist. Da wird nichts dem Zufall überlassen und man zupft sogar einzelne Nadeln an Nadelgehölzen aus bzw. schneidet kleinste Zweige ab, um den Baum oder Strauch in die gewünschte Form wachsen zu lassen. Man sieht es aber den Pflanzen nicht an, dass sie derart ‚überwacht' werden. Nach dem eben Gesehenen und den vielen Erklärungen zum Zen-Buddhismus brauchen wir erst einmal eine Abwechslung und so geht es im Bus weiter durch Kioto. Nächster Besichtigungspunkt ist der ‚Kinkaku ji' – der Goldene Pavillon. Er war von 1358 bis 1408 Sommerresidenz eines Shoguns und wurde nach dessen Tod zum Kloster umfunktioniert. Unsere Eintrittskarte zum Gelände ist gleichzeitig ein Orakel. Peter meint, das sind Orakel für Glück im Haushalt (da wir aber der japanischen Schrift nicht gewachsen sind, kann er uns ja viel erzählen, oder?). Der Pavillon selbst ist sehr schön, die beiden oberen Stockwerke sind mit Blattgold überzogen, auf dem Dach steht ein goldener Phönix. Es soll das weibliche Gegenstück zum Drachen sein – dem Symbol für das Kaiserreich und für Glück. Auch hier gibt es einen herrlichen japanischen Garten, in dem man schön spazieren kann. Leider sind mit uns 'ne Menge amerikanischer Touristen – die eigentlich auf Kreuzfahrt sind, aber heute Landgang haben – unterwegs und so herrscht keine Ruhe. Man muss sich sogar ab und zu den Platz für ein schönes Foto oder für einen Blick auf ein bestimmtes Detail

‚erkämpfen'. Wir ‚ziehen' weiter, nächstes tolles Bauwerk ist das 400 Jahre alte Nijo-Schloss der Tokugawe Shogune, die ca. 260 Jahre herrschten. Man muss dazu vielleicht folgendes wissen: In der Zeit ab etwa 1338 nahm die Macht und Unabhängigkeit der Provinzfürsten (Daimyo) stetig zu und das Feudalsystem gelang bis in die entlegensten Provinzen. Es kam zu Machtkämpfen und zu Aufständen der ausgebeuteten Bauern. Auch zu dieser Zeit begann ein blühender Handel mit asiatischen Nachbarn und dadurch gelangte großer Reichtum in die neuen Handelsstädte. Die Provinzfürsten bekriegten sich immer mehr und erst den s. g. ‚Drei Reichseinigern' – den Heerführern (Shogune) Nobunaga, Hideyoshi und Tokugawa gelang es, die abtrünnigen Provinzfürsten niederzuringen. Man sagt von den ‚Drei Reichseinigern' war einer der Jähzornige, dann gab es den Schlauen und dann den Geduldigen. Die Shogune ließen mächtige Burgen bauen, in einer Schlacht um 1600 wurden die letzten aufsässigen Daimyo unterworfen. Um diese auch wirtschaftlich zu schwächen, hat man die japanischen Feudalherren ‚in Schach' gehalten, in dem sie u. a. gezwungen wurden, in Edo aufwendige Residenzen zu unterhalten. Von Tokugawa wurde zur Sicherung seiner Macht sogar ein Überwachungssystem erschaffen, das die gesamte Bevölkerung erfasste. Um seine Macht auch nicht von außen gefährden zu lassen, hat dieser Shogun dann sein Land völlig abgeschlossen. So konnten er und seine Nachkommen fast 260 Jahre herrschen. Das Schloss selbst ist ein beeindruckendes Bauwerk. Es ist ähnlich einer Burg mit Sicherungsanlagen befestigt, am Eingangstor sieht man geschnitzte Chrysanthemen. Sie sind auch im kaiserlichen Wappen, außerdem gibt es den Kranich und die Kiefer als Glückssymbol. Das Dach besteht aus Zedernrinde. Es gibt mehrere Gebäudeteile, die durch geschlossene Korridore miteinander verbunden sind. Beeindruckend sind in den Korridoren, die zu den Gemächern der Shogune führten, die ‚singenden Dielen'. Beim Betreten der Dielen reiben Hölzer aneinander und geben einen ‚Warnton' – es quietscht eigenartig. Das sollte den Shogun vor Anschlägen schützen und man kann wirklich versuchen, ganz leise und sacht zu laufen, der Boden gibt ein ‚singendes' Geräusch von sich (Nachtigall, ick hör dir trapsen). Das Innere des Schlosses besticht durch kostbare Malereien, reiche Schnitzereien und schöne Deckengemälde. Es ist eine tolle Anlage; die goldverzierten Giebel und schwarzen Dächer passen prima ins Landschaftsbild. Dann haben wir uns aber die Mittagspause redlich verdient und wir fahren zu einem ‚Family-Restaurant', das nach amerikanischer Art betrieben wird. Gott sei Dank ist die Speisekarte bebildert und Peter gibt außerdem ‚Hilfestellung' beim Bestellen. Das Essen ist gut und es gibt sogar Besteck (wir erinnern uns an die Chinareise und unsere Erfahrungen mit Stäbchen). Gestärkt geht es weiter zum nächsten Programmpunkt. Wir besuchen ein Textilcenter und lassen uns zeigen, wie Kimonos hergestellt werden. Man zeigt uns auch eine kleine Modenschau mit Kimonos und Peter erklärt einiges dazu. So erfahren wir, dass das Anziehen eines Kimonos ca. eine Stunde dauert und das die Kimonos unverheirateter Frauen in der Regel bunt und farbenfroh sind und lange Ärmel haben. Ein echter Kimono kostet schon so ca. 4.000 bis 5.000 Yen und wir sehen ganz tolle davon. Letzter Schrein (nicht Schrei) für heute ist dann der Heian-jingu, der erst 1895 zum 1.100 Jahrestag der Gründung der Stadt erbaut wurde. Im verkleinerten Maßstab ist er eine Nachbildung des Kaiserpalastes von 794 und dieser war wiederum im chinesischen Stil erbaut. Wenn man den Schrein betritt, hat man für einen Moment auch wirklich den Eindruck, im Pekinger Kaiserpalast zu sein. Die Weite der Anlage und die rote Farbe der Holzsäulen verstärken diesen Eindruck noch. Inzwischen sind wir doch recht ‚pflastermüde', es ist eigentlich auch genug an Schreinen und Tempeln– aber das Programm ist noch nicht zu Ende. Man bringt uns noch ins ‚Kyoto Handycraft Center', wo wir traditionelle Kunsthandwerkprodukte ansehen und kaufen können. Wie ich Anfangs schon erwähnte, sind wir 17 Personen, darunter zwei Ehepaare, eine dreiköpfige Familie, zweimal Mutter und Sohn und der Rest sind vier einzelne Damen und zwei Herren. Da das Ausflugspaket extra gebucht werden musste und nicht alle alles genommen haben, sind wir immer in unterschiedlicher Zusammensetzung unterwegs. Heute waren alle dabei und man konnte wieder so seine ‚Studien' machen. Die eine Dame (Schmuckhändlerin) mit ihrem Sohn (Broker) sind recht angenehm, welterfahren, wohlhabend, haben beide Stil und sind doch bodenständig. Bei dem anderen ‚Gespann' von Mutter und Sohn trifft allerdings folgendes zu: Frage an den Sohn: „Was sind Sie denn von Beruf?" Antwort: „Sohn „! Die Mutter musste, als sie merkte das wir aus dem Osten sind, lautstark verkünden, dass sie mit 20 (Ende der 1950er Jahre) die damalige DDR verließ, sich schon mit sechs Jahren beim Umbinden des Pionierhalstuches gegängelt fühlte und aus Protest zum Regime die Sprache des Feindes erlernte – Russisch. Sie konnte auch nicht verstehen, dass wir soviel von der Welt in den letzten zwölf Jahren gesehen haben, ohne ‚Millionär' zu sein. Tja, was soll man dazu sagen? Ich habe Wolle's Rat befolgt und diese Frau dann ignoriert.

Bei anderen Mitreisenden frage ich mich ernsthaft, wie sie es geschafft haben, auch die ganze Welt zu bereisen, obwohl sie den Eindruck totaler Unbeholfenheit machen und kaum einen Schritt ohne Anleitung und Hilfe vom Reiseleiter unternehmen können.

08.10.2002
Wir treffen uns wieder 08.30 Uhr in der Lobby des Hotels und der Ausflug ins ca. 50 km entfernte Nara – der ersten kaiserlichen Hauptstadt Japans – beginnt. Allerdings hat un-

sere Gruppe heute keinen Bus; wir sind mit U- und S-Bahn unterwegs. Peter muss also gut auf seine ‚Schäfchen' aufpassen, um nicht eines (oder mehrere) unterwegs im Gewühle zu verlieren. Wir erhalten jeder unser Ticket und man muss es bei Betreten des Bahnhofes durch einen Automaten ziehen lassen. Dadurch wird das Datum aufgestempelt und man kann den Bahnsteig betreten. Der Automat ‚spukt' das Ticket wieder aus und man muss es wieder mitnehmen. Am Zielbahnhof steckt man es wieder in einen Automaten, der zieht es ein, prüft es und ist alles okay, öffnet sich eine Sperre und man kann den Bahnhof verlassen. Auf der Fahrt nach Nara sehen wir wieder einiges von Kioto. Ich finde, die Stadt hat viel Ähnlichkeit mit amerikanischen Vorstädten. Verbaut, wenig Grün, viel Verkehr – wenn nicht die fremden Schriftzeichen und fremden Gesichter wären, könnte man meinen, in irgendeiner Großstadt außerhalb Europas zu sein. Außerhalb Europas, weil wir hier keine christlichen Kirchenbauten bzw. typisches Stadtzentrum mit Marktplatz usw. gesehen haben. Natürlich sind die Schreine, Tempelanlagen und dazugehörige Gärten wunderschön, dort ist auch viel Grün und die Berge nahe der Stadt sind auch schön – aber leben möchte ich hier nicht. Wir müssen dreimal umsteigen, sind etwa anderthalb Stunden unterwegs und kommen vollzählig in Nara an. Hier müssen wir noch ein Stück laufen und sind dann im 500 ha großen Nara-Park. Hier gibt es Tausende von freilebenden Hirschen und Rehe, als heilige Tiere des Buddhismus. Erster Punkt des Besichtigungsprogramms ist der Todai ji – der Todaji-Tempel. Man betritt ihn durch das südliche, zweistöckige Tor von 1199, was noch im Original erhalten ist. Es ist riesig und beeindruckend. Rechts und links im Tor stehen die Tempelwächter ‚Agio' und ‚Ugio' (Anfang und Ende) – zwei riesige Holzstatuen mit grimmigem Gesichtsausdruck. Ich bin wirklich von diesen Figuren beeindruckt, wenn man überlegt, wie alt das ist, wie viel Arbeit das Schnitzen dieser Statuen gemacht haben muss und wie lebendig sie wirken. Der Tempel selbst soll das größte, ausschließlich aus Holz errichtete Gebäude der Welt sein – ein Monumentalbau. In der ebenso beeindruckenden Haupthalle sehen wir dann den ‚Daibutsu‘, die größte bronzene Buddhastatue der Welt. In Hongkong gibt es eine noch größere, allerdings ist diese nicht massiv aus Bronze. Die Statue hier wurde 752 gegossen, man verwendete 437 t Bronze und 130 kg Gold. Der Körper ist ca. 15 Meter hoch, der Kopf ca. 5,5 m, die Augen sind ein Meter lang und die Ohren 2,5 m. Das bedeutete für die damalige Zeit eine technische und künstlerische Meisterleistung. Der Lotusthron auf dem der Buddha sitzt, ist drei Meter hoch. Die Halle selbst hat auch gewaltige Ausmaße: Vorderfront 57 m, Tiefe 50 m, Höhe 49 m. Peter erklärt uns auch einige Merkmale einer Buddhafigur. So trägt diese hier gekräuseltes Haar auf dem Kopf. Das sollen Schnecken sein, die dem Buddha geholfen haben, als er nach seiner Askese das erste Mal wieder Nahrung zu sich nahm. Sie sind Symbol für die Tierwelt, die ihn unterstützte. Auf seiner Stirn sieht man das s. g. ‚Auge der Weisheit‘, seine langen Ohren verdeutlichen eine hochrangige Herkunft, denn er soll ja tatsächlich aus einem Königshaus stammen. Die rechte Hand zeigt die erhobene Handfläche nach außen – als Schutzhaltung (Mutra) (bis hierher und nicht weiter) und der Lotusthron versinnbildlicht folgendes: Die Wurzel der Lotuspflanze steckt im Schlamm, bringt aber dennoch eine reine weiße Blüte hervor. Das soll heißen, auch der Mensch kann durch den Buddhismus vom Elend (Schlamm) zur Erleuchtung (weiße Blüte) kommen; Buddha heißt ja auch der ‚Erleuchtete‘. Rechts und links vom ‚Daibutsu‘ stehen die Bodhisattvas, die Schutzheiligen. Wir hören auch noch einmal, was es mit Karma und Nirwana auf sich hat. Peter hat selbst mehrere Jahre in einem buddhistischen Kloster gelebt und versucht uns auf verständliche, einfache Art vieles zu erklären. So ist das Karma in der buddhistischen Lehre das, was von uns kommt und was wir geben. Sind wir gut, haben wir ein gutes Karma, sind wir schlecht, haben wir ein schlechtes Karma (aber was ist gut und was ist schlecht?). Man folgt also dem Gesetz von Ursache und Wirkung. Im Buddhismus geht es darum, diesen Kreislauf zu durchbrechen, um ins Nirwana zu kommen. Nirwana bedeutet ein von Leid, Leidenschaft, Karma und Begrenzung freies Dasein, in welchem ein Buddha unablässig allen Welten und Wesen Wohltaten spendet (ich hoffe, nichts durcheinander gebracht zu haben und sehe schon spaßeshalber die Schlagzeile: ‚Ossitourist würfelt auf Japantour Buddhismus durcheinander‘).

Na gut, soviel dazu – weiter im Besichtigungsprogramm. Wir wandern durch den Park und an einer stilisierten Pagode, die aus Anlass der Weltausstellung in Osaka erbaut und später hier her gebracht wurde, erklärt uns Peter noch die neun Welten des Buddhismus. Auf jeder Pagode gibt es eine Art ‚Antenne‘ mit neun Ringen. Jeder Ring steht für eine ‚Welt‘ und es geht los mit der ‚Hölle‘, weiter die ‚hungrigen Geister‘ (nie zufrieden mit dem, was sie haben), dann die Tiere (leben nur nach ihren Trieben), dann die ‚kämpfenden Dämonen‘ (die den Kampf der Götter sehen, aber machtlos sind einzugreifen), die Menschen und die Götter. Das sind die sechs Bereiche, durch die man ständig geht – daran aber schließen sich die Himmelskönige, dann die Archats und die Bodhisattvas an und ganz oben ist Buddha (wieder eine neue Erfahrung: es ist nicht nur eine Japanrundreise – es ist auch ein Exkurs in den Buddhismus).

Nun ist aber erst einmal Mittagspause und der ‚Spaß‘ beginnt! Unsere Gruppe isst in einem typischen japanischen Lokal und es gibt Nudelsuppe, Reis, kaltes gebratenes Fleisch und Fisch. Außerdem sind in einem Stövchen rohe Zwiebeln, Gemüse, rohes Fleisch, Muschelfleisch und etwas Butter. Unter dem Stövchen wird ein kleiner Brennwürfel entzündet und der Inhalt muss nun zugedeckt vor sich hin brutzeln. Eigentlich essen die Japaner nicht wie wir erst die Suppe, dann das Hauptgericht – hier isst man alles zusammen. Also mal einen ‚Löffel' Suppe, ein Häppchen Fleisch, einen Schluck Tee usw. Da unser Stövchen aber noch nicht ‚gar' ist, widmen wir uns der Suppe. ‚Kämpfen' wäre besser ausgedrückt, es gibt nämlich nur Stäbchen – auch für die Suppe. Nun iss mal als Europäer Nudelsuppe mit Stäbchen! Sie wird in einer Schale serviert, ist verdammt heiß, die Nudeln sind sehr lang und man muss die Schale dicht ans Gesicht halten, eine Nudel zwischen die Stäbchen nehmen und dann schlürfen. Schlürfen bei Tisch gehört in Japan zu guten Tischmanieren; uns rutschen aber die Nudeln dauernd durch die Stäbchen, beim Schlürfen muss man aufpassen, dass die Nudeln einem nicht ins Auge oder an die Wange schnippen. Die Nase fängt an zu laufen, nur darfst du hier bei Tisch nicht die Nase putzen, das ist unanständig. Dazu geht man aufs ‚Klo'. Also muss man als Tourist abwägen: lieber Nase hochziehen und Nudeln schlürfen oder die japanische Tischetikette ignorieren, Nase putzen und mitgebrachten Löffel benutzen (so man hätte) Wolle kommt aber mit Nudeln und Stäbchen erstaunlich gut zurecht. Er wickelt die Nudeln um seine Stäbchen, wie Spaghetti um eine Gabel, und ist im Vergleich zu den anderen schnell fertig. Unser Reiseleiter meint dazu im Vorbeigehen: „Bitte verletzen Sie sich aber nicht." Die japanische Bedienung amüsiert sich köstlich über unsere Essversuche – zeigt es aber mit der gehörigen Portion vornehmer Zurückhaltung, nicht offen. Nach dieser ‚Anstrengung' geht es weiter mit unserer Besichtigungstour. Wir sehen uns den Kasuga Schrein an, ein Shinto Heiligtum des Fujiwara Clans. Er besteht aus vielen Einzelschreinen, die rot bemalt sind. Tausende von Stein- und Bronzelaternen stehen an den Wegen im dazugehörigen Gelände. Sie waren Geschenke von Untertanen, die Fujiwara besuchten. Es ist nun mittlerweile Nachmittag, das ‚Schreinlevel' ist bei uns für heute erreicht, aber eine Pagode geht noch, eine geht noch 'rein. Nach einem herrlichen Spaziergang befinden wir uns auf dem Gelände des ehemaligen Fuji Tempels, der im 13. Jahrhundert zerstört wurde. Hier gibt es aber eine noch wunderbar erhaltene fünfstufige Pagode und auf dem Gelände finden auch archäologische Grabungen statt. Nach fünf min Fußmarsch tauchen wir dann aus der ‚Vergangenheit' auf und sind an einer modernen Einkaufspassage. Hier haben wir eine halbe Stunde Zeit, uns umzusehen, zu kaufen usw. Dann geht es mit dem Zug wieder zurück nach Kioto. Im Hotel angekommen, heißt es erst einmal Füße ausruhen, frisch machen und dann laufen wir noch einmal los. Die Shoppingarkaden der Stadt sind gleich in der Nähe vom Hotel, das Angebot an Kleidung z. B. entspricht aber nicht unbedingt unserem Geschmack. Mir ist hier schon öfters aufgefallen, dass die Frauen zum Rock dunkle Kniestrümpfe und helle Schuhe tragen. Zum Teil sind die Farben der Kleidung auch recht ‚gedeckt'. Elektronische Artikel sind genauso teuer wie bei uns, manchmal noch teurer. Allgemein gibt es auch viel ‚Schrutz' – Kunsthandwerk, wie Holzlackartikel, Töpferarbeiten oder Kimonos sind unwahrscheinlich teuer.

09.10.2002

Wir sind immer noch in Kioto und heute geht es ‚per Pedes' auf Erkundungen, aber unter Leitung von Peter. Die ganzen Tage über haben wir angenehmes Spätsommerwetter, außer, das es abends ab und zu regnet. Ein Stück fahren wir vom Hotel mit einem Bus – einem öffentlichen. Wir kriegen also jeder ein Tagesticket und Peter erläutert, wie das so funktioniert. Also, eingestiegen wird generell hinten, will man aussteigen, muss man eine Taste drücken, die zahlreich und von überall im Bus erreichbar vorhanden ist. Sie löst beim Fahrer das Signal ‚bitte halten' aus. Ausgestiegen wird nur vorn beim

Fahrer und beim ersten Busbenutzen des Tages muss man sein Ticket durch einen Automaten im Bus ziehen lassen, dabei wird das Tagesdatum aufgestempelt und die Karte entwertet. Bei jeder weiteren Fahrt, muss man nun sein gestempeltes Tagesticket dem Busfahrer beim Aussteigen zeigen. Erster Besichtigungspunkt ist heute der Gingkaku ji – der Silberne Pavillon. Der Tempel wurde 1482 errichtet und ist schön. Ursprünglich sollte er als Gegenstück zum Goldenen Pavillon versilbert werden. Dazu kam es aber nicht – das Geld fehlte. Es gibt hier wieder einen Zen-Garten; eine weiße Sandfläche, mit einem geometrisch exakt geformten Stumpfkegel. Das soll den chinesischen Westsee und den Berg Fuji darstellen. Der Pavillon hat s. g. schlüssellochförmige Fenster, diese dienten zur stillen Betrachtung des Vollmondes. Wir bewundern den herrlichen Moosgarten, den schönen Park und sehen uns den viereinhalb Tatami-Matten großen Teeraum an. Peter erzählt, dass die aus dem Zen-Buddhismus stammende, strengen Riten unterworfene Teezeremonie auch heute noch durchgeführt wird. Sie ist Teil der alten japanischen Kultur und stammt ursprünglich aus China. Wir machen einen schönen Spaziergang durch den Park und da es noch relativ früh ist (gegen 09.00 Uhr) sind auch noch nicht so viele Leute unterwegs und man kann die Stille und Landschaft genießen. Dann gehen wir auf dem 1,8 km langen ‚Philosophenweg' weiter und befinden uns später wieder auf einem Tempelgelände. Anschließend fahren wir mit dem Bus und Peter führt uns in eine Ausstellung von Kunsthandwerk und Kimonomustern. Es entpuppt sich als eine Art Messe für Händler, wir sind total deplaziert hier und ärgerlich, weil es uns so vorkommt, dass Peter die Zeit bis zur Mittagspause so überbrücken will. So ist es dann auch, nach einer Stunde Aufenthalt in den Messehallen, ist Mittagspause. Unser Reiseleiter schlägt vor, dass wir uns alle etwas für ein Picknick kaufen und im Maruyama-Park bei schönem Wetter essen und etwas entspannen. Überall wo wir bisher auf unserer Reise waren, gibt es die Möglichkeit Essen für unterwegs zu kaufen. Es gibt Sandwichs, kalte und heiße Speisen, Obst, abgepackten Kuchen, Getränke usw. Nach dem Mittag ,latschen' wir weiter und Ziel ist der Kodai ji-Tempel. Weiter geht es dann durch die Altstadt Kiotos. Hier sind enge Straßen mit vielen kleinen Geschäften u. a. Töpferei- und Porzellanprodukte und auf einer schmalen Straße geht es bergauf zum Kiyomizu-Tempel. Die Tempelanlage ist sehr schön und von hier oben hat man einen herrlichen Blick auf Kioto, die umliegenden Berge und den Park des Tempels. Wir sehen uns mit vielen anderen Besuchern die Tempelanlage an, spazieren durch den Park, steigen zum s. g. ,Hochzeitsschrein' hoch und sind inzwischen doch recht geschafft. Es ist nun schon Nachmittag und Peter schlägt vor, dass wir uns noch den Sanju-sangendo Tempel ansehen. Hier gibt es u. a. die ,Statue der tausendarmigen Kannon'. Also, gesagt, getan – wir wollen alle hin und dazu müssen wir mit dem Bus fahren. Das erweist sich jetzt am Nachmittag als sehr schwierig, die sind nämlich ,rappelvoll' und drei Stück müssen wir fahren lassen, da für uns zwölf Personen kein Hineinkommen ist. Dann endlich haben wir Glück und mit ein bisschen Schieben und Drängeln passen wir noch rein. Etwas ,plattgedrückt' steigen wir aus und laufen zum Tempel. Hier heißt es wieder Schuhe aus und dann sehen wir die im Inneren der Halle in langen Reihen stehenden 1001 kleine Statuen der Kannon. Es sieht wirklich beeindruckend aus. Vor den Figuren sind indische Gottheiten aufgestellt, die eine Schutzfunktion haben. Darunter sind der Gott des Donners und der Gott des Windes. Beide sollten für eine gute Ernte sorgen. ,Sanju San' bedeutet ,33' und damit verbinden sich die genormten Zwischenräume zwischen den Säulen des lang gestreckten Gebäudes (119 m) und diese wiederum sollen die 33 Stufen der Menschwerdung der Kannon symbolisieren. Vor den Schutzheiligen sieht man hier und da Flaschen mit dem heiligen

Sake. Es soll die Gottheiten ‚bei Laune halten' und dem Gott als Medium dienen, an vielen Eingängen zu Tempelanlagen stehen deshalb auch Sakefässer in mehreren Reihen übereinander. Nun ist es für heute wieder genug mit ‚Tempelbesichtigungen', die Füße sind langsamer geworden, die Köpfe ‚qualmen' von den vielen Erklärungen, die Augen sind müde vom vielen Schauen – also ab ins Hotel, ausruhen. Wieder versuchen wir, mit einem Bus zu fahren – aber alle voll. So laufen wir zu einer anderen Haltestelle und haben Glück, ein fast leerer Bus nimmt uns mit. Wir müssen noch einmal umsteigen und in der Nähe des Hotels ist dann endlich Endstation. Peter, der hier in Kioto zu Hause ist, meint, mit öffentlichen Verkehrsmitteln in Japan unterwegs zu sein, gehört zu einem richtigen Japanbesuch dazu. Das s. g. ‚Bad in der Menge' muss man auch erleben, genauso wie beim abendlichen Bummel auf den überfüllten Gehwegen.

Na ja, wenn er meint ...

10.10.2002

Heute sind wir nur mit ‚Sturmgepäck' unterwegs. D. h. unsere Koffer werden direkt von Kioto nach Tokio gebracht und dort sehen wir sie morgen Abend wieder (voraussichtlich). Wir fahren heute zum Fuji Hakone Nationalpark und werden dort übernachten. Peter erklärte gestern noch einmal, dass wir bitte für heute und morgen nur das Nötigste mitnehmen, alles andere nach Tokio transportieren lassen sollen. Am besten für so etwas ist ein Rucksack – unser unerlässlicher Begleiter auf allen unseren Reisen. Aber natürlich wissen manche Mitreisende es besser: mit Kosmetikköfferchen, mittlerer Reisetasche und Mantel überm Arm stehen sie am Morgen im Hotelfoyer (hoffentlich haben sie daran gedacht, das wir heute keinen Gepäckträger dabei haben und mit öffentlichen Verkehrsmitteln unterwegs sind). Peter sieht es und hat seine

Gesichtszüge gut im Griff – er braucht auch jeden Tag gute Nerven, denn mancher von unserer Gruppe ist ganz schön nervig. Da ist z. B. die alleinreisende Frau ‚Wittenzöllner' – eine ältere, sich sehr intelligent gebende Dame. Sie hat ständig einen riesigen Reiseführer dabei, eine riesige Tasche zum Umhängen, wirkt immer leicht wie ‚nicht von dieser Welt' und hört leider bei Erklärungen von Peter oft nicht zu. Später fragt sie vieles nach oder diskutiert, dass unser Reiseleiter zu wenig Informationen 'rüber bringt und eigenartig ist. Sie: „Sagen Sie bitte Peter, der Grüne Tee den man hier kaufen kann, ist der wirklich grün?" Peter: „Ja, die Teeblätter sind grün und der Tee sieht aufgegossen auch leicht grün aus." Sie: „Aber bei uns ist der Grüne Tee nicht grün und meinen Sie, Peter, dass ich hier günstig den Tee kaufen kann." Peter: „In jedem Kaufhaus gibt es eine gut sortierte Lebensmittelabteilung in der Sie alle möglichen Sorten Tee sich abwiegen lassen können. Preisverhältnis zu Deutschland ist mir aber nicht bekannt." Unser gedanklicher Kommentar: Vielleicht sollte sie lieber daheim beim Discounter aus dem Wühltisch kaufen.

Beim Auschecken gibt es ein ziemliches Durcheinander. Grund: In den Zimmern war ein Kühlschrank als Minibar vorhanden. Die Getränke waren in vorgegebenen Fächern und wenn man eine Flasche oder Dose aus einem Fach gezogen hat – um Platz für ein eigenes Getränk zum kühlen zu haben – wurde das herausgezogene Getränk automatisch der Zimmerrechnung zugeschrieben. Da half auch nicht, dass man die Flasche wieder in das Fach geschoben hat. Fast alle von uns hatten versucht, Platz im Kühlschrank zu bekommen und damit auf ihren Rechnungen Getränke stehen, die sie nicht verbraucht hatten. Die Mitarbeiter an der Rezeption waren das aber schon gewöhnt und man hat alles klären können. Nur unsere Frau Mövius meinte bei Erhalt ihrer Rechnung: „Ach Gott, der abendliche Whisky – ich hätte doch tatsächlich vergessen, ihn zu bezahlen." (sie war alleine auf Reise und schon weit über die sechzig). Also, Peter – der mit den starken Nerven – verteilt an seine ‚Schäfchen' erste Anweisungen. Wir werden mit Taxen vom Hotel zum Bahnhof gebracht und sollen zu viert bzw. zu dritt fahren (erstes Problem: mancher kann nicht bis vier zählen). Na gut, wir fahren mit einem Ehepaar als erste los und der in Uniform und weiß behandschuhte Taxichauffeur fährt uns heil durch den morgendlichen Straßenverkehr. Im Taxi liegen auf den Kopflehnen weiße Häkeldeckchen – das erinnert uns an früher, als auf den Plüschsofas auch so etwas zu finden war. Allerdings fehlt im Taxi die behäkelte ‚Klorolle' in der Hutablage.

Der Bahnhof von Kioto ist ein ultramoderner Stahl- und Glasbau und ganz schön beeindruckend. Hier erhalten wir unsere Tickets und mit einem ‚Shinkansen' – das ist ein Hochgeschwindigkeitszug, der mit Geschwindigkeiten bis zu 300 km/h fährt, sind wir zwei Stunden unterwegs. Unser Zug heißt ‚Hikari' und das bedeutet ‚Blitz'. Im Zug gibt es nur Sitzplätze, alle in Fahrtrichtung, und es ist alles sehr modern und bequem. Die Landschaft zieht rasch vorbei, Haltestellen gibt es nur an großen Bahnhöfen, man spürt ab und zu einen Druck auf den Ohren und wir fahren ca. 230 km/h (nur fliegen ist schöner). In Mishima steigen wir aus und in einen öffentlichen Bus um. Wieder sind wir für eine Stunde unterwegs. Wir fahren bei herrlichem Wetter durch schöne Gebirgslandschaft und sind dann am Ashi-See. Von hier aus hat man eigentlich einen tollen Blick zum Fuji. Aber leider ist es jetzt ausgerechnet hier bewölkt und Blick zum Fuji ist ‚fudschi'. Einige von uns würden gern etwas wandern gehen, aber der Großteil nicht. „Was, wandern – nein mit den Schuhen nicht"; „Nein, bei dem Himmel und mein vieles Gepäck"; „Ich würde ja ein Stück gehen, aber wenn wir uns verlaufen." Oh Gott, also Spaziergang auch ‚fudschi'. Wir fahren dann mit einem Segelschiff – das man einem alten Piratenschiff nachgebaut hat – über den herrlichen Ashi-See, bewundern die schöne Landschaft ringsum und sind etwa 40 min unterwegs. Zu ‚guter Letzt' steigen wir dann in eine Seilbahn, die uns zum Tal ‚des großen Kochens' bringt. Hier treten noch Schwefeldämpfe aus der Erde zu Tage und es gibt einen Rundweg, der durch die schöne Natur führt. Leider hat der letzte Taifun vor ein paar Wochen einen Erdrutsch ausgelöst und der Rundweg ist deshalb nicht zugänglich. Also, auch Rundweg ‚fudschi'. Mit der Seilbahn geht es wieder abwärts und dann mit einem Bus nach Hakone. Hier steht unser Hotel, ein sehr schönes und wenn wir Glück haben, können wir vielleicht morgen früh zum Sonnenaufgang vom Hotel aus, den Fuji sehen. Im Hotel besuchen wir ein typisches japanisches Thermalbad – Onsen. Die Japaner kennen das Baden und Reinigen des Körpers schon seit Jahrtausenden – nicht wie wir in Europa erst seit dem zarten Mittelalter. Das Onsen ist auch heute noch u. a. ein Treffpunkt, um Neuigkeiten auszutauschen und um sich zu entspannen. In jedem Hotelzimmer liegen die ‚Yukata`s', das ist eine Art Stoffbademantel, mit Gürtel zu schließen, die man auch als Schlafanzug benutzt. Man kleidet sich also auf dem Zimmer aus, zieht den Yukata über und ‚wandelt' so über den Hotelflur zum Onsen. Allerdings sollte man vermeiden, derart gekleidet an der Rezeption zu erscheinen, denn man denke daran, es ist auch ein Schlafanzug. Die Japaner sind ja nicht sehr groß, so kann ich nicht verstehen, dass die Yukata`s in einer riesigen Einheitsgröße vorhanden sind. Ich passe fast zweimal hinein und muss beim Laufen aufpassen, dass sich die Füße nicht im Mantel verheddern. Im Onsen sind Männlein und Weiblein streng getrennt, man nimmt sich im Vorraum ein kleines und ein großes Handtuch, Weidenkörbe um seinen Yukata, das große Handtuch und eventuelle Schmuckstücke abzulegen. Dann betritt man nur mit dem kleinen Handtuch den eigentlichen Baderaum. Ein in die Erde gelassenes großes Bassin, mit ca. 42 °C heißem Wasser, ist der zentrale Punkt. Außerdem gibt es Duschen und man muss sich vor Betreten der riesigen ‚Badewanne' gründlich abseifen. Alles nötige dazu, steht im Baderaum bereit. In der Außenanlage ist auch noch ein heißer ‚Wannenpool'. Man lässt sich also im Wasser ‚aufweichen' und entspannt. Es ist wirklich sehr angenehm und wohltuend. Man bleibt solange wie man möchte und im Umkleideraum stehen verschiedene Lotionen, Haarföne und andere Utensilien zur Körperpflege bereit. Nach unserem Besuch im Onsen bin ich so geschafft, um nicht zu sagen ‚fudschi', dass mit mir nichts mehr anzufangen ist (Wolle muss also lesen).

Übrigens: wieder eine neue Erfahrung resultierend aus dem Erlebten der letzten Tagen – Pauschalrundreisen kann man also auch mit öffentlichen Verkehrsmitteln organisieren – Tipp an Reiseveranstalter auf diese Art und Weise viel Geld zu sparen?

11.10.2002

Das Frühstück – zwar nicht in Büfettform – und auch das Hotel sind sehr schön. Wolle war schon 05.30 Uhr auf dem Hoteldach und hat den Fuji-San – zum Sonnenaufgang und ohne Wolken – fotografiert. Der Berg ist vom Hotel aus in greifbarer Nähe, eigenartig, dass gestern von ihm rein gar nichts zu sehen war, als ob er überhaupt nicht existieren würde. 08.15 Uhr steigen wir in einen Bus, diesmal kein öffentlicher und unser Tagesziel ist die Millionenmetropole Tokio. Tokio, mit ursprünglichem Namen Edo, war früher ein unbedeutendes Fischerdorf in einem jedoch strategisch günstigen Delta mit mehreren Flussmündungen. Hier wurde dann 1457 eine Burg erbaut, die 1590 an den Shogun Tokugawa Ieyasu fiel. Er machte dann 1603 die Stadt zum Sitz seiner Shogunatsregierung, sorgte dafür, dass sich 80.000 seiner Untertanen in Edo niederließen und zwang viele Feudalherren hier kostspielige Residenzen zu unterhalten. Das hatte zur Folge, dass sich auch

Handwerker, Kaufleute usw. ansiedelten. So war Edo dann bereits um 1720 eine Millionenstadt. Nach dem Ende des Tokugawa Shogunats 1868, ließ sich Kaiser Meiji in der ehemaligen Residenz nieder, machte Edo zur ‚östlichen Hauptstadt' und sie hieß nun Tokio. Unsere Fahrt führt durch schöne Landschaft, 'raus aus dem Gebirge, nach Kamakura. Kamakura war von 1192 bis 1333 eigentliche Hauptstadt Japans. Hier bummeln wir durch die Stadt und sehen uns den ‚Daibutsu' (Großer Buddha) an. Er soll einen ‚Amida'-Buddha darstellen und sieht anders aus, als der Daibutsu in Nara. Ursprünglich stand diese Figur hier auch in einer Halle und war vergoldet. Vom Gold ist kaum noch etwas zu sehen, die Halle wurde bei einer Springflut, welche meistens als Folge von Taifunen auftritt, zerstört. Die Buddhafigur ist aber trotzdem inzwischen 750 Jahre alt und mit ca. elf Meter Höhe immer noch beeindruckend. Mittags fahren wir dann weiter, vorbei an Yokohama und Kawasaki, die nahtlos mit dem Großraum Tokio verschmelzen. Wir sehen riesige Hafenanlagen, große Lagerhäuser usw. Japan hat wenig Rohstoffe und ist deshalb stark auf Importe angewiesen und natürlich auch auf Zweige der exportierenden Industrie. Im Großraum Tokio leben ca. 30 Millionen Menschen, das muss man sich 'mal vorstellen. Viele Straßen und Verkehrswege sind aus Platzgründen daher auf mehreren Ebenen gelagert. Außerdem waren die Straßen des alten kaiserlichen Edo sehr eng, gewunden und für Autoverkehr kaum geeignet und deshalb gab es bei der Modernisierung des Straßennetzes große Probleme. So fahren wir z. B. in Höhe der zehnten Etage eines Hochhauses auf einer Straße. Wo man hinschaut Straßen. Unter einem, über einem, neben einem – eigenartig. Riesige Häuserflächen mit gewaltigen Hochhäusern prägen das Bild. Erster Stopp ist dann am imposanten ‚Tokyo Metropolitan Government' – dem Rathaus. Mit 243 Meter ist es das höchste Gebäude Tokios und bis zu 12.700 Angestellte verwalten hier die Stadt.

Die Gebäude sind frei zugänglich und wir fahren mit dem Fahrstuhl in die 45. Etage zum Besucherobservatorium. Man hat von hier einen herrlichen Blick über die gesamte Stadt. Beeindruckend! Wenn ich mir vorstelle, dass unser Rathaus auch in solch einem Gebäude untergebracht wäre und wir vielleicht in der 30. Etage oder so arbeiten müssten ... Wieder unten geht es mit dem Bus durchs dichte Verkehrsgewühle – die Straßen sind z. T. fünfspurig – zum Meiji Schrein. Mitten in der Betonwüste vermutet man nicht, dass es einen Schrein, Tempel oder Park usw. gibt. Gibt es aber doch und sogar sehr schön gelegen. Der Schrein ist sehr ‚jung‘, er wurde erst 1920 zu Ehren des 1912 verstorbenen Kaisers Meiji geweiht. Man betritt das Heiligtum durch das größte Holz-Torii Japans. Hier auf dem Gelände sehen wir auch wieder einige japanische Hochzeitsgesellschaften. Braut im traditionellen Kimono, sehr hübsch und auch ein Teil der Gäste ist traditionell gekleidet. Peter erklärt, dass es eigentlich ganz einfach ist, in Japan zu heiraten. Mit 20 ist man volljährig und meldet sich bei der Stadtverwaltung. Dort gibt man einen ‚Schriebs‘ ab, dass man heiraten will und fertig. Es reicht auch, dass nur einer der zukünftigen Eheleute hin geht. Die Hochzeitsfeier selbst kann aber dagegen sehr aufwendig und kostspielig sein, je nachdem wo und mit wie viel Personen man feiert. Auf unserem Weg durch Tokio haben wir auch ein kleines Stück vom Gelände des Kaiser-Palastes gesehen. Den Palast umgibt ein riesiges Gelände mit herrlichem Park, Gärten, Wald usw. Allerdings ist das alles für die Öffentlichkeit nicht zugänglich. Wie schon erwähnt, kann man Tokio schwer beschreiben. Es ist eine riesige moderne fast westliche Großstadt und doch irgendwie anders. 1923 wurde die Stadt bei einem schweren Erdbeben und durch Feuer fast völlig zerstört, dann wieder aufgebaut. Bei schweren Luftangriffen 1944 und 1945 wurden wieder große Teile Tokios in Schutt und Asche gelegt. Am Nachmittag bummeln wir dann noch über die berühmte Shoppingmeile, die ‚Ginza'. Ein Markengeschäft reiht sich an das nächste, exquisite Kaufhäuser, Nobelboutiquen, namhafte Juweliere usw. Wolle kauft mir eine sehr schöne Tasche – zum ‚Schnäppchenpreis'. Langsam wird es dunkel und die Leuchtreklamen gehen an. Wahnsinn, diese flimmernde, schillernde und doch faszinierende Vielfalt. Das ‚Gewühle' auf den Fußwegen wird immer dichter und fast undurchdringlich – noch ein bisschen mehr, als wir es in Kioto erlebt haben.

Rückzugsmöglichkeit nach anderthalb Stunden ‚shopping' ist dann unser Bus. Wir werden zum Hotel gebracht und erholen uns für den morgigen letzten Rundreisetag in Japan.

12.10.2002

Kurz vor 07.00 Uhr Ortszeit sind wir in der Lobby unseres Tokioer Hotels und wollen Cla anrufen. Aber wir bekommen keine Verbindung nach Europa – ständig besetzt. Na gut, versuchen wir es später noch einmal. Punkt 07.00 Uhr öffnet das Frühstücksbüfett und wir finden einen schönen Platz im Restaurant. Das Hotel ist von Ausstattung und Service her sehr angenehm. Das Essen ist international, selbstverständlich kann man aber auch typisch japanisch essen (und eine neue Erfahrung: es gibt endlich 'mal Schwarzen Tee, der unserem Geschmacksempfinden entgegen kommt). Also, gestärkt ‚stürzen' wir uns ins morgendliche Getümmel der Millionenmetropole Tokio. Wir sind wieder mit öffentlichen Verkehrsmitteln unterwegs, wie so oft auf dieser Reise. Es ist Samstag und noch nicht ganz so voll auf den Straßen und Wegen. Erst fahren wir ein paar Stationen mit der U-Bahn, sind dann an einem großen Bahnhof und 09.10 Uhr geht ein Zug nach Nikko – unserem Ziel. Auf dem Bahnsteig sind gelbe Linien eingezeichnet, die jeweils am Endpunkt, nach Einfahrt und Halt des Zuges, die Tür eines Waggons haben. Man muss sich genau entlang der Linien anstellen und wird sogar von Wachpersonal in braunen Uniformen und mit weißen Handschuhen eingewiesen. Unsere Gruppe ‚rammelt' erst einmal durch die Menschenmenge, denn wir wussten ja nicht, dass die anderen alle ‚geordnet' – entlang der Linien – stehen. Wir erregen natürlich Aufmerksamkeit und ein bisschen Unmut, aber Touristen und speziell den ‚Langnasen' verzeiht man hier manches, ähnlich einem ungehorsamen Kind. Man meint, mit ihnen ‚nachsichtig sein zu müssen, sie können schließlich nichts dafür'. Soviel zum Ansehen der Touristen in Japan. Der Zug kommt und wir steigen ein, natürlich genau entlang der Linie. Der Zug wird ‚stoppenvoll'. Nicht alle von uns haben einen Sitzplatz, aber die Stehplätze sind auch gut, man kann nämlich in der Menschenmenge nicht umfallen und da wir bis zur Endhaltestelle fahren, ‚tragen' einen die anderen sogar mit nach draußen. Ca. anderthalb Stunden fahren wir durch die Vororte von Tokio – nichtssagende Ansiedlungen, z. T. Wohnblöcke, kleine Häuser, wenig Grün und wahrscheinlich ist heute zum Samstag ‚Waschtag' – überall hängt auf Balkonen, Fenstern, an Pfählen usw. Wäsche zum Trocknen. Allmählich ändert sich die Landschaft, es wird bergig, immer mehr Grün ist zu sehen und hier ist auch nicht mehr so dichte Besiedelung. Nach über zwei Stunden Fahrtzeit sind wir endlich in Nikko. Das Wetter ist sonnig und nach einem 20 min Fußmarsch sind wir am Daiya Fluss und der viel beschriebenen ‚Heiligen Brücke'. Sie ist aus Holz, leuchtend rot lackiert und darf nur zu zeremoniellen Anlässen betreten werden. Leider ist der Blick auf die Brücke durch riesige Bauplanen ‚fudschi' – die Brücke wird restauriert. Hier beginnt auch die Schreinanlage mit den gewaltigen Monumenten – inmitten der Berge, Seen, Wälder und Schluchten der Bergregion Nikkos. Wir sind dann auf dem Gelände des Rinno ji, einem Kloster einer Sekte. Hier sehen wir uns die Halle der ‚drei Buddhas' (Sambutsudo) an. Peter gibt uns wieder interessante Informationen dazu und weiter geht es zum nächsten Tempel. Es ist inzwischen schon ziemlich voll überall, die Japaner genießen ein verlängertes Wochenende. Peter erzählt dazu, dass am Montag für alle ein freier Tag ist, ein s. g. ‚blauer Montag', der hier immer dann ist, wenn ein Feiertag auf einen Sonntag fällt. Man verhindert damit, dass viele den Feiertag am Montag nachholen und ‚blau' machen, da offiziell frei ist. Wir laufen durch eine Allee mit wunderschönen, alten Zedernbäumen und sind dann an einer Steintreppe, an der früher das gewöhnliche Volk zurück bleiben musste. Es gibt hier sowohl buddhistische als auch shintoistische Elemente, wie Torii und Pagode. Man versuchte damit zu verdeutlichen, dass beide Glaubensrichtungen miteinander auskommen. Durch ein großes Stein Torii führt der Weg weiter zu einem großen Tor, dem Nio-mon. Dahinter liegt der erste Schreinhof des herrlichen Toshogu Schreins, mit den schön verzierten drei heiligen Speichern. Hier werden zeremonielle Dinge für das Schreinfest aufbewahrt. Wir sehen uns den Stall für das heilige Pferd an; dieses Gebäude ist als einziges hier nicht bunt bemalt. An seiner Forderfront sind aber über dem Eingang die Schnitzereien der berühmten ‚Drei Affen'– nichts hören, nichts sehen, nichts sprechen. Wir erfahren dazu, dass die eigentliche aus dem Buddhismus stammende ursprüngliche Bedeutung dieser drei Affen wie folgt lautet: nichts Böses hören, nichts Böses sprechen und nichts Böses sehen, was als buddhistische Tugenden angesehen wird. Der Schrein ist wesentlich prunkvoller als alle, die wir bisher auf unserer Reise durch Japan sahen. Wir bestaunen auch das herrliche Traumtor Yomei-mon oder auch ‚Sonnenuntergangstor' genannt. Weil es so schön und reich verziert ist, sagt man, dass man es von Früh bis zum Sonnenuntergang betrachten kann und immer noch etwas Neues entdeckt. Damit die Götter nicht neidisch wurden, auf soviel Pracht und Vollkommenheit und sich deshalb erzürnten, hat man an einer der Säulen die Verzierung falsch 'rum angebracht – doch nicht vollkommen. Wir sehen noch verschiedene andere Gebäude und Teile der Anlage an und sie sind sehr schön. Die Hauptgebäude sind z. T. vergoldet oder mit Japanlack überzogen. Dann ist aber erst 'mal Pause und es geht zum Mittagessen. Es gibt wieder typisch japanisch: Suppe – heute mit langen Buchweizennudeln und Stäbchen – allerdings kommen wir mit der Suppe inzwischen ganz gut klar – Reis, Fisch, Meeresfrüchte, Geflügel, Gemüse und natürlich der unerlässliche Grüne Tee. In vielen Tempeln und Schreinanlagen gab es als Erfrischung kleine Schalen mit Grünem Tee. Wir haben überall gekostet und die Geschmacksvielfalt ging von ,Spinatkochwasser', also recht kräftig und ungewöhnlich, über annähernden Teegeschmack bis hin zu leicht gesalzenem, nach Brühe schmeckenden Tee. Nach dem Mittag sehen wir uns noch die Grabstätte des Shoguns Tokugawa Ieyasu an, dessen Enkel den Toshogu-Schrein erbauen ließ. Es ist hier wirklich schön, nicht nur die Schreinanlagen, auch die Landschaft ringsum. Leider müssen wir dann aber wieder zurück zum Bus. In einem überfüllten – wie auch sonst – geht es zum Bahnhof. Hier heißt es auch, rechtzeitiges Kommen sichert das Mitfahren! Der Zug wird hier eingesetzt, allerdings nur mit zwei Waggons. Ein paar Haltestellen weiter hängt man noch einige Waggons an und Wolle sucht sich einen Platz im letzten Abteil. Hier knüpft er Kontakt zu Japanern und es wird für ihn eine angenehme Rückfahrt. In Tokio auf dem U-Bahnsteig spielt sich dann folgendes ab: Unsere Truppe steht miteinander schwatzend herum, Wolle hat die Arme in die Hüften gestemmt und schaut den Bahnsteig entlang. Zehn Meter weiter steht eine Gruppe japanischer Geschäftsleute, die sicher gerade von einem Geschäftsessen kommen. Einer von ihnen, mit einer Figur a' la Bud Spencer – streicht sich gerade über seinen Bauch und schaut dabei in unsere Richtung. Sein Blick trifft auf Wolle, der Japaner kommt zu uns, drückt Wolle freundlich die Hand, klopft ihm auf die Schulter und zeigt auf Wolle's Bauch und dann auf seinen und ist sichtlich stolz, endlich 'mal einen Typen mit kräftigem Körperbau zu begegnen. Alles amüsiert sich und es ist echt schade, dass unser Zug kommt und wir einsteigen müssen. Es wäre bestimmt noch ein lustiger Abend geworden.

13.10.2002

Der Koffer ist gepackt, Mitbringsel verstaut und es heißt Abschied nehmen von Nippons Inseln. In aller Ruhe genießen wir das Frühstück und dann werden wir zum letzten Mal von unserem Reiseleiter Peter abgeholt. In einem Bus – einem nur für unsere Gruppe – fahren wir dann noch einmal durch Tokio in Richtung internationalem Flughafen. In Tokio ist es zur Zeit noch relativ ruhig und leer, denn es ist ja Sonntag und die Ausflügler werden erst in ca. eine Stunde die Straßen mit ihren Autos verstopfen. Am Flughafen sieht man vor lauter ,Bäumen den Wald nicht'! Es ist so voll, dass wir wirklich nur die Abfertigungsschalter erahnen können und wir stehen ziemlich lange an. Beim einchecken äußern wir, in mittlerweile gutem Englisch, unsere Sitzplatzwünsche. Die junge Japanerin nickt verstehend, sagt, dass es in Ordnung geht und überreicht uns die Bordkarten. Im Flugzeug dann für unsere gesamte Truppe eine böse Überraschung: Wir sitzen alle auf den mittleren Plätzen in den Mittelreihen, d.h. zu fünft. Na toll, das werden zwölf lange Flugstunden. Nachdem die Türen vom Flugzeug geschlossen wurden, geht Wolle auf Suche nach einem besseren Platz. Er findet einen ca. 25 Reihen vor mir und so sitzen wir zwei zwar getrennt, haben aber jeder einen freien Platz neben uns und damit mehr Bewegungsfreiheit. Wolle sitzt auch recht günstig zur Bordküche und wird mit Getränken verwöhnt (ju, wir landen nun gleich, hick). Der Flug ist ruhig und in Frankfurt müssen wir auch nicht sehr lange auf unser Gepäck warten. Für uns schließt sich dann noch eine Fahrt mit dem ICE an und da merkt man nun doch wieder die Strapazen einer solchen langen Rückreise. Wir kommen zwar frierend und übernächtigt, aber doch gut in Halle an und unsere Tochter holt uns ab. Auf der Fahrt zum Flughafen ließen wir mit Peter unsere Reise noch einmal Revue passieren. Was haben wir wieder alles in kürzester Zeit gesehen, gehört, gelernt und ‚verdauen‘ müssen. Hatten wir eigentlich Vorstellungen von Japan und wenn ja, stimmten denn diese mit dem was wir sahen und erlebten überein? Für mich verband sich das Land mit der Vorstellung von ‚high tech‘ in Sachen Kameras, Radios, Computer und Autos. Ich hatte noch ein paar Vorstellungen zu Tokio und der Landschaft. Japan ist aber nicht nur ‚high tech‘ und Tokio ist auch nicht nur Japan. Das Land hat sich seine für uns fremde, aber faszinierende Kultur bewahrt. Da sind die herrlichen alten Tempel und Schreine, die mächtigen Burgen und prunkvollen Paläste. Da sind die herrlichen Zen-Gärten die immer aussehen, als hätte man sie gerade mit Zirkel und Lineal neu angelegt. Da tauchen wie Inseln im dichtesten Stadtdschungel die Schreinanlagen auf, und man bewundert deren Schönheit und Ausstrahlung. Die japanischen Gärten sind wirklich Meisterwerke der Natur und Gartenarchitektur. Schön sind die Nationalparks, die Küste und es gibt malerische Inseln. Am treffendsten finde ich den Satz aus dem ADAC-Buch ‚Das Bild unserer Welt‘: „Japan ist genau so, wie man es sich vorstellt – aber es ist auch ganz anders.“

Große Thailandrundreise

„Über den Wolken, muss die Freiheit wohl grenzenlos sein ..." Tja, aber nur dann, wenn man nicht eingezwängt in einer voll besetzten Boing 747-400, fast zwölf Stunden nonstop, seinem Ziel entgegenfliegt. Wolle und ich haben Glück und wir können es uns jeder auf einem Zweierplatz im hintersten Teil der Maschine bequem machen. Beim Einchecken meinte der Angestellte von Thai Airways, dass die Maschine voll wie ein ‚Mallorcaflieger' ist – nur wollen wir nicht nach Spanien, sondern unser Ziel ist die Hauptstadt Thailands – Bangkok. Neben uns macht sich ein bayrisches Ehepaar jeder auf einer Viererreihe breit, im wahrsten Sinne des Wortes. Allerdings nicht lange, die Flugbegleiter setzten das Paar wieder zusammen und überlassen einer vierköpfigen Familie, die vorher getrennte Plätze hatten, die letzte Reihe. Die bayerische Dame schimpft zwar (das Kauderwelsch versteht aber eh` keiner), aber da muss sie durch. Ich auch, denn während des langen Fluges habe ich mehrmals das zweifelhafte ‚Vergnügen' immer dann, wenn einer von den Beiden aufstehen muss, einen Hintern fast im Gesicht zu haben. Beide sind recht ‚proper' vom Umfang her und brauchen viel Bewegungsfreiheit, um sich drehen und wenden zu können. Na, aber auch das geht vorüber und nach einem ansonsten relativ ruhigen Flug – mit gutem Service – landen wir gegen 06.30 Uhr Ortszeit in Bangkok. Hier erwartet uns schon strahlender Sonnenschein, die Temperatur liegt bei 35 °C und die Luftfeuchtigkeit ist hoch. Die TUI-Vertreter nehmen uns in Empfang und mit einem Bus geht es durch den morgendlichen, chaotisch anmutenden Verkehr zum Hotel. Wir haben die Möglichkeit an der ab 13.00 Uhr stattfindenden Stadtrundfahrt teilzunehmen. Es ist aber erst 09.00 Uhr, also duschen und bis 12.00 Uhr eine Runde schlafen, um den Jetlag ein bisschen in den Griff zu kriegen. Mühsam quälen wir uns dann wieder hoch und machen uns für die Stadtrundfahrt fertig. Die beginnt erst `mal mit Stress – ‚Kleiderordnungsanzugsstress'. Wir bekamen alle am Flughafen ein Informationsblatt zum heutigen Tagesablauf und u. a. waren da ein paar Hinweise zur Bekleidung wegen der Rundfahrt. Wir werden u. a. auch den ‚Grand Palace' besichtigen und da darf man keine kurzen Hosen tragen, die Schultern müssen bedeckt sein und Sandalen sind nur mit Fersenriemen erlaubt. Na wie das aber `halt so ist, kaum einer hat das für ernst genommen. Ich habe eine 7/8-Hose an, zu kurz – muss mich umziehen, mehrere andere trifft es aber auch. Eine Dame meint ganz empört: „isch war ja woll` im vorrige Jahr auf Baaliii, dort war es awer `net so." Tja, aber hier! Dann geht es also los und wir bekommen wieder einen Eindruck vom Verkehr hier. Man kann das vielleicht gar nicht als Straßenverkehr bezeichnen, es geht alles durcheinander. Statt Fahrräder wie in China gibt es hier Unmengen von Mofas und Mopeds, die sich durch den Verkehrsstrom schlängeln. Links und rechts wird überholt, gleich `mal auf der Fahrbahn in die falsche Richtung gefahren, gedrängelt, dazwischen geschoben – einfach irre. Wir besuchen unseren ersten ‚Wat' – so nennt man die Tempel hier – den Wat Traimitr, Tempel des Goldenen Buddhas. Hier ist, wie der Name sagt, der ‚Goldbuddha' zu sehen. Eine herrliche Figur, 3,5 Meter hoch 5,5t schwer und zu 80 % aus purem Gold. Die Tempel hier sind auch anders als in China und Japan. Man findet indische und ceylonesische Elemente, die Khmer sowie die Birmanen und Laoten prägten das Bild der Anlagen. Die Thais übernahmen viel von ihren Nachbarn, haben aber vieles vollendet verfeinert. Man kann den Begriff Wat auch als ‚Kloster' übersetzten, denn die Tempel sind hier auch Stätten der Zuflucht und inneren Einkehr. Es gibt u. a. den ‚Viharn', das ist ein großer Versammlungsraum, die ‚Khana' – die Wohnräume der Mönche, ‚Bot', als heiligstes Gebäude im Tempelbezirk und u. a. den ‚Chedi'. Das ist ein unzugänglicher Bau in einer typischen Form, in dessen Inneren oft Buddha-Reliquien aufbewahrt werden. Die Gebäude sind sehr farbenprächtig und die Chedis oft vergoldet und mit Steinen verziert. Die Sonne lässt dann alles noch glitzern und blinken – sieht toll aus. Die Buddhastatuen sehen hier auch anders aus, als in China oder Japan. Die hiesigen tragen die ‚Flamme der Erleuchtung' auf dem Kopf. Durchgeschwitzt und mit den ersten Fotos ‚im Kasten' steigen wir wieder in unseren Bus und weiter geht es zum nächsten Halt – dem ‚Großen Palastbezirk'. Der Zugang zum ummauerten Palastbereich ist nur durch das ‚Wiseedtschairi-Tor' möglich und von dort aus führt ein breiter Weg zum eigentlichen Bereich. Hinter dem Tor ist eine Art Kontrollposten, die auf angemessene Kleidung der Besucher achten. Hier erwischt es nun meinen Wolle – er trägt nämlich ein T-Shirt mit angeschnittenen Ärmeln und darf so nicht `rein. Also mit Pass und etwas Geld ins angrenzende Gebäude, wo man für solche Fälle Sachen ausleihen kann. Mit einem etwas zu kleinem (die Thais haben ja nicht solche ‚strammen' Figuren wie deutsche Männer), aber die Schultern bedeckendem Hemd kommt er zurück und nun kann es losgehen. Wir laufen zum ersten Außenhof und durch ein Tor, was von zwei mächtigen Dämonenfiguren bewacht wird; betritt man den eigentlichen Sakralbereich mit dem herrlichen Wat Phra Kaeo, dem Tempel des Smaragdbuddhas. Von hier aus sieht man auch den vergoldeten Chedi. Dahinter ist das reich verzierte Bauwerk, das Phra Mondhop. Wo man hinschaut, glitzert Gold oder Glasmosaike funkeln. Das ‚Allerheiligste' im Wat Phra Kaeo ist der Tempel des Smaragd- oder Jadebuddhas. Man betritt das Bot durch eines von zwei Seitenportalen und auf einem hohen Sockel im Inneren sieht man die nur 75 cm große Figur. Sie ist aus einem Stück Nephrit geschnitten. Man könnte sich hier noch viel länger aufhalten und vieles ansehen, aber unsere Zeit reicht für intensivere Rundgänge nicht aus. Das Gelände ist ja auch sehr groß und weitläufig. Wir fahren noch zum Wat Benchama-bo-bitr, dem Marmortempel, einem der schönsten Wats in Thailand.

Er wurde aus weißem Marmor, der aus der Toskana stammt, um 1899 gebaut. Im Innenhof stehen viele Buddhafiguren, die verschiedene Kunstentwicklungen der buddhistischen Religion zeigen. Im Bot steht eine goldene Buddhafigur. Es ist bereits früher Abend und die ersten Mönche kommen zum Abendgebet. Voller Eindrücke sitzen wir – nun doch schon geschafft – im Bus und man bringt uns noch in eine Edelsteinfabrik. So ein ‚Abzweig‘, um vielleicht noch ein bisschen zu verdienen (der Reiseleiter) haben wir schon öfters erlebt. Es dauert aber keine Ewigkeit und dann sind wir gegen 18.30 Uhr wieder im Hotel. Total durchgeschwitzt, übernächtigt und fußlahm betreten wir also das Foyer des ‚Menam‘ Hotels. Der Name bedeutet Fluss, Klong heißt der Kanal – und den haben wir für heute voll.

Rundreisen sind ja auch immer irgendwie ein bisschen anstrengend – nicht nur, dass man ein oder zwei Wochen lang ‚aus dem Koffer‘ lebt, nein, man muss sich in einem fremden Land, mit einer fremden Kultur, mit 24 fremden deutschen Touristen arrangieren – um einen schönen, interessanten und auch erholsamen Urlaub zu haben. ... und zeitig aufstehen muss man auch ... So wie heute, da heißt es nämlich schon 05.30 Uhr Wecken und 07.00 Uhr Abfahrt. Wir sind nun also 24 Leute, die auf ‚Große Thailandrundreise‘ gehen. Unser Reiseleiter, ein Thailänder, 51 Jahre alt, begrüßt uns und stellt das ‚Thai-Team‘ vor. Dazu gehören er als Reiseleiter, der Busfahrer und der Busjunge. Die Drei werden die nächsten sieben Tage und auf den rund 2.300 km zurückzulegendem Weg für uns sorgen. Nachdem sich nun unsere 24-köpfige Truppe auf 44 Busplätze verteilt hat, geht es bei herrlichen Sommerwetter los, 'raus aus Bangkok. Unser Reiseleiter mit Namen PHOP kann gut deutsch und viel Interessantes erzählen. So hören wir noch einiges über Bangkok. 1767 wurde die damalige Hauptstadt Ayutthaya durch die Birmanen zerstört. 1782 wurde Bangkok die Hauptstadt des Königreichs

Thailand. Auch heute ist Thailand noch ein Königreich und König Bhumipol mit Königin Sirikit genießen großes Ansehen bei der Bevölkerung. Den Namen Bangkok kann man wie folgt erklären: ‚Bang' bedeutet ‚großer Platz', ‚Kok' bedeutet ‚Olivenpflanze', also ‚Platz wo die Olivenpflanzen wachsen'. Es gibt hier viele Kanäle und deshalb nennt man die Stadt auch ‚Venedig des Ostens' (na ja, ob man das so vergleichen kann). Auf der Fahrt durch die Stadt sehen wir neben modernen Hochhäusern und Autobahnen, viele unzählige kleine Straßen und Gassen – eng bebaut mit z. T. ärmlichen Hütten, viel Unrat und Schmutz. Aber je weiter wir zum Stadtrand kommen, sehen wir auch moderne Einfamilienhäuser, sogar richtige ‚Paläste'. Herr Phop sagt: „Wer hier reich ist, ist richtig reich – wer hier arm ist, ist richtig arm." Dazu gibt es nichts zu sagen. Als nächstes lernen wir, wie man in Thailand grüßt. Man faltet die Hände in Lotusform, hält sie in Höhe der Brust und neigt den Kopf zu ihnen. Vorher sollte man fragen, wie alt sein Gegenüber ist, da hier immer der Jüngere den Älteren grüßt und so seinen Respekt zeigt. Hat man Leute vor sich, die sehr verehrt werden (z. B. Lehrer – das ist jetzt kein Witz), dann hält man die Hände mit den Daumen zum Kinn und neigt den Kopf. *Die Eltern werden mit den gefalteten Händen und Daumen in Höhe der Nase gegrüßt, da sie sehr verehrt werden. Den König grüßt man mit Daumen in Höhe der Stirn und nach oben gerichtetem Blick.* Am meisten verehrt wird aber Buddha. Ihm zeigt man seinen Respekt, indem neun Teile des Körpers den Boden berühren müssen. Zwei Füße, zwei Knie, zwei Ellenbogen, zwei Hände und die Stirn. Man geht also ‚auf die Knie' und berührt dreimal hintereinander in Richtung Buddha den Boden. Einmal für Buddha persönlich, einmal für seine Lehre und einmal für seine Mönche, die seine Lehre in der Welt verbreiten. Während unser Reiseleiter das alles erzählt, sind wir aus Bangkok herausgefahren und eine Landschaft mit vielen Flussläufen liegt vor uns; wir sehen viele uns unbekannte Pflanzen und Bäume, reiche Wohnsiedlungen und ärmliche Behausungen. Herr Phop erzählt uns, wie die Leute, die ihre Hütten am Fluss haben und dort leben, mit Nahrungsmitteln versorgt werden. Sie müssen nicht jedes Mal den weiten Weg zur Stadt oder zum Markt – der kommt auf Booten zu ihnen. Damit man weiß, welche Ware auf dem Boot gerade ‚vorbeischippert‘, haben die Händler unterschiedliche Signale. Kommt z. B. ein Boot mit Fleisch, bläst der Händler in ein Wasserbüffelhorn, ist es ein Boot mit Klongnudelsuppe, wird mit einem Stock auf ein Bambusrohr geschlagen. Kommt ein Boot mit Entenprodukten, ertönt eine Hupe mit einem Klang wie Entengeschnatter. Man stelle sich das 'mal auf unserem Wochenmarkt vor – da wären die Marktschreier harmlose ‚Flüsterer‘. Im Fluss wächst auch Wasserspinat – der wird geschnitten, dann geröstet und gegessen. Übrigens ist heute nach buddhistischem Kalender der 02.03.2546 – im Jahr 543 v. Chr. soll Buddha das Nirwana erreicht haben. Somit ist das Jahr 543 das Jahr Null des buddhistischen Kalenders. Man rechnet also die Jahreszahl der westlichen Zeitrechung zum Jahr 543 v. Chr. dazu und erhält die Jahreszahl der Länder mit buddhistischer Staatsreligion. Wir sind unterwegs nach Khon Kaen, was in der gleichnamigen Provinz im Nordosten Thailands liegt. Erster Stopp auf dem Weg dahin ist am Kloster Wat Theppitak. Hier sieht man von weitem aus schon eine riesige, sitzende weiße Buddhafigur. Sie ragt aus den bewaldeten Bergen heraus und soll die größte Figur dieser Art auf der Welt sein. Die Statue wurde 1967 gebaut und 1969 fertig gestellt. Auf dem Klostergelände sehen wir den Baum ‚der Erleuchtung‘, einen ‚Bodhibaum‘. Es ist eine Gummibaumart mit kleinen Blättern und unter solch einem Baum hat Buddha seine Erleuchtung gefunden. Die Tempelanlage ist großzügig angelegt und sehr gepflegt. Hier achten wir auch das erste Mal bewusst auf die Grenzsteine. Unser Reiseleiter hat nämlich erklärt, das man das heiligste Gebäude eines Thai Tempels an den Grenzsteinen erkennt. Um den Bot herum sind acht Grenzsteine – für jede Himmelsrichtung einer – aufgestellt und diese trennen den heiligen Bezirk vom übrigen Bereich. Sie sollen die bösen Geister vom Gebäude fern halten. Die Steine sind oft mit Reliefs verziert und meistens mit Tabernakeln in Chediform gekrönt. Ist es ein Königstempel, dann wird der Bot mit 16 Grenzsteinen umgeben. Anschließend bummeln wir über einen Obstmarkt am Straßenrand. Obst und Gemüse gibt es in Hülle und Fülle und wir lassen uns verschiedenes erklären, was wir nicht kennen. Wir probieren u. a. Zimtäpfel, schmecken wie der Name es sagt leicht nach Zimt, Steinäpfel – die schmecken nicht nach Stein, sondern eher wie unreife, noch grasgrüne Kornäpfel; die Jagfrucht ist grün und riesig und wiegt mehrere Kilo – sie wird in Stücke geteilt, diese werden geschält und schmecken süß, so hat man das Gefühl in harten Pudding zu beißen. Die Drachenfrucht hat eine rosa-rote Schale mit kleinen warzenartigen Auswüchsen. Das Fruchtfleisch ist zwar weiß und mit vielen kleinen schwarzen Kernen, erinnert aber im Geschmack leicht an Kiwi, allerdings süßer. Tamarinde und Pomelo gibt es, die Bananen hier sind viel, viel kleiner als wir sie kennen, aber im Geschmack viel, viel intensiver – wirklich gut. Wir sehen auch einzelne ‚Stinkfrüchte‘ liegen. Die ‚Durian‘ Frucht ist etwa so groß wie eine Honigmelone, hat eine grüne Schale mit Knubbeln und ein etwas mehliges Fruchtfleisch, was süß schmecken soll. Wenn man sie öffnet, um ans Fruchtfleisch zu gelangen, entweicht ein bestialischer Gestank. In vielen Hotels, auf dem Flughafen, in Bussen usw. ist deshalb der Verzehr solcher Früchte verboten. Unser Reiseleiter sagt, die Früchte gelten in Thailand und China als Delikatesse; Europäer aber mögen sie wegen des Geruchs gar nicht. Inzwischen ist schon Nachmittag und auf unserem Weg nach Khon Kaen liegt noch Phimei. Die Stadt ist etwa 270 km von Bangkok entfernt und hier gibt es die ,Ruinenstadt'. Die Tempelanlage stammt aus dem 11./ 12. Jahrhundert und gilt als eine der schönsten und bedeutendsten Heiligtümer des Khmer – Volkes. Die Khmer hatten hier im 8. bis zum 13. Jahrhundert ein wirtschaftliches und religiöses Zentrum geschaffen. Das Gebiet, wo wir sind, gehörte früher zu Kambodscha. Es ist schön hier. Die wirklich letzte Besichtigung für heute ist dann am großen Banyanbaum ,Sai Ngarm'. Er bedeckt mit seinen Luft- und Stelzwurzeln eine Fläche von fast ¼ Hektar. Es liegen nun noch 150 km Fahrtstrecke vor uns und dann sind wir endlich in Khon Kaen, wo wir in einem tollen Hotel übernachten. Unsere Gruppe trifft sich vor dem Abendessen zum Kennenlernen noch auf einen Cocktail. Für mich die beste Gelegenheit Leute zu beobachten (auch eine Art Besichtigung) und schon einmal erste Einschätzungen vorsichtig mit Wolle auszutauschen. Zum Abendessen sitzen wir zu viert, zwei je alleinreisende Damen essen mit uns. Suschka gerade 25 Jahre alt und Frau Denk – mit 80 Jahren die ungekrönte Seniorin unserer Gruppe. Es ist sehr unterhaltsam und wir haben viel Spaß beim Essen. Wie bei den Chinesen werden uns die verschiedensten Gemüse- und Fleischspeisen auf einzelnen Platten gereicht. Das Essen ist sehr schmackhaft, sehr scharf, aber nicht so anstrengend – hier benutzt man keine Stäbchen, sondern Löffel und Gabel.

03.03.2546

Heute werden wir zu einer ,christlichen' Zeit geweckt – um 06.30 Uhr. Das Frühstücksbüffet ist gut und unser Tagesziel ist Udon Thani. Die Stadt ist der letzte größere Ort vor der Grenze zum Nachbarstaat Laos. Erst einmal fahren wir aber nach Bang Chiang. Unterwegs erzählt unser Phop einiges zur Wirtschaft und zum Handel. Er sagt, dass fast 90 % der Läden in chinesischer Hand sind, die Thais sitzen in den Verwaltungen. Chinesen und Thais vertragen sich aber, da die Chinesen ‚auch geben' und nicht ‚nur nehmen', wie die Inder. Die Inder sind in Thailand deshalb nicht sehr angesehen und es gibt ein böses thailändisches Sprichwort: „Siehst du vor dir eine Kobra und einen Inder, erschlage erst den Inder." Die Inder besitzen in Thailand viele Schneidereien, aber die Näharbeiten führen die Thais aus.

Wir fahren durch viele Dörfer, sehen abgeerntete Zuckerrohrfelder, viele Felder mit Eukalyptuspflanzen – deren Wurzelholz wird getrocknet und zusammen mit Bambus in Papiermühlen zu feinem, weißen Papier verarbeitet. Verschiedentlich sehen wir Wasserbüffel im Fluss liegen, am Ufer stehen Zuckerpalmen. Unser Reiseleiter meint, dass man aus den Früchten einen prima Schnaps brennen kann. Die Thailänder feiern gerne, trinken gerne und sind seiner Meinung nach ‚locker vom Hocker'. So erzählt er, dass sie dreimal Neujahr feiern – einmal das Internationale am 01.01., dann das chinesische Neujahrsfest und schließlich wird am 13.04. das Songkhram-Fest, Thailands traditionelles Neujahr, gefeiert. Die Chinesen sind da anders, meint Phop. Diese sind sehr geschäftstüchtig, feiern wohl wenig und sagen, dass man vom Feiern nicht leben kann. Da haben sie ja auch irgendwo Recht, oder? Dann sind wir in Bang Chiang. Es ist ein eher unbedeutendes Dorf, das erst 1966 eine Sensation offenbarte. Ein amerikanischer Austauschstudent fand zufällig Scherben aus der neolithischen Zeit. Diese fast 5.800 Jahre alten Dinge waren für die Archäologie eine riesige Sache und bei Ausgrabungen kamen noch viele Keramiken usw. zu Tage. Heute gibt es ein kleines Museum und die Ausgrabungsstätte kann man ansehen. Für mich aber interessanter ist der Weg durchs Dorf. Ein paar Hunde, Kinder, die neugierig ‚illern', Erwachsene, die freundlich lächeln – das Leben plätschert bei der Hitze hier so dahin. Viele leben noch relativ einfach und wir sehen noch einige klassische Thai-Häuser, die es so kaum noch in den Städten gibt. Sie werden auf Teakholzpfählen, die in den Boden gerammt werden, erbaut. Da ist man vor Überschwemmungen während der Regenzeit sicher und den so zu ebener Erde entstehenden Platz nutzt man zum Abstellen von Traktoren, als Werkstatt oder für die Haustiere. Die Dächer sind aus Palmblättern, die Fenster meistens ohne Glas. Zum Verschließen nimmt man Holzläden. Überall sind herrlich blühende Blumen und Bäume vor den Häusern. An einem Baum zeigt Phop uns auch ‚Kopak'. In einer braunen Schale, von der Form her wie eine riesige rote Bohnenschote, ist ganz weiches, weißes Material. Es ähnelt sehr Baumwolle, wird mittlerweile für den Export angebaut und man verwendet es zum Füllen von Kissen, Decken usw. Öffnet man die ‚Schote' und lockert das weiße ‚Zeug' mit den Fingern, hat man den Eindruck, es wird immer mehr und es ist weich wie Watte. Im Dorf gibt es auch noch eine über 100 Jahre alte Reismühle, die noch in Betrieb ist – fetzt. Staubig und durchgeschwitzt geht es wieder zum Bus und wir fahren nach Udon Thani. Hier waren während des Vietnamkrieges viele US-Soldaten stationiert. Unser Übernachtungshotel ist hier, aber es ist erst einmal Mittagszeit. Im Hotelrestaurant ist für unsere Gruppe reserviert und Phop erklärt erst einmal am Büfett was ist was. Wie in China machen wir auch hier die Erfahrung, nicht alles was harmlos aussieht, ist es auch. Die Chilischoten sehen in den Fleischgerichten nämlich wie Paprikastreifen aus, oh, oh! Wolle und ich versuchen unsere Gaumen und Mägen zu schonen, denn nach dem Mittagessen geht es nämlich per Rikscha durch die Stadt. Da sollte die Verdauung nicht unbedingt auf ‚Durchmarsch' eingestellt sein. Vor dem Hotel stehen dann auch tatsächlich 24 Rikschas. Die meisten Fahrer haben einen schmalen Körperbau und wirken zierlich. Da sieht es zum ‚schießen' aus, als unsere deutschen Männer mit fast 90 kg Lebendgewicht versuchen, in die Rikschas zu steigen, ohne deren Dach auszuhebeln oder die Achse zum bersten zu bringen. Na jedenfalls sitzen dann doch alle – irgendwie – und los geht es. Man fährt uns durch den dicksten Verkehr, mitten durch die Stadt. Viel Staub, ein Hupkonzert, Autos und viele Mofas überholen uns links oder auch rechts und kommen uns auf unserer Fahrbahn entgegen – oh Gott. Aber die Leute auf den Fußwegen, an den Garküchen und auf den Mofas lächeln freundlich, winken uns zu – Wahnsinn. Wohlbehalten kommen wir alle wieder zurück und es war ein tolles Erlebnis. Auf unserem Programm steht noch der Besuch einer Orchideenfarm. Phop meint, es lohnt sich wirklich nicht, aber es steht 'halt im Programm. Er hat Recht, die Farm kann man aus dem Programm streichen, da wachsen ja schönere wilde Orchideen am Wege, als welche, die wir dort gesehen haben. Na gut, weiter geht es nach Nong Kai. Hier ist der offizielle Grenzübergang zu Laos und man hat einen herrlichen Blick auf den Mekong. Er ist der größte Fluss Südostasiens und achtlängster Fluss der Erde. Eine 1.174 Meter lange ‚Brücke der Freundschaft' spannt sich hier über den Strom: sie wurde 1994 eingeweiht. Damit gibt es nun auch eine durchgehende Landverbindung zwischen Singapur und Peking. Wir bummeln noch über einen großen Markt, bestaunen wieder Obstsorten und sehen an den Garküchen zu, wie gekocht wird. Wir finden hier auch u. a. gebratene Frösche, die zum Verzehr angeboten werden. Zum Ausklang unseres heutigen Rundreisetages sehen wir von Schülern einer Oberschule aufgeführte traditionelle Tänze. Die Jungen und Mädchen tragen herrliche Kostüme und die Musik wird mit traditionellen Instrumenten gemacht. Die Tänze erzählen immer eine Art kleine Geschichte, wie z. B. von der Liebe oder von der Reisaussaat/-ernte. Beim gemeinsamen Abendessen machen wir erst einmal mit Phop einen ‚Erklärungsrundgang' ums Büfett. Dann machen Wolle und ich wieder so unsere Beobachtungen. Es ist ja echt erstaunlich, was sich so mancher von unseren Mitreisenden alles auf den Teller legt.

„Eija, was isch denn das da Schönes?" – „Eingelegter Knoblauch und Chili" – „Oh, toll!" (zu Hause machen sie einen Bogen drum rum). Die Schalen werden also mit allem voll gemacht, was es so gibt. Phop hat extra gesagt was ‚spicy' ist, aber na ja – es wird ‚losgeschaufelt', allerdings hat sich das bei den Meisten nach ein bis zwei Gabeln voll erledigt. Sie schnappen nach Luft wie ein Fisch auf dem Trockenen, greifen zum Wasserglas – obwohl ein Löffel Reis eher Abhilfe schaffen würde, um dann mit tropfender Nase, belegter Stimme und rotem Kopf ein „Schmeckt echt lecker", zwischen den Zähnen hervor zu quetschen.

04.03.2546

Heute müssen wir wieder zeitig los: 05.30 Uhr à 06.15 Uhr à 07.00 Uhr. Vor uns liegen ca. 400 km Fahrtstrecke und etliche Besichtigungen. Wir fahren durch herrliche Landschaft; Tagesziel ist Phitsanulok in Nordthailand. Unser Phop ist wieder toll drauf und erzählt uns am Morgen aus seinem Leben als Mönch. Es gehört auch heute noch in Thailand zur Tradition, dass die Söhne einige Zeit in einem Tempel als Mönch leben. Phop war fünf Monate dort und er erklärt, dass das Ansehen der Familie, deren Söhne eine Zeit als Mönch leben, in der Gesellschaft sehr hoch ist. Die Aufnahme eines jungen Mannes in den Tempel wird mit einem Fest gefeiert. Die Familie richtet dazu für das gesamte Dorf eine Feier aus. Zum Essen bringen die einzelnen anderen Familien alle etwas mit, es wird musiziert und getanzt. Am nächsten Tag ist dann die eigentliche Aufnahme. Sie beginnt mit dem Haare schneiden. Dem jungen Mann wird der Kopf geschoren, das machen die Großmutter und die Mutter. Vom Obermönch des Klosters ist genau festgelegt, an welchem Tag und in welchem Monat die Aufnahme erfolgt. Dabei geht es u. a. nach dem Geburtstag des jungen Mannes und nach dem buddhistischem Kalender. Ein Mönch benötigt verschiedene Dinge, die er mit zum Tempel bringen muss. Dazu gehören vier Kleidungsstücke: ein Wickeltuch (ähnlich dem Sarong), ein Unterhemd (bei dem die rechte Schulter frei liegt), das Hauptgewand (ohne Knöpfe, Reißverschluss und dergleichen), welches über der linken Schulter verknotet wird. Dann das Ersatzgewand, welches der Mönch über der linken Schulter trägt. Außerdem braucht der Mönch: eine Nadel und gelben Faden für evtl. Näharbeiten am Gewand, Rasierklingen, einen Schirm (für den kahlen Kopf als Sonnenschutz), einen Wasserfilter (Regenwasser wird z. T. als Trinkwasser benutzt), die Reisschale für das Essen und das Holen der Opfergaben, eine Matratze zum Schlafen (nicht dicker als 2,5 cm), Sandalen, Seife und schließlich noch das buddhistische Gebetsbuch. Der angehende Mönch wird einer Art Aufnahmeprüfung unterzogen. Dabei muss er fünf Seiten des Gebetsbuches auswendig aufsagen können. Da das Buch aber in indisch geschrieben ist, ist das natürlich gar nicht so leicht. Er muss u. a auch wissen, dass Haare, Fingernägel, Haut, und Zähne die schmutzigsten Teile des Körpers sind. Ein Mönch erhält zwei Mahlzeiten am Tag, Früh und am Abend. Nach dem Frühstück werden die Zähne geputzt, damit evtl. Speisereste nicht am Tag ‚verzehrt' werden. Es gibt 227 Gebote, die ein Mönch befolgen sollte. Da das aber fast unmöglich ist, erklärt uns Phop, dass es keine strenge Reglementierung gibt. Schaffst du wenigstens fünf Gebote (wie: nicht töten, nicht lügen, nicht stehlen, nicht Ehe brechen, kein Alkohol), dann ist das schon gut. Mit 21 Jahren kann man Mönch werden, die jüngeren sind als Novizen im Tempel. Auch Mädchen und Frauen können im Tempel als Nonnen leben. Wenn man meint, dass man die Zeit im Tempel doch nicht durchsteht, kann man austreten und wieder ganz normal leben. Meint man, es wieder probieren zu wollen, tritt man halt wieder ein. Es ist egal, ob man mit 21, 30, 50 oder 60 Mönch wird, es wird immer akzeptiert. Inzwischen gibt es Universitäten für Mönche, die sich meistens mit Philosophie beschäftigen und es gibt schon extra Krankenhäuser für sie. Inzwischen sind wir am Kloster Wat Tham Klong Phaen angelangt und haben wieder 'mal gar nicht gemerkt, wie die Zeit bei Phops Erzählungen verging. Das Kloster ist ein Meditationszentrum der buddhistischen Thammayut-Sekte. Wie schon oft bei unseren Besuchen in Tempeln heißt es auch hier wieder: angemessene Kleidung. Das Kloster wurde von einem Mann gegründet, der sich erst mit etwa 50 Jahren entschlossen hat, als Mönch zu leben. Er wird hochverehrt und zu seinem Gedenken ist eine Art Museum entstanden. Hier sieht man Fotografien von ihm mit wichtigen Politikern oder dem König. Seine Utensilien werden hier aufbewahrt und einige persönliche Dinge sind ausgestellt. Ein Tempelbau ist in ein Stück Fels gehauen, die Wände sind daher aus Felsgestein und auch die Decke ist ein Gewölbe, wie in einer Höhle. Hier sind viele Buddhafiguren aufgebaut und Phop erklärt uns am Beispiel dieser Figuren die verschiedenen Bedeutungen der Handstellungen Buddhas. Zeigt die rechte Handfläche nach außen, Daumen und Zeigefinger bilden einen Kreis heißt das soviel wie: lehren. Die gleiche Stellung der linken Hand bedeutet: segnen. Die rechte Hand erhoben und die Innenfläche nach außen gekehrt, heißt soviel wie: Furchtlosigkeit oder Schutzgewährung. Das Gelände ringsum ist auch schön. Wieder viele Lotusblüten, Seerosen, Jasmin, Hibiskus, herrliche Bougainvilleen, blühende Bäume und gepflegte Außenanlagen. Inzwischen sind wir ja schon in einem bergigen Bereich und unsere Fahrt geht weiter durch schöne Landschaft. Allmählich steigen die Bergzüge auf etwa 1.400 m, es gibt hier viele Blumenzuchtfelder, Orangenfarmen und viele Gummibäume zur Kautschukgewinnung. Wir fahren durch Teakholz- und Bambuswälder. Unterwegs halten wir an einem Gemüsemarkt; Phop kauft schwarzen Kokuma. Das ist eine Ingwer ähnliche

Wurzel, in Scheiben geschnitten und in Flaschen gesteckt, mit Alkohol aufgefüllt und drei Monate stehen gelassen – ergibt laut Phop eine gute Medizin für alles. In einem kleinen Restaurant unterwegs gibt es Mittagessen und anschließend fahren wir zu einem thailändischen Weingut. Das Bier kann man hier trinken – meinen zumindest unsere Herren; die Weinproduktion ist aber noch in den Anfängen, meinen wir nach einer kleinen Weinverkostung. Nächstes Ziel ist die Freundschaftspagode Phra That Si Song Rak. Sie symbolisiert die thailändisch/laotische Freundschaft. Wie so oft schon auch hier wieder: Schuhe aus. Es ist nun gegen 14.00 Uhr, die Sonne steht hoch, es ist sehr warm, die Pflastersteine sind glühend heiß und es sieht urst komisch aus, als 24 Touristen um die Pagode ‚hüpfen'. Wir ‚gehen' rechts herum um die Pagode, links herum trägt man die Toten. Die nächsten zwei Stunden ist Pause, wir ruhen uns im fahrenden Bus aus und lassen die herrliche Landschaft an uns vorbeiziehen. Gegen 16.30 Uhr erreichen wir Phitsanulok. Hier ist unser letzter ‚Besichtigungstempel' für heute – der Wat Phra Si Ratana Mahathat oder ‚Tempel der großen Reliquie'. Von weitem sieht man schon den fast 36 Meter hohen, im oberen Teil vergoldeten, Prang im Khmer-Stil. Er ist aus dem Jahre 1482 und ein Prang besitzt im Gegensatz zur Chedi keine Nadelspitze, sondern eine Kuppel. Aber auch hier werden im Inneren Reliquien aufbewahrt. Der Viharn des Tempels ist dem Bot (das war ja das heiligste Gebäude eines Tempels) sehr ähnlich. Es ist aber die Andachtsstätte für die Laien, aber auch hier sind im Innern Buddhastatuen und die Gebäude sind kunstvoll gestaltet. Dieser hier ist mit buntglasierten Ziegeln gedeckt und am Giebelfeld ist vergoldetes Schnitzwerk. Wir sehen uns den gesamten Bereich an und es ist interessant. Der Tempel liegt nur durch eine Straße getrennt am Fluss Nan. Nach unserer Besichtigung schlenkern wir an den Verkaufsständen der Händler vorbei. Es gibt Kleidung, Kunstartikel, Lederwaren, Garküchen, Obst-/Gemüsestände usw. Wolle kauft sich etliche T-Shirts – ‚Lacoste es, was es wolle'. Dann geht es ins Hotel, kurz frisch machen, umziehen und ein weiterer Höhepunkt schließt sich an: die abendliche Fahrt mit Rikschas zu einem schwimmenden Restaurant. Vom Hotel aus setzt sich der ‚Rikschazug' in Bewegung. Es ist inzwischen Dunkel, die Räder sind mit bunten Lichterketten geschmückt, eine Polizeieskorte begleitet uns und wir fahren durch den abendlichen Verkehr quer durch die Stadt. Tausende Vögel kommen am Abend in die Stadt und nehmen eine bestimmte Art Bäume als Schlafplatz in Beschlag. Es ist ein riesiges Gezwitscher über den Straßen und es ist eine eigenartige Atmosphäre, hier im Dunkeln mit beleuchteten Rikschas und Polizeieskorte durch die Straßen zu fahren. Das schwimmende Restaurant ist also ein Schiff, das im Fluss Nan ankert. Unsere Gruppe sitzt wieder zusammen beim Abendessen und es wird viel geschwatzt und gut gegessen. Es gibt Fischsuppe, frittierten Fisch, Wasserspinat, etliches anderes Gemüse, Reis, gebratene Nudeln. In unserer Gruppe ist auch ein ‚Viergespann' – zwei ältere Herren, eine ältere Dame und ein junger Mann. Ich vermute Vater, Sohn und Großeltern. Die vier machen immer einen Eindruck, als kämen sie nicht von dieser Welt. Die älteren Herren immer mit ‚Bügelfaltenhose', Hemd, Strohhut und ähneln etwas ‚leicht entrückten' Geschichtsprofessoren und die Dame immer mit Gehstock und Gehrock, als wolle sie ins Büro. Einer der Herren steht auf dem Hotelflur vor unserer Tür und meint ganz aufgeregt zu Wolfgang: „Ich habe einen riesigen, schwarzen Käfer im Bad. Kommen Sie doch 'mal mit und schauen Sie sich das an. Ich weiß nicht, ob der noch lebt." Wir gehen also mit, Wolle wirft einen Blick 'drauf, dreht sich zu dem Herrn um und sagt: „Das ist einfach eine große asiatische, tote Kakerlake." Angewidert meint der Herr: „Ich glaube, da habe ich heute keine gute Nacht." Kurz darauf kommt der junge Mann aufgeregt aus seinem

Zimmer und meint: „Kommt 'mal mit. Bei mir sind viele Geckos im Bad." Wir müssen schmunzeln, hoffentlich weiß er wie Geckos und Kakerlaken aussehen. Wir sind zwar in der 16. Etage eines sehr guten Hotels, aber auch hier sind die ‚Tierchen' 'halt zu Hause. Die ‚Maleng Sahb', die ordinäre Kakerlake, kommt in den Tropen so häufig vor, wie zu Hause die Stubenfliege. Man sollte sie deshalb auch nicht durch offenstehende Lebensmittel füttern und den Koffer einladend offen stehen lassen – die Viecher verreisen nämlich auch gerne. Übrigens stellt sich später heraus, dass der junge Mann mit seinen Eltern gereist ist und als Begleitung ein Freund der Familie dabei war.

Nach unserem Abendessen schlendern wir noch etwas durch die Straßen und finden ein Internetcafé. Wir schicken an Cla und unsere Freunde E-Mails und hoffen, dass diese sie auch öffnen.

05.03.2546

Heute geht es von Phitsanulok über Sukothei, Lampang und Lamphun nach Chiang Mai. Pünktlich wie jeden Morgen sind wir alle im Bus, unsere Gruppe ist recht ‚diszipliniert' und keiner ‚fällt aus dem Rahmen', was solche Dinge anbelangt. Es sind nur rund 60 km bis nach Sukothei, aber unser Phop lockert auch diese kurze Strecke mit seinen Erzählungen auf. Er ist heute wieder toll 'drauf und wir hören aus seinem Leben als Bauernsohn und seiner Schulzeit. In Thailand gibt es eine sechsjährige Schulpflicht. Es gibt staatliche und private Schulen. Die privaten Schulen sind kostenpflichtig, es gibt Schuluniformen und man kann daran erkennen, ob private oder staatliche Schule. Das thailändische Schulsystem orientiert sich am britischen, es gibt hier insgesamt 14 Universitäten und Technische Hochschulen. Viele Thais können sich aber eine höhere Ausbildung ihrer Kinder nicht leisten und so gibt es z. T. wohltätige Organisationen, die Stipendien ver-

geben. Phop sorgt dafür, dass wir heute Morgen eine Grundschule besuchen dürfen und erzählt uns, wie jeder Tag in der Grundschule beginnt. Als erstes ist Appell, dabei werden fünf Gebote Buddhas aufgesagt – wer kein Buddhist ist, muss nichts aufsagen. Dann wird dreimal Respekt gegenüber Buddha gezeigt – also Hände in Lotusform, alle in Richtung Buddhastatue drehen und Respekt zeigen. Danach werden ein paar Übungen in Kickboxen gemacht, dann wird ein Gebet für die Königsfamilie aufgesagt und zum Schluss wird drei min meditiert. Das alles findet im Freien statt, es ist ja schönes Wetter – dann geht es hintereinander zum Klassenraum. Dabei zeigt man Respekt gegenüber den Lehrern, indem man mit gesenktem Kopf an ihnen vorbei geht. Vor dem Klassenraum werden die Schuhe ausgezogen. Irgendwie erinnert uns ein Teil dieser morgendlichen Zeremonie an unsere Fahnenappelle zu DDR-Zeiten. Natürlich kann man das nicht miteinander vergleichen, aber irgendwie 'halt doch. Wir dürfen mit in die Klassenzimmer und man hat den Eindruck, hier ist die ‚Schulwelt' noch in Ordnung. Zumindest werden die Lehrer akzeptiert und respektiert und es ist ein Ding der Unmöglichkeit, Ungehorsam zu zeigen. Das würde sofort auf die gesamte Familie zurückfallen – nach dem Motto: was von ‚Hung' der Sohn war in der Schule ungezogen, na hat der ‚Hung' seinen Sohn nicht richtig erzogen!
Wir haben den Eindruck, dass unser Besuch sicher für eine Woche Gesprächsstoff im Ort bietet. Unsere Fahrt geht dann weiter, wir sehen Rosenapfelbäume (auch Wasseräpfel genannt), Tabakfelder, Felder mit Guavepflanzen, Jasminpflanzen, herrliche blühende Bäume, Sträucher und Blumen an Straßenrand. Unser Phop ist ein richtiges ‚Urviech' – er kann wirklich gut deutsch, obwohl er es nicht studiert hat und er erzählt uns jetzt ein bisschen über die Essgewohnheiten der Thais. So wird in Ostthailand nach wie vor gern Hund gegessen, er gilt als Delikatesse. Schwarze Hunde sind teurer als

andere: 100 Baht das Kilo, die anderen die Hälfte (50 Baht sind ca. 1 Euro). Genauso zählen Schildkröten- und Ameiseneier dazu. Erstere sind sehr teuer, wenn man sie kocht, bleibt das Eiweiß weich und wird nicht hart. Ameiseneier werden mit Limonen, Knoblauch und Schnittlauch gewürzt und roh gegessen. Wir erfahren auch, wie man ‚Geruchskäfer' fängt und zubereitet. Das sind etwa acht cm große, schwarze, fliegende Käfer, die man bei Dunkelheit fängt. Man nimmt eine Lampe mit, wartet bis die Käfer gegen das Licht der Lampenscheibe fliegen und betäubt herunterfallen. Man sammelt sie ein, macht die Flügel ab, bricht den Käfer halb, dabei entströmt ein intensiver Geruch und im Mörser wird mit Fischsoße und Shrimppaste alles zerstampft – fertig, guten Appetit. Die ‚Nam Pla' oder Fischsoße wird oft an Stelle von Salz verwendet. Sie wird aus Süß- und Salzwasserfischen hergestellt, die man mehrere Wochen in einer Art gesalzenen, Marinade liegen lässt. Dabei entsteht dann Flüssigkeit, die zur Fischsoße verarbeitet wird. Als weitere Köstlichkeit und zur Stärkung des Allgemeinbefindens zählt auch Schlangengalle. Man geht auf den Markt und sucht sich beim Händler eine lebende Giftschlange aus. Hat man sein ‚Exemplar' gefunden, wird es in einen Käfig zu einem Mungo gesteckt. Das ist eine marderähnliche Schleichkatze, die Giftschlangen frisst. Sie reißt der Schlange die Giftzähne aus und diese ist dann wehrlos. Man nimmt die nun harmlose Schlange aus dem Käfig, dreht einen Strick um ihren Hals, hängt sie am Strick auf, schlitzt den Bauch auf und nimmt die Gallenblase 'raus. Diese wird so wie sie ist heruntergeschluckt. Macht man so etwas, verlängert das angeblich das Leben um drei Jahre. Die Schlangengalle isst man deshalb auch nur ein- oder zweimal im Jahr. Das aus der Schlange tropfende Blut wird aufgefangen und getrunken. Das kommt aus China und soll ein gutes Mittel zur Vorbeugung gegen Erkältung sein. Na Lecker! Unser Phop erzählt, dass es in Thailand ca. 160 Schlangenarten gibt und 40 davon sind giftig. „In Deutschland haben Sie doch nur drei giftige, wie Ihre Schlingelnatter." Übrigens wird aus getrockneter Kobragalle Medizin für Augenerkrankungen hergestellt. Unser Phop erzählt das alles mit sichtlichem Vergnügen und recht ‚plastisch' – nur gut das wir noch nicht zum Mittagessen fahren. Unser erster ‚richtiger' Besuchspunkt für heute ist die größte und am besten erhaltene Tempelanlage aus dem 13. Jahrhundert im Zentrum der alten Stadt Sukhothai. Die Stadt liegt etwa 400 km von Bangkok entfernt in Nordthailand und war für 140 Jahre Hauptstadt eines bedeutenden Königreichs. Die heutige Ruinenstadt ist beeindruckend und es ist sehr schön hier. Der früher prachtvollste Wat und der ehemalige Königspalast sollen eine Fläche von 40.000 m² umfasst haben. Die noch vorhandenen Teile des Wat Mahathat sind noch am besten erhalten. Wir verbringen hier einige Zeit mit Spaziergängen auf dem herrlichen Gelände. Anschließend fahren wir zum gemeinsamen Mittagessen. Es gibt weder Schlange noch Geruchskäfer – meinen wir zumindest – und in diesem Teil Thailands isst man nicht ganz so scharf, es ist etwas milder gewürzt. Nach unserer Verschnaufpause fahren wir zum Kloster Wat Phra That Haripunchai in Lamphun. Es ist ein im ganzen Land hochverehrter, traditionsreicher Tempel. Es gibt hier wieder Pracht in Hülle und Fülle, wie den herrlich vergoldeten Chedi. Unser Phop erzählt uns hier auch die Geschichte Buddhas, von dessen Geburt, seinem Leben als Prinz, seiner Askese bis hin zum Erreichen des Nirwana. So oder so ähnlich haben wir das ja schon in China und teilweise in Japan gehört. An einigen Gebäuden finden sich Malereien, die das Leben von Buddha usw. darstellen. Einen kurzen Stopp auf unserem Weg zum Übernachtungshotel machen wir aber doch noch. Die Straße auf der wir zurzeit fahren, ist ein Unfallschwerpunkt und es gab viele Unfälle mit tödlichem Ausgang. Zum Gedenken der Verletzten und Toten sind am Straßenrand unzählige Geisterhäuser aufgestellt. Die Angehörigen der Opfer bringen die Häuser hierher, um den bösen Geistern, die den Unfall verursacht haben, ein Zuhause zu geben. Damit sollen die Geister von der Straße ferngehalten werden, um nicht wieder Unglück zu bringen. Jeder vorbei fahrende Autofahrer hupt an dieser Stelle um die Geister milde zu stimmen. Der Geisterglaube ist in Thailand tief verankert und beruht auf animistischer Herkunft. Der Animismus kommt aus dem Hindu-Glauben und hängt mit dem Glauben an die Seelenwanderung zusammen. So gibt es gute und böse Geister, Erd- wie auch Hausgeister. Allein im Haus und 'drum 'rum zählt man neun Stück. Gute Geiste – wenn als solche erkannt – werden in die Familiengemeinschaft aufgenommen, böse Geister wohnen in den ‚Saan Phra Phum' dem Geisterhaus, wo sie durch Opfergaben täglich aufs Neue besänftigt werden. Der Standort eines Geisterhauses wird von einem Mönch oder Astrologen bestimmt und darf z. B. nie im Schatten liegen. Die Häuschen stehen meist auf einem Pfahl oder sind ein kleiner Miniaturtempel. Gegen 17.00 Uhr erreichen wir dann unser Tagesziel – Chiang Mai. Sie ist die viertgrößte Stadt Thailands, sehr schön und wird wegen ihrer Lage auch ‚Rose des Nordens' genannt. Wir sind in einem tollen Hotel untergebracht und haben wieder gemeinsames Abendessen. Allerdings nicht im Hotel, denn mit dem Bus fahren wir zu einem typischen ‚Kantoke' (sprich: kann ok) Abendessen. Das Wort kommt von einem Tisch, der nur 30 cm hoch ist. Auf großen runden Tabletts werden die einzelnen Platten und Teller mit den mundgerechten Speisen, dem Reis usw. serviert. Man sitzt auf Kissen im Schneidersitz vor den Tischen und isst. Diese Sitzhaltung kann man nun allerdings nicht ungelenken, übergewichtigen, ‚Bierbauchschwangeren' deutschen Touristen und deren Krankenkassen zumuten, oder? Aus dem Grund – und sicher auch anderen Touristen zu liebe – ist unter den Tischen eine Art Graben. Darein hängt man seine Beine und sitzt so auf dem Boden, muss aber die Beine nicht mehr im Schneidersitz verschränken. Unsere Gruppe verteilt sich an einen Tisch und es ist wieder lustig beim Essen. Was ist was, ist es scharf, kauen wir Fisch oder Käfer? Das Essen wird umrahmt von einem Folkloreprogramm. Professionelle Tänzer- und Tänzerinnen zeigen einige typische Tänze mit typischer Musik. Wir sehen den Fingernageltanz, den Trommeltanz usw. Allerdings hat uns die Aufführung vor ein paar Tagen von Schülern einer Oberschule besser gefallen. Da hat man noch gemerkt, dass die jungen Leute mit Spaß und Eifer dabei waren. Das Programm wird mit einem kleinen Feuerwerk beendet. Das Restaurant ist auf Pfählen erbaut und eine Treppe führt zur Holzterrasse hoch. Auf der mit Brettern ausgelegten Terrasse sind Regale – man muss nämlich die Schuhe vor Betreten des Raumes ausziehen. In unserer Gruppe ist ein Ehepaar, die beide immer ganz schnieke angezogen sind. Sie trägt heute Highheels, die sie erst 'mal nicht ins Regal stellen kann – die stecken nämlich zwischen den rohen Holzbrettern fest, sind damit zu flachen ‚Latschern' mutiert und müssen von ein paar Herren aus dem Boden ‚herausgedreht' werden.

06.03.2546

Ist das heute eine Wohltat – wir müssen 'mal nicht wie sonst auschecken, wir sind zwei Nächte im Hotel und der Koffer bleibt im Zimmer. Wir treffen uns alle nach dem Frühstück und unser Besichtigungsprogramm in Chiang Mai beginnt. Übrigens sorgt unser Busjunge jeden Tag für einen sauberen, ordentlichen Bus versorgt uns mit kalten Getränken; der Busfahrer – auch immer freundlich lächelnd – fährt uns sicher durch den noch so dicken, chaotischen Verkehr.

Als erstes besuchen wir heute eine kleine Tempelanlage in der Stadt, den 1288 gegründeten Wat Prachao Mengrai. Die Anlage fällt etwas ‚aus dem Rahmen' da hier nicht soviel Gold und reiche Verzierungen zu sehen sind wie sonst. In einem Gebäude steht eine 4,5 Meter große Buddhastatue. Das Hauptgebäude ist zwar verziert, aber es gibt unzählige weiße Geisterhäuser und insgesamt ist die Anlage sehr ruhig. In Chiang Mai gibt es fast zweihundert Tempel und es ist generell in Thailand so, dass die Tempelanlagen in der Stadt oder im Dorf liegen. Man fährt durch moderne Straßen an Hochhäusern vorbei und plötzlich zeigt sich rechts oder links ein golden schimmerndes Stück eines Chedi. Auf dem Land sieht man Reisfelder, ein paar Häuser und dann eine Mauer mit einer Nagaschlange und ein Stück von einem wunderschön verzierten Gebäude. Auf den Straßen, egal ob in der Stadt oder auf dem Land, sehen wir ab und zu Mönche, die unterwegs sind, um Opfergaben zu holen. Mit unserem Bus fahren wir dann weiter durch die Stadt, u. a. vorbei an einem großen Krankenhauskomplex. Frei nach Phop: „Die haben hier auch eine Nervenabteilung für Reiseleiter.“

Wir fahren zum 1.600 Meter hohen Berg Doi Suthep, hier befindet sich der wohl berühmteste Tempel Nordthailands, der Wat Phra That Doi Suthep. Im 14. Jahrhundert wurde der Tempel gegründet und ein heiliger weißer Elefant (mit einem Teil der Asche Buddhas) soll der Sage nach diese Stelle ausgesucht haben. Der Tempel liegt am Berg und man muss 306 Stufen zu ihm hochsteigen. Rechts und links der Treppe windet sich eine siebenköpfige, steinerne Nagaschlange – als stärkstes Tier des Ozeans – entlang. Es ist hier sehr schön, aber schon wieder recht warm. Ich laufe hoch und es ist doch anstrengend. Der größte Teil unserer Gruppe fährt mit einer kleinen Zahnradbahn hinauf. Der Tempel ist wirklich schön, leider ist es recht ‚dünstig‘ und so bleibt uns ein Blick auf das riesige Chiang Mai verwehrt. An ‚Tempelbesichtigung‘ war das für heute alles, aber das Tagesprogramm ist längst nicht zu Ende. Wir werden in ein thailändisches Handwerkerzentrum gebracht und als erstes sehen wir uns an, wie die herrlichen Lackartikel angefertigt werden. Man glaubt nicht, wie aufwendig so etwas ist; es dauert bis zu neun Wochen, ehe ein lackierter Teller mit Blattgold verziert fertig ist. Es gibt hier eine riesige Auswahl an wunderschön lackierten Holz- oder Bambuswaren. Als Vasen, Dosen, Tierfiguren, Teller und, und, und, in Gold und Schwarz, ob farbig oder mit Intarsien – alles ist vorhanden. Ich glaube fast jeder aus der Gruppe hat etwas gekauft und weiter geht es in die ‚Gems Gallery – the world's biggest jewelry store' – einem riesigen Juwelierladen. Wie schon so oft auf unseren bisherigen Reisen kann man erst die Werkstätten besichtigen. Wenn man sich ansieht wie die Leute hier arbeiten, kann man ins Grübeln kommen. Ein für die Anzahl der Goldschmiede viel zu kleiner Raum, stickig, heiß, uralte Arbeitsgeräte, schlechte Beleuchtung und kaum Sicherheitsvorkehrungen. Was allerdings mit diesen fleißigen Händen hergestellt wird, ist super. Im riesigen, voll klimatisierten und auf Hochglanz polierten Verkaufsraum, schlägt jedem das Herz höher. Den Verkäufern, weil sie in uns zahlungskräftige Touristen vermuten, den Frauen, weil sie herrlichen Schmuck sehen und den Männern, weil sie sich um ihr Bankkonto grämen. Wolle und ich bummeln mit den anderen durch den großen Verkaufsraum. Es gibt allerhand, was mir gefallen würde, aber das muss ja nicht sein. Ich sage zu Wolle, dass wir nun 'raus gehen können, ich bin fertig mit schauen. Wolle: „Hast du nichts gefunden?" Ich: „Na doch, aber ich habe ja schon viel." Wolle: „Wenn es dir gefällt, dann kauf es doch." Als Vorletzte steigen wir wieder in unseren Bus; Wolle mit nach außen gekehrten, leeren Hosentaschen – ich mit einem 18c Goldring, besetzt mit acht Rubinen und passenden Ohrringen dazu – wunderschön. Noch ein paar Frauen aus unserer Gruppe haben nicht widerstehen können und die Männer sind sich einig: „Bloß nicht mehr in irgendwelche Geschäfte."

Aber es ist erst einmal Mittagspause, wir können etwas ausruhen, essen und verschnaufen.

Nächster Bereich den wir ansehen, ist eine Schirmfabrik. Es ist kaum zu beschreiben, mit wie viel Geschick und Fingerfertigkeit die ArbeiterInnen hier die Schirme herstellen. Fast alles ist Handarbeit, vom Anfertigen der Gestelle über das Anpassen und Aufziehen der Seide oder des Papiers, bis hin zum Bemalen der Schirme. Die Motive werden freihändig und zum großen Teil ohne Schablone oder Vorlage aufgemalt. Toll! Einige von uns lassen sich auf die Geldbörse, die Tasche oder den Rucksack, sogar auf die Rückwand des Fotoapparates etwas aufmalen. Das geht ruck zuck und das zugesteckte Trinkgeld für die Maler bessert deren Tageslohn etwas auf. Auch hier schlechte Arbeitsbedingungen und man verdient für acht Stunden harte Arbeit ca. 200 Baht (ca. 4 Euro). Nächster Stopp ist in einer Seidenfabrik. Man zeigt uns, wie die Raupen gezüchtet, die Kokons gewonnen, wie die Fäden davon gezogen und veredelt werden und wie die Seide zu tollen Stoffen am Webstuhl verarbeitet wird. Die Webstühle sind wieder alle Hand betrieben. Auch hier Tageslohn ca. 200 Baht. Thailand ist wegen seiner ausgezeichneten Seide berühmt. Sie ist ‚schwer‘ und überall gibt es Maßschneider, die für umgerechnet wenig Geld Hemden, Blusen, Anzüge usw. günstig anfertigen. Langsam aber sicher ist es nun eigentlich genug mit dem Besichtigen der ‚Handwerkskünste‘ – aber in eine Holzfabrik müssen wir noch, denn es ‚Steht so im Programm ...‘ Hier bewundern wir herrliche Teakholzkommoden, Rosenholztische mit wunderschönen Einlegearbeiten usw. Die Schreiner hier haben keine Ausbildung, wie wir das in Deutschland kennen. Man hat das vom Vater oder von einem Freund gelernt und es ist bewundernswert, was sie so alles können. Nun, jetzt ist aber Schluss – oder? Na ‚einer geht noch, einer geht noch ‘rein ...‘ Als letztes werden wir in eine Silberschmiede gebracht.

Wie gehabt, Herstellung und Anfertigung der Produkte und dann Verkaufsraum. Wieder müssen einige Ehemänner die Geldbörse plündern. Endlich geht es dann ins Hotel. Heute wird uns ein tolles Menü serviert, es ist eine angenehme Atmosphäre beim Essen und wir werden richtig vornehm verwöhnt. Chiang Mai ist berühmt für seinen Nachtmarkt. Hier sind dann am Abend Händler aus der Umgebung mit allen nur denkbaren Produkten, Kleidung, Souvenirs, Garküchen, Musik und viele, viele Leute die über den Markt schlendern. Das Gewühle, die Geräusche, das Handeln usw. kann man nur schlecht beschreiben, man muss es selbst erleben, um zu verstehen, warum man davon fasziniert sein kann.

07.03.2546
Heute müssen wir wieder zeitig 'raus – 07.00 Uhr ist schon Abfahrt. Wir werden heute von Chiang Mai nach Chiang Rai fahren. Die Stadt ist ein weiteres Tor zum Goldenen Dreieck, aus dem ja ungefähr ein Drittel allen in der Welt illegal gehandelten (Roh-)Opiums stammt. Unterwegs warten wieder einige Höhepunkte auf uns. Erst einmal fahren wir etwa eine Stunde und unser Phop hat es immer früh am Morgen verstanden uns wach zu halten. Jeden Morgen erzählt er etwas aus seinem Leben und macht das ‚zum kugeln'. Heute meint er – wie schon so oft – ‚Leben besteht aus Leiden ...'; „Gestern getrunken, heute Blick in Spiegel und großer Schreck. Aber scheißegal ob du Huhn oder Hahn bist, sterben musst du so oder so. Hast du aber Geld, hast du Angst vorm Sterben – hast du kein Geld, ist es egal, ob du Huhn oder Hahn bist." Tja, unser Phop ist 'halt auch ein kleiner Philosoph. Wie meinte er auf die Frage eines Mitreisenden, ob er studiert hat: „Studiert? Nö, war nicht auf Universität – habe Leben studiert." Und das merkt man ...

Wir fahren durch die Altstadt von Chiang Mai, sehen unterwegs wieder Mönche mit ihren Reisschalen, heilige Bäume mit bunten Bändern geschmückt oder mit Geisterhäusern drunter und dann sind wir am ersten Besichtigungspunkt, dem ‚Maetamann Rafting & Elephant Camp‘. Jeweils zwei Personen ‚platzieren‘ sich auf einem Elefanten, der Mahut sitzt auf dem Kopf des Elefanten und nacheinander verlassen zwölf Tiere mit ihrer ‚touristischen Fracht‘ das Camp. Mensch, ist das schön. Wir durchqueren einen Fluss, dann geht es bergauf in den Urwald hinein und herrliche Natur, umrahmt von vielen unbekannten Tierstimmen und Vogelgezwitscher, umfängt uns. Hier und dort ein Kommando oder ein Satz vom Mahut an seinen Elefanten, es schaukelt und es ist schon ein eigenartiges Gefühl, so hoch oben und auf einem so breiten ‚Kreuz‘ zu sitzen. Plötzlich Geschrei, Wasserplatschen, lautes trompeten hinter uns und in die Reihe der zwölf Elefanten kommt Unruhe. Ein kleiner Elefant aus dem Camp fühlt sich wohl vernachlässigt, er durfte nicht mit und rennt nun durch den Fluss, den anderen hinterher. Diese schnaufen zum Teil ärgerlich, andere wollen nicht weitergehen, aber die Elefantenhüter haben alles im Griff und weiter geht es bergauf. Neben uns kommt plötzlich ein Hund aus dem Dickicht. Unser Elefant ‚scheut‘ und will nicht weiterlaufen. Er zittert richtig und der Mahut springt ‘runter, vertreibt den Hund und dann geht es weiter. Wahrscheinlich reguliert die Bewegung bei den Elefanten auch die Darmtätigkeit und so lässt unser Vorgänger erst einmal in der Größe von halben Kilobroten die Haufen fallen, hinter uns rauscht es, als würde man Wassereimer langsam entleeren. Aber der Hintere muss nur ‘mal pinkeln. Tja, auch das gehört dazu. Etwa auf halber Strecke gibt es dann eine Art ‚Tankstelle‘ für unsere Dickhäuter – es wird mit Bananen und Zuckerrohr ‚nachgefüllt‘. Unser Ausritt dauert etwa eine Stunde und es ist wirklich schön. Anschließend können wir zusehen, wie die Elefanten im Fluss gebadet werden. Auch ein paar Kleine sind dabei und man hat den Eindruck, sie sind wie kleine Kinder. Die Augen huschen listig hin und her, wo vielleicht jemand Bananen oder Zuckerrohr füttert. Sie albern mit ihren Mahuts 'rum und beim Baden machen sie auch nicht gleich das, was sie eigentlich sollen. Herrlich! Dann ist eine Show und die Tiere können zeigen, wie sie als Arbeitselefanten Holzstämme transportieren und aufstapeln. Natürlich ist auch ‚Elefantenuntypisches' dabei. So blasen einige Mundharmonika, haben aber offensichtlich Spaß daran, andere schießen Bälle, ein kleiner Elefant bekleckst mit einem Pinsel und Farbe eine Leinwand. Wie gesagt, man hat den Eindruck, dass es nicht nur den Touristen, sondern auch den Elefanten gefällt. Wir verbringen den ganzen Vormittag hier, dann geht es weiter auf unserem Weg nach Chiang Rai. Mittagspause ist heute in einem tollen Ressort, im Chiandao Hill Ressort. Es liegt in wunderschöner Landschaft, man kann hier Hütten zum Übernachten mieten, die in einer herrlichen Parklandschaft liegen. Nach dem Mittag hält uns unser Phop wieder mit Erzählungen wach. „Wissen Sie, warum Krematorium neben Massagesalon ist? Nein? Nun, gehen Sie 'rein – 800 Baht ohne Sex und ab 4.000 Baht mit – probieren Sie ‚Butterbrotmassage': zwei nackte Thailänderinnen, eine unten, eine oben und ich dazwischen wie ein Stück roher Schinken ... und Sie wissen nun, warum neben Salon gleich Krematorium." Da er nun gekonnt den Bogen zum Tod gespannt hat, erzählt er uns wie in Thailand die Buddhisten beerdigt werden. „Wenn man stirbt, was macht man mit Leiche?" Erst Leichenfeier, dann verbrennen. Bei Aidstoten kommt aber keiner aus dem Dorf zur Feier, man schämt sich für den Toten. Die Leiche wird aufgebahrt, ein Tuch kommt drüber und die rechte Hand bleibt außerhalb des Tuches, zum Abschied nehmen. Man macht das, indem man Wasser darüber tröpfelt. Dann wird die Leiche mit gefalteten Händen in den Sarg gelegt. Man gibt Guaveblätter dazu gegen den Leichengeruch und Blätter von chinesischem Tee gegen die Feuchtigkeit. Die Leiche wird an Händen, Knien und Füßen mit heiliger Schnur (weißer Faden) umwickelt, der Mund wird geöffnet und Geldmünzen werden hineingesteckt, der Sarg wird geschlossen, aber noch nicht fest. Er bleibt nun drei bis sechs Tage stehen zum Verabschieden. Die nächsten Angehörigen richten eine Feier aus mit Essen und Trinken. Meistens kommt das ganze Dorf und es ist keine Seltenheit, dass bis zu 300 Personen da sind. Am zweiten und dritten Tag übernehmen andere Verwandte die Versorgung der Gäste und eventuell auch Freunde. Manchmal wird bis zu sechs Tage gefeiert. Am Schluss wird der Sarg noch einmal geöffnet und als Zeichen des letzten Abschieds wird eine Kokusnuss über dem Gesicht des Toten geöffnet. Das Wasser daraus läuft über's Gesicht – so klar und rein soll die Wiedergeburt sein. Dann holen Mönche den Sarg in den Tempel und verbrennen ihn. Ein Teil der Asche bleibt im Tempel, einen Teil nimmt man in einer Urne mit nach Hause und stellt diese auf den heimischen Buddhaaltar. Die beim Verbrennen übrig gebliebenen Münzen aus dem Mund des Toten werden als Andenken und Glücksbringer an die Verwandten verteilt. Inzwischen sind wir an der heiligen Chiand Dao Höhle angekommen. Sie ist 14 km tief und die im Inneren aufgestellten Buddhastatuen kann man sich ansehen. Ungefähr 800 Meter weit kann man hineinlaufen; auf dem Tempelgelände ringsum wird gerade ein Tempelfest vorbereitet. Im Ort sind deshalb auch ,Spendenbäume' aufgestellt. Das sind große, mit bunten Bändern geschmückte Stäbe, an denen werden in Bambus gesteckte Geldscheine befestigt. Nach ein paar Tagen werden die Spendenbäume zum Tempel gebracht und das Geld auf das Tempelkonto eingezahlt. Wir fahren weiter und unser Phop erzählt, dass heute Morgen die Dörfer von der Armee auf Drogen durchsucht worden. Die Bauern hier pflanzen nach wie vor Mohn zur Opiumgewinnung an, aber auch über die burmesische Grenze wird ein großer eingeschmuggelt. Da Thailand und Myanmar eine fast 2.000 km lange Grenze verbindet, ist es sehr schwer illegale Drogeneinfuhr zu unterbinden. Auf unserem heutigen Programm steht noch der Besuch von Dörfern der Bergvölker, den ‚hiltribes‘. Als erstes sind wir in Baan Lorcha, einer Siedlung der Akha‘s. Sie bauen auch heute noch Opium an, fühlen sich kulturell zu Myanmar gehörig, glauben an Geister jedweder Form, leben in engster Verbindung zu ihren Ahnen und pflegen auch heute noch am intensivsten ihre Traditionen. Phop erzählt wieder mit verschmitzen Augen, dass bis vor ein paar Jahren dieses Bergvolk in den Augen der anderen Thais als schmutzig galt. ‚Sie glauben an den Wassergeist und waschen sich daher nur an bestimmten Tagen im Jahr. Da war es auch so, wenn Zwillinge geboren wurden, dass beide getötet wurden. Man glaubte, das sie Unglück oder einen bösen Geist heraufbeschwören.‘ Wir sehen die Akhas in ihrer Tracht und sie zeigen uns einen Tanz. Dann laufen wir durchs Dorf und man meint, hier ist die Zeit stehen geblieben. Wir sehen uns eine der Hütten an: ein großer dreigeteilter Raum, nur mit Matten ausgelegt, ohne Mobiliar. In einem Teil schlafen die Männer, in dem anderen die Frauen. Im dritten Teil wird in der Mitte für alle gekocht. In einer Ecke ist eine weitere kleine Kochstelle – hier wird das Futter für die Tiere gemacht. Wir sehen auch, wie ein Dach aus Palmenblättern ausgebessert wird. Auf der weiteren Fahrt kommen wir noch durch Dörfer der Yao – sie stammen ursprünglich aus dem südlichen Zentralchina. Sie leben immer noch vom Opiumanbau. Endlich sind wir dann in Chiang Rai, der nördlichsten Provinzhauptstadt Thailands. Unser Hotel ist wieder prima, wie alle auf der bisherigen Rundreise.

08.03.2546

Unser letzter Rundreisetag und wir wollen heute zum ‚Goldenen Dreieck‘ und auf dem Mekong eine Bootsfahrt machen. Wir verlassen Chiang Rai und sind etwas irritiert. Überall Umleitungen und Polizei – dann die ‚Erleuchtung‘. Es ist

Internationaler Frauentag und auch hier in Thailand schließen sich einige zu Demo's zusammen. Unsere Fahrt geht nach Chiang Saen, einem kleinen Ort im äußersten Norden Thailands. Hier bildet der Mekong eine weite Schleife, an dieser Stelle und später weiter südlich die Grenze zwischen Laos und Thailand bildet. Unterwegs sehen wir, wie Klebereispflanzen auf den Feldern frisch gesteckt werden. An einer Anlegestelle machen wir einen kurzen Stopp und beobachten wie chinesische Schiffe Äpfel und Birnen entladen und getrocknete andere Früchte oder Autoreifen mitnehmen. Die zierlichen Chinesen schleppen bis zu 100 kg auf ihren Schultern. Die Stege zum Schiff bestehen aus zwei nebeneinander liegenden, losen Brettern. Am Ufer sind ein paar Kampfhähne festgebunden und wenn die Männer mit ihrer Arbeit fertig sind, wird das eben verdiente Geld mit den kämpfenden Hähnen verwettet. Dann sind wir an der Schiffsanlegestelle für unser Boot. Kinder in bunter Tracht der Bergvölker stellen sich zum Fotografieren in Pose. Wir steigen ins Boot und ab geht es den Mekong entlang. Rechts von uns liegt jetzt Myanmar (bisheriger Name: Birma) und links von uns Laos mit fast menschenleeren Urwäldern. Auf der birmesischen Seite ist ein riesiges Spielcasino gebaut worden. Geplant ist nun, „einen Golfplatz über die drei Länder zu bauen. Neun Löcher in Birma, neun in Laos und neun in Thailand", meint mit einem Augenzwinkern unser Phop. Der s. g. kleine Grenzverkehr zwischen Laos und Thailand ist eigentlich nur für die hiesige Bevölkerung gedacht. Unser Phop fährt mit uns aber eine kleine, laotische Insel an – Doan Sao. Hier entrichten wir eine Gebühr und dürfen für 20 Baht pro Nase nach Laos einreisen. Auf der Insel haben sich auch Händler niedergelassen, die typische Bekleidung, Kunsthandwerk, Souvenirs, Obst, Gemüse u. a. anbieten. Phop bringt uns zielstrebig zu einem Stand, an dem wir Schnaps verkosten können. Große durchsichtige Glasbehälter stehen auf dem Tisch und darin ist der Schnaps – allerdings nicht nur. Durch das Glas ‚zwinkern' uns Schlangen oder Skorpione zu und Tigerpenisse ‚wackeln' uns an. Das alles ist im Alkohol eingelegt – Gott sei Dank sind die Schlangen tot, die Skorpione auch und am Tigerpenis hängt auch kein lebender Tiger mehr 'dran. Also, einmal alles umgerührt – na wer will 'mal probieren? Na eigentlich keiner – dann, nach und nach, doch jeder. Was darf's sein? Schlange, Skorpion, Tiger? Schnapsglas fassen, Ekel nicht hochkommen lassen und den Schnaps runterschlucken. Prost, schluck, würg – das Zeug ist scharf und brennt. Hoffentlich werden wir nicht ‚blind', jedenfalls desinfiziert das Ganze wenigstens bei dem Alkoholgehalt (und dem Inhalt). Wir können also auf die Frage: „Na, schon 'mal Schlange gegessen?" wohlgetrost antworten: „Nee, aber getrunken!" Auf der Rückfahrt nach Thailand sehen wir (also doch nicht blind), wie Frauen am Ufer ihre Wäsche im Fluss waschen, wie geangelt wird und einige typische Häuser gibt es auch. Der Mekong hat zurzeit wenig Wasser, nach der Regenzeit ist der Pegel etwa drei Meter höher. Wir bummeln noch ein bisschen durch Chiang Saen. Hier gibt es oben auf dem Berg einen Tempel. Bei klarer Sicht hat man von dort einen herrlichen Blick zum Goldenen Dreieck. Wolle und ich sehen uns das kleine Opiummuseum noch an. Auf dem Weg zum Mittagessen machen wir am Tor ‚Goldenes Dreieck' einen Fotostopp. Unsere gesamte Truppe stellt sich auf. Phop, mit vielen Fotoapparaten von uns beladen, muss Fotos ‚schießen'. Das letzte gemeinsame Mittag und dann sind wir anderthalb Stunden unterwegs zum Flughafen in Chiang Rai. Unsere Rundreise geht zu Ende und auf der Fahrt sammeln wir für unser ‚Thaiteam' Trinkgelder ein. Unser Phop ‚philosophiert' noch über dies und das, erzählt noch kurz über die Neujahrsfeier hier und in diesem Zusammenhang lernen wir also noch etwas dazu. Nicht nur, dass Tiere hier im Schnaps ‚rumliegen', nein, auch im Alkohol selbst sind fünf Sorten Tierblut:

1. Papageienblut: ein Mann ohne Alkohol sitzt still und stumm 'rum – mit Alkohol fängt er an zu erzählen, seine Zunge löst sich
2. Affenblut: ohne Alkohol ist man träge, mit Alkohol werden die Bewegungen flinker
3. Schlangeblut: ohne Alkohol läuft man gerade aus, mit Alkohol windet man sich wie eine Schlange hin und her
4. Tigerblut: mit genügend Alkohol fühlt man sich stark und wird aggressiv
5. Schweineblut: nach dem Genuss von Alkohol schnarcht und grunzt man wie ein Schwein.

Noch Fragen?

Am Flughafen angelangt verabschieden wir uns also und unsere rüstige 'Gruppenälteste' bedankt sich im Namen aller bei unserem Reiseleiter, dem Busfahrer und dem Busjungen. Das Trinkgeld soll für die gute Betreuung, die tolle Reiseleitung usw. allen Dreien unsere Anerkennung zeigen. Alle gemeinsam fliegen wir dann in anderthalb Stunden nach Bangkok. Einige fliegen heute Abend noch nach Deutschland zurück, andere machen noch Badeurlaub auf Kho Samui oder Phuket, andere erkunden noch ein paar Tage Bangkok. Wir werden am Flughafen abgeholt und sind noch zwei Stunden mit einem kleinen Bus unterwegs nach Jomtien. Hier ist unser 'Anschlussurlaubshotel'. Gegen 21.30 Uhr ist es endlich geschafft, wir sind da. Noch schnell Einchecken, Essen, duschen und dann schlafen. Wir haben nun sechs Tage Zeit unsere Eindrücke der Rundreise zu verarbeiten, in der Sonne zu liegen, zu baden, zu faulenzen und vielleicht den 'Reisebericht' schon 'mal überarbeiten. Wir sind nun also gestern Abend hier im Hotel angekommen, haben erst 'mal mit dem Koffer 'ne 'Ehrenrunde' gedreht, dabei schon kurz das weitläufige Gelände kennen gelernt und heute ist also erster 'Erholungsurlaubstag'. Das Hotel ist sehr schön. Es gibt dreistöckige Gebäude mit den Zimmern, alle mit Terrasse oder Balkon, dann einen schönen Innenbereich mit Pool und Teich. Außerdem eine schöne Poolanlage im Garten, eine große parkähnliche Liegeanlage Richtung Meer, zwei Restaurants, Sportmöglichkeiten. In der Eingangshalle ist auch ein Schneider, ein kleiner Laden und ein Friseur. Mit einem Shuttlebus kann man nach Pattaya fahren. Man ist etwa 20 min dorthin unterwegs. Unser Tag beginnt nun immer gegen 08.00 Uhr mit einem ausgiebigen Frühstück vom reichhaltigen Büfett. Dann schlendern wir zum Pool – im Meer gibt es zurzeit Quallen, die bei Berührung großflächige ‚Verbrennungen' auf der Haut verursachen. Der Pool ist sauber und das Wasser hat ‚Badewannentemperatur'. Wir verbringen hier die Zeit bis zum Nachmittag mit Lesen, Rätseln, Erzählen, Faulenzen, Baden usw. Was haben wir wieder alles gesehen, gelernt, erfahren oder ‚erschmeckt' Dank unseres tollen Reiseleiters wissen wir nun also viel über den Buddhismus hier in Thailand, die Wats, die alte Kultur und Traditionen, er versuchte uns etwas das Staatssystem zu erläutern und zur königlichen Familie zu erzählen. Zur Bildung und zum Gesundheitssystem, zur sozialen Absicherung hat Phop etwas erzählt und, und, und. Am Schönsten waren aber die Schilderungen aus seinem Leben als Bauernjunge. Dabei haben wir erfahren, wie man Kampffische ‚scharf' macht, wie man ‚angelt', wie man ein Schwein klaut – ohne das es laut grunzt („Nimm einen langen Nagel, biege ihn zu einem Haken, 'hau diesen dem Schwein durch die Nase und Du kannst es daran hinterher ziehen, wohin du willst, es gibt keinen Laut von sich"), wie man mit Knoblauch kocht, ohne das der dann aus dem Essen ‚riecht' („Den Knoblauch in ganz heißem Öl im Wok anbraten bis er gelb ist, dann erst Fleisch 'rein"), wie es in der Schule zuging, wie die Mönche leben, wie der Zusammenhalt in den Familien ist, wieso die thailändischen Mädchen beim Tanzen ihre Finger so weit nach hinten biegen können (der vom Reiskochen übrig gebliebene Reisschleim wird in kleine Schalen gefüllt und die Hände der Mädchen werden in die Schale gedrückt, dabei werden die Finger biegsam und können so beim Tanzen ausdrucksstark eingesetzt werden) und vieles, vieles mehr.

Wir haben gesehen, dass Thailand, welches nie unter fremder Herrschaft stand, mehr zu bieten hat, als nur Strände und Palmen – das ‚Land des Lächelns' ist eine Reise wert.

Durch die Weite Patagoniens

05.03.2004

Ein ganz normaler Freitag – mit morgens aufstehen, zur Arbeit gehen, dies und das erledigen – nimmt seinen Lauf. Bis gegen 17.00 Uhr zumindest, dann heißt es: Alltag ade, wir wollen 'mal wieder in die große, weite Welt. ,... kling, klang, du und ich die Straßen entlang zweimal bis nach Feuerland bitte ..., kling, klang, du und ich die Straßen entlang ...'. Die Gruppe Keimzeit hat zu DDR-Zeiten also in ihrem Lied schon einmal das Endziel unserer Reise besungen: Feuerland. Wir machen eine 14-tägige Argentinienrundreise, speziell durch Patagonien, einschließlich Feuerland. Vom Flughafen Halle/Leipzig geht es aber erst einmal nach Frankfurt und hier steigen wir in eine DC zehn der brasilianischen Fluggesellschaft VARIG. Die Maschine ist voll besetzt und ein Zwölfstundenflug nach São Paulo liegt vor uns. Die Maschine wird vom gate geschoben, die Motoren werden hochgefahren und das ist immer mit viel Lärm verbunden: brm, brmm, brmmm, brmmmm – dann plötzlich absolute Stille und Dunkelheit in der Maschine. Nix ,brmmt' mehr, das Licht geht wieder an und nach einiger Zeit kommt eine Durchsage, dass wir wegen technischer Probleme zurück zum gate geholt werden. Wolle meint: „Das sind keine technischen Probleme, der hat 'nen Kaltstart abgewürgt!" Na das ist was für mich und meine Flugangst, die trotz meiner bisherigen 145 Flüge mein ständiger Begleiter ist. Die Erregung in der Maschine ist nun groß: „Ich will hier 'raus; Die sollen uns ein anderes Flugzeug geben; Das ist ja eine Zumutung ..." Na und so weiter. Nach einer ganzen Weile werden wir kommentarlos wieder Richtung Startbahn geschoben und nun heißt es: hop oder top. Top, es hat geklappt, wir starten mit ca. 50 min Verspätung in Richtung São Paulo. Unsere Flugroute führt nach Spanien, übers Mittelmeer, Richtung Marokko, dann Senegal, über den Atlantik bis nach Brasilien. Der Service an Bord ist nicht so toll, die Maschine schon ziemlich alt, aber der Flug relativ ruhig. Nach dem Essen bestelle ich mir einen kleinen Whisky. Offensichtlich weiß der Flugbegleiter nicht, was er mir ausschenkt – mein normaler Trinkbecher ist bis kurz unter den Rand voll. Das wäre ich auch, würde ich den ganzen Schnaps trinken. Wolle und ich ‚teilen' und so wird es für Wolle ein ‚Schlafflug'. Endlos ziehen sich die Stunden dahin und endlich wird mit den Landevorbereitungen für São Paulo begonnen. 06.30 Uhr Ortszeit, am **06.03.2004** landen wir und als Transitreisende stiefeln wir nur durch den riesigen Flughafen zum nächsten Abfluggate. Nach zwei weiteren Flugstunden sind wir in Buenos Aires und herrlicher Sonnenschein liegt über der Millionenmetropole. Die Einreiseformalitäten sind schnell erledigt, man muss hier auch ein Einreiseformular ausfüllen, ähnlich wie in den USA. Elisa, eine ältere Argentinierin deutscher Abstammung, die schon seit 50 Jahren hier lebt, holt uns als Reiseleiterin ab. Unsere Gruppe trifft das erste Mal aufeinander – na wir werden sehen. Im Flugzeug saßen einige in unserer Nähe, andere sieht man zum ersten Mal. Wir sind 15 Personen und ein Kleinbus bringt uns in ca. 45 min ins Stadtzentrum von Buenos Aires. Die Stadt ist riesig und hat dreizehn Millionen Einwohner. Endlich sind wir im ‚Kempinski' und können uns für eine Stunde ausruhen, dann geht es sofort zur Stadtrundfahrt. Buenos Aires liegt also am breitesten Fluss der Welt, dem Rio de la Plata (45 km), bedeckt ca. 4.000 km² und hat den einzigen Überseehafen der Welt an einem Süßwassermeer. Aus der Luft sieht die Stadt wie ein riesiges Schachbrettmuster aus. Mehr als 100.000 Straßenblocks bilden ein quadratisches Raster. Nur an wenigen Stellen wird das Raster durch gekrümmte Straßen unterbrochen. Wir lassen uns von Elisa erzählen, dass der Name Buenos Aires nicht, wie oft zu lesen, Stadt der ‚guten Lüfte' bedeutet, sondern richtig ‚Stadt der günstigen Winde'. Das geht auf die spanischen Seefahrer des 16. Jahrhundert zurück, die 1535 Buenos Aires gründeten und nur durch

,günstige Winde' mit ihren Segelschiffen nach Südamerika gelangten. Wir beginnen unsere Stadtrundfahrt gleich vor der Haustür unseres Hotels, der 67,5 Meter hohe Obelisk steht in unmittelbarer Nähe. Die mit 140 Meter breiteste Straße der Welt, die Avenida Nueve de Julio, hat neun Fahrspuren und eine Ampelgrünphase reicht nicht, um von einer zur anderen Seite zu gelangen. Wir fahren am Teatro Colón, der Oper, entlang, weiter zum Kongressplatz, dem Polizeipräsidium, der Nationalbank und erfahren, dass seit Anfang der 1920er Jahre die Straßen in Einbahnstraßen umfunktioniert wurden. Der Amtssitz des Präsidenten, der Casa Rosada (Rosa Haus), ist schön und liegt wie die Kathedrale am Plaza de Mayo. Die rosa Farbe des Amtssitzes geht auf zwei Parteien zurück. Die eine war mit der Farbe Weiß und die andere mit Rot symbolisiert. Beide wollten gemeinsam regieren und einigten sich als äußeres Symbol der Gemeinsamkeit auf Rosa. Wir besichtigen die Kathedrale und draußen gibt es einen kräftigen Regenguss. Weiter geht es auf Stadttour; die Jakaranda- und Araukarienbäume sehen auch schön aus. Viele Gebäude wurden um die Jahrhundertwende gebaut und erinnern an das Stadtbild von Madrid. Schön. Wir fahren zu den ältesten barrios (Stadtteile) San Telmo und La Boca. Elisa erzählt, dass das Kopfsteinpflaster hier aus Europa stammt und als Ballast in den leer einlaufenden Getreideschiffen benutzt wurde. Vorbei am ältesten Tangolokal der Stadt weiter zum Säulenbau der Ingenieurhochschule, zum Landwirtschaftsministerium und dem an einen hinduistischen Tempel erinnernden Zollgebäude. Dann sind wir im ,italienischen' Viertel La Boca. Vorbei am Fußballstadion der Boca Juniors, dem ,Bombonera' (Pralinenschachtel), besuchen wir den Caminito. In diesem alten Hafenviertel wurden Pfahl- und Wellblechsiedlungen um 1880 errichtet, mit Resten von Schiffsfarbe angestrichen und u. a. der damals noch verpönte Tango getanzt. Nur wenig Kunterbuntes ist heute für die Touristen

erhalten, man sieht u. a. Straßenmaler und kleine Tangoka-
pellen. Im eleganten Nordviertel La Recoleta besuchen wir
die Basilica del Pilar. Ihr glockenförmiger Turmaufsatz aus
glasierten Kacheln hat früher den Schiffen, die Buenos Aires
ansteuerten, als Orientierung gedient. Im Innern gibt es Fenster aus Alabaster. Neben der Kirche ist der Friedhof von La
Recoleta. So etwas habe ich noch nicht gesehen. Etwa 7.000
ganz eng beieinander stehende Mausoleen bilden eine Art
kleine Stadt für sich. Viele wurden von Künstlern entworfen,
sind z. T. mit Figurenschmuck oder anderem verziert. Hier
ruhen einige Staatspräsidenten, berühmte Leute aus Kultur
und Politik usw. Elisa erzählt, dass eine Familie so eine Grabstätte kauft, nach ihren Vorstellungen das Mausoleum errich-
ten lässt und dann ihre Toten dort zur Ruhe bettet. Die Grabstätte ist damit Eigentum der Familie für viele Generationen.
Wir sehen uns auch das Mausoleum der Familie Duarte an.
Hier liegt Eva Perón begraben. Da ihre eigene Familie das
Geld für eine Grabstätte hier auf dem Friedhof nicht aufbrin-
gen konnte, hat jemand das Geld dafür gestiftet. Die Leiche
Eva Peróns wurde nach dem Sturz ihres Ehemannes Juan
Domingo Perón, außer Landes gebracht, in Spanien einbalsa-
miert und in Italien unter falschem Namen beigesetzt. Viele
Jahre später hat man sie dann doch nach Argentinien zurück-
gebracht und hier begraben. Das Mausoleum ist als Schutz
vor Raubgrabungen mit Panzerstahlplatten gesichert. Elisa
erzählt, dass dieses elegante barrio auf einem Hügel von Fi-
scherhütten und Abfallgruben entstand, als das Gelbfieber in
anderen Stadtteilen vor mehr als 200 Jahren grassierte. Noch
viele schöne, alte Gebäude sehen wir, einen riesigen Park mit
Palmen, Nadel-, Eukalyptus- und Flaschenbäumen, das Sta-
dion von Riverplayd und fahren entlang des restaurierten alten Hafens. In den Lagerhäusern sind elegante Lofts, Restaurants, Cafés, Boutiquen, usw. untergebracht. Es ist inzwischen
Abend in Buenos Aires und nun doch sichtlich geschafft, sind

wir zurück im Hotel. Unsere Reiseleiterin war der Meinung, dass wir heute laut Programm gemeinsames Abendessen haben, dem ist aber nicht so. Wolle und ich gehen in der Nähe unseres Hotels und ganz in der Nähe der Avenida Corrientes Steak essen. Die Avenida Corrientes ist eine Geschäftsstraße, auf der man eigentlich alles findet. Kinos, Restaurants, Geschäfte aller Art und ganz viele Buchläden. Toll. Wir sind in einer Seitenstraße, aber auch hier ‚schläft man nicht', überall quirliges Treiben. Das Restaurant ist gemütlich und gegen 20.00 Uhr Ortszeit (00.00 Uhr zu Hause) essen wir unser erstes argentinisches Steak. Sehr gut! Todmüde fallen wir dann ins Bett, für heute und gestern reicht es.

07.03.2004

Eine annehmbare Frühstückszeit um 08.30 Uhr, ein ebenso annehmbares Frühstück, gutes Wetter und 09.30 Uhr starten wir zu unserem Ganztagesausflug in die Pampa. Da das Wetter schön ist, fährt Elisa aber zuerst mit uns nach San Telmo und in diesem Stadtteil findet an den Wochenenden auf dem Plaza Dorrega Markt statt. Es ist sehr schön hier. Uralte Bäume unter denen man Schach spielt, herrliche Häuser, Straßencafés und -restaurants, man tanzt Straßentango und auf dem Markt gibt es für Sammler wohl nichts, was es nicht gibt. Man kann wunderbar stöbern und wir entdecken sehr schöne, alte Rastras. Das sind die breiten Ledergürtel, beschlagen mit Silber oder Münzen, die zur Ausrüstung der Gauchos gehören. Auf dem Rücken des Gauchos wird ein großes, breites Messer, das facon, schräg nach unten in den Rastra gesteckt und so behindert es nicht beim Reiten. Wir fahren dann also in die Pampa, das ist eine riesige, baumlose Ebene in Argentinien, die von der Atlantikküste bis zu den Bergen der Anden ansteigt. Der östliche Bereich, wo wir jetzt sind, ist die s. g. feuchte Pampa, eines der fruchtbarsten Gebiete Argentiniens. Deshalb gibt es hier in der Provinz Buenos Aires viel Rinderzucht, Pferdezucht und Ackerbau. Die Pferde sind für die Rinderzüchter unerlässliche Helfer. Während der Fahrt aufs Land erzählt Elisa etwas zu den Gauchos, den Cowboys oder Viehhirten Argentiniens. Ihre Blütezeit war etwa von der Mitte des 18. bis zur Mitte des 19. Jahrhunderts in den riesigen Weidegebieten Südamerikas. Durch viele moderne Veränderungen in der Viehzucht, ab etwa der Mitte des 19. Jahrhunderts, hat sich aber das s. g. wilde Leben der Gauchos geändert. Viele arbeiteten dann als Landarbeiter. Die Folklore, Geschichten und Erzählungen um die Gauchos gibt es aber nach wie vor. Von der Abstammung her waren es meistens europäisch-indianische Mischlinge. Sie konnten ausgezeichnet reiten und verdienten ihr Geld mit Arbeit auf den Estanzien oder aber mit illegalem Pferde- und Viehhandel mit Brasilien. Sie spielten auch als Soldaten oder Revolutionäre in Argentiniens Geschichte eine Rolle. Elisa hat uns auf dem Trödlermarkt die Rastras gezeigt und erzählt, was noch so zur typischen Ausstattung der Gauchos gehört. Das sind der breitkrempige, flache Hut, die weiten Hosen, ein Wollponcho, ein rotes Halstuch und die Boleadora. Das sind drei in Leder gefasste Schleuderkugeln, die an einem langen Lederband befestigt sind. Schnell laufende Tiere, denen sich die Riemen um die Beine wickeln, werden so zu Fall gebracht. Früher hat man die Bola fast nur benutzt, dabei aber auch die Tiere z. T. verletzt. Heute wird meistens das Lasso verwendet, nur zum Einfangen der Nandus (dem südamerikanischen Laufvogel, der dem Strauß ähnelt) nimmt man noch die Boleadora. Am späten Vormittag sind wir dann an der Estanzia ‚Santa Susanna' und ich bin entsetzt. Busse über Busse und damit ‚Touristenintensivhaltung' in schönster Form. Zur Begrüßung gibt es Wein und Empanadas (würzig gefüllte Teigtaschen). Derart ‚ruhig' gestellt, kann man einen Rundgang über das weitläufige Gelände machen, mit dem Pferd reiten oder eine Kutschfahrt machen. Die Touristenscharen verteilen sich und wir schlendern über das gepflegte Gelände, es ist herrliches Wetter, sonnig und 27 °C warm. In einem alten Gebäude sind liebevoll und original Räume ausgestattet, die das Leben hier vor 70 bis 80 Jahren wiederspiegeln. Gegen 14.00 Uhr sind wir alle im großen, rustikalen Speisesaal und das ‚asado' beginnt. Beim ‚asado' werden nach Gauchoart ‚aufgeklappte' ganze Schafe oder Ziegen, Rinderstücke oder Geflügel auf ein Eisenkreuz gespannt, rings um ein Bodenfeuer aufgestellt und langsam gegrillt. Dazu gibt es Brot, Brötchen, verschiedene Salate. Das Bier und vor allem der Rotwein schmecken prima dazu. Die als Gauchos gekleideten Angestellten bringen nacheinander riesige Tabletts mit Würstchen, Blutwurst, Nierchen, Hammel, Rind und Geflügel. Sie gehen zu den Tischen und man sucht sich auf dem Tablett aus, welches Stück man möchte. Man kann soviel nehmen, wie man möchte oder besser gesagt, wie man schafft. Unterhalten werden wir mit Folkloregesang und Tänzen der Gauchos, mit Tango und wir sehen und hören, wie man mit den Bolas Musik machen kann. Beim Essen und Trinken steigt die Stimmung im Saal. Außer uns sind ja noch viele Touristen aus anderen Ländern, wie Latein- und Nordamerikas, Japan, Australien und aus Europa hier. Fast ‚abgefüllt' mit gutem Rotwein, vollgefuttert bis fast zum ‚Platzen' geht es nach draußen. Dort schauen wir den Gauchos beim ‚carrera de sortijas' zu. Das ist ein Wettkampf zu Pferd, bei dem im raschen Vorbeiritt mit dem Handstab ein Ring zu schnappen ist (Ringstechen). Man sagt, wer einen solchen Ring von einem Gaucho erhält, hat ein Glückssymbol bekommen. Nun, von einem Gaucho kriege ich keinen, aber mein Wolle hat für mich einen ‚ergattert'. So, nun war es also doch im großen und ganzen ein recht amüsanter Tag und am späten Nachmittag geht es auf Rückfahrt nach Buenos Aires. Im Bus bietet uns Elisa Bonbons an, ein Mitreisender meint dazu: „Was Süßes?

Nee, bei Süßem krieg` ich Durst, wenn ich Durst habe, krieg`
ich Hunger und zu Essen kann ich nichts mehr seh'n." Tja, da
spricht er wohl im Moment vielen von uns aus dem Herzen.

08.03.2004

Urlaub!? – Denkste! 04.00 Uhr wecken, 04.30 Uhr Koffer
vor die Tür, kleines Frühstück, was wir Elisa zu verdanken
haben. Frühstück gibt es eigentlich im Hotel erst ab 07.00
Uhr, Elisa hat aber dafür gesorgt, dass wir so früh doch etwas
bekommen. 05.00 Uhr ist Abfahrt zum Flughafen. Auf der
Fahrt dahin stellt ein Ehepaar fest, dass sie keine Flugtickets
für die Inlandflüge haben. In einem Anschreiben von Gebeco
stand drin`, dass uns diese Tickets vor Ort ausgehändigt wer-
den. Wir anderen Reiseteilnehmer erhielten aber mit den
Unterlagen auch die Tickets für die drei Inlandsflüge, nur das
eine Ehepaar nicht. Tja, da ist nun echt Stress angesagt, sie
müssen am Flughafen neue Tickets kaufen, in Vorkasse gehen
und mit dem Reiseveranstalter in Deutschland Kontakt aufnehmen. Wir verabschieden uns von Elisa, die uns am 18.03.
wieder hier abholen wird. Wir fliegen um 06.20 Uhr von
Buenos Aires nach Trelew (sprich: Treleju), das sind etwa 1.500
km und in Trelew werden wir von Ruth abgeholt. Der Name
lässt erkennen, dass auch sie deutscher Abstammung ist.
Inzwischen zeigt die Uhr 09.00 Uhr, es ist sonnig und warm.
Wir sind nun in der Provinz Chubut. Argentinien ist verwal-
tungsmäßig in 23 Provinzen gegliedert, die von Gouverneu-
ren verwaltet werden. Trelew, mit ca. 50.000 Einwohnern,
entstand 1886. Als kleiner Ort wurde er an der Gleisspitze
einer zur Küste hin gebauten Eisenbahnstrecke gegründet.
Etwa 70 km von Trelew entfernt ist unser heutiger ,Schlafort',
Puerto Madryn, an der Atlantikküste. Der Ort lebt von Alu-
minium- und Fischindustrie und mittlerweile auch vom Tourismus. Auf der Fahrt vom Flughafen sehen wir Nandus und

Guanakos und erhalten einen ersten Eindruck von Patagonien. Patagonien ist die südlichste Großlandschaft in Südamerika und erstreckt sich im Süden Argentiniens und Chiles, südlich des Rio Colorado. Man kann diese Landschaft wiederum in zwei Teile untergliedern: Ost-Patagonien als regenarme Tafel- und Schichtstufenlandschaft, West-Patagonien nimmt den Bereich der Anden (Patagonische Kordilleren) ein. Wir sind zurzeit an der Atlantikküste und hier herrscht das Bild der patagonischen Steppe vor. Kein Baum, kein Strauch – nur dornige, lederharte, niedrige Pflanzen. Wir fahren zu unserem Hotel, laden die Koffer aus, machen eine kleine ,technische' Pause und sofort geht es wieder in den Bus. Wir fahren weiter zur Halbinsel Valdés, um dort die Seelöwen und See-Elefanten anzusehen. Es ist inzwischen ganz schön heiß geworden. Unser Weg führt zwischen dem Golf von San Jorge und dem Golf von Nuevo entlang, die je an einer Straßenseite liegen. Interessant dabei ist, dass immer abwechselnd in dem einen Flut und in den anderen Ebbe ist. Wir sehen die ersten Gürteltiere, Pampahasen und mit dem Meerschweinchen verwandte Maras und machen zum ersten Mal Bekanntschaft mit Schotterpiste. 1999 wurde die Halbinsel Valdés von der UNESCO zum Weltnaturerbe erklärt. Ruth gibt uns ein paar Informationen zu den See-Elefanten. Den Namen erhielten die Tiere durch eine aufblasbare Ausweitung der Nasenhöhle beim Männchen, die an einen kurzen Elefantenrüssel erinnert. Die Männchen können bis zu 4.000 kg wiegen, dreimal soviel wie die Weibchen. Die Bullen sind zwischen vier und fünf Meter lang, die Weibchen drei Meter. Ich wusste auch nicht, dass See-Elefanten bis zu 1.000 Meter tief tauchen und bis zu zwei Stunden unter Wasser bleiben können. Sie haben deshalb ganz große, rote Blutkörperchen und vor dem Tauchen leeren sie ihre Lungen. Nachdem wir mit unserem Bus auf der Schotterpiste kräftig durchgerüttelt wurden, sehen wir dann in Punta Caleta die See-Elefanten. Es ist schon toll, diese ‚fleischgewordenen Berge' zu beobachten. Wir machen hier auch Mittagspause und dann fahren wir nach Punta Norte und sehen hier den Seelöwen zu. Die sind ja im Vergleich zu den See-Elefanten nur ‚fleischgewordene Hügel'. Während unserer Rückfahrt nach Puerto Madryn erzählt uns Ruth über die Gewohnheit hier in Südamerika Matetee zu trinken. So ist es in Uruguay, Chile, Bolivien, Brasilien und Argentinien und immer und überall wird aus dem Mate der gleichnamige Tee getrunken. Der Mate ist ein kleiner Flaschenkürbis, der bearbeitet zu einem Teegefäß wird, dass in Silber, Leder oder Holz gefasst ist. Zum Teegefäß gehört die Bombilla, das ist ein Metallröhrchen, an dessen Ende ein kleines Sieb ist. Der Mateteestrauch wächst vorwiegend im Norden von Argentinien bei Iguazu, es sind ca. 1 bis 1,5m hohe Pflanzen mit langen Blättern. Getrocknet und klein gezupft kann man den Tee überall kaufen. Der Matebecher wird zu 2/3 mit dem Tee gefüllt, darauf gießt man ca. 80 °C heißes Wasser, steckt die Bombilla hinein und saugt an deren Mundstück. Das Sieb am Ende der Bombilla verhindert, dass man die ‚Teekrümel' mittrinkt. Der Becher wird reihum gereicht, man nimmt ein bis drei Schlucke und es gibt nur ein ‚Trinkröhrchen' dazu. D. h., jeder der Mate trinkt, ‚zutscht' an der Bombilla, die andere auch schon in der ‚Schnute' hatten. Nach ein paar Schlucken ist der Tee schon alle, da das Teegefäß nur etwa so groß ist wie ein Kaffeebecher. Man gießt deshalb immer wieder heißes Wasser auf und nach jedem Aufguss ist der Tee dann nicht mehr so bitter und stark. Das dazu benötigte heiße Wasser hat man in Thermosflaschen bei sich. Unterwegs kann man z. B. an jeder Tankstelle aus großen Wasserbehältern heißes Wasser ‚zapfen' und seine Thermoskanne ‚auftanken'. Ich koste auch Matetee, ich will ja schließlich wissen, was das für ‚Zeug' ist. Naja, ich habe das Gefühl aufgebrühtes Heu zu trinken. Mein Fall ist es nicht, auch wenn Ruth meint, dass der Tee sehr gesund ist. Etliche in unserer Gruppe sind aber begeistert vom Ritual des Mateteetrinkens und diesem selbst. Es ist für heute eine ganz schön lange Strecke zusammengekommen und wir brauchen auf der Schotterpiste für die Rückfahrt zwei Stunden und dreißig Minuten bis nach Puerto Madryn. Wir machen dabei noch einen kleinen Abstecher zur ,Hauptstadt' von Valdez, nach Puerto Piramides. Unser Hotel ist nicht die Welt, aber wir sind so geschafft, dass es egal ist. (400km)

09.03.2004

Das Frühstück ist ganz in Ordnung und 07.30 Uhr geht es wieder los. Heute wollen wir u. a. zur größten zugänglichen Pinguinkolonie der Welt. Sie liegt südlich von Trelew an der Küste, ein Stück fahren wir auf der N3 und dann gibt es auf den 120 km bis nach Punta Tombo nur noch Schotterpiste. Jeder deutsche Autofahrer der sein Auto liebt, würde hier einem Nervenzusammenbruch nahe sein. Die Steine und Kiesel fliegen nur so gegen Radkästen, Bodenblech und ab und zu gegen die Frontscheibe, Staubfahnen ziehen an den Fenstern vorbei und die Radachsen sowie unsere Bandscheiben werden auf Durchhaltevermögen getestet. Unsere Koffer sind wegen dem Staub alle einzeln in große Plastiktüten gesteckt worden. Die Landschaft ändert sich allmählich und die Pampa ist von kleinen Tafelbergen durchzogen. Unterwegs sehen wir etliche Nandus und viele Guanakos. Ruth sagt, weil es so viele davon gibt hat man folgende Redewendung: „Wir haben so viele, dass man Marmelade davon kochen kann." Am Straßenrand sehen wir manchmal kleine Häuschen, die mit roten Fähnchen geschmückt sind und im Häuschen stehen Flaschen. Das sind Opfergaben für einen argentinischen ,Robin Hood' der vor über 150 Jahren getötet wurde und für eine Frau, die im 17. Jahrhundert gestorben sein soll. Beiden wird nun nachgesagt, dass sie nach ihrem Tod über Wunderkräfte verfügen. Wir fahren nun wieder durch baumlose Ebene, allerdings gibt es ein paar niedrige Pflanzen, die von einem kräftigen Grün sind. Dann sind wir im Naturschutzreservat bei den Magellanpinguinen. Es gibt hier etwa 250.000 Nisthöhlen, die z. T. bis 800 Meter vom Meer entfernt sind. So bekommen die Besucher Verhaltensregeln mit auf ihren Weg durch ‚Pinguinland'. Also, nur auf den markierten Wegen gehen, aufmerksam schauen – die Nisthöhlen sind nicht immer leicht in der Landschaft zu erkennen – und sollte ein Pinguin auf dem Weg vom oder zum Meer unseren Weg kreuzen: Pinguin hat Vorfahrt. D. h. wir bleiben ruhig stehen und lassen das Tier ‚watscheln'. Um diese Jahreszeit jetzt sind allerdings nicht mehr viele Pinguine da. Der Großteil ist mit den Jungtieren im Wasser und erst im September kommen die Männchen und bereiten das Nest vor. Etwa eine Woche später kommen die Weibchen und nach der Paarung brüten beide abwechselnd ca. 40 Tage lang die Eier aus. Anfang November schlüpfen die Kleinen und dann ist ‚Leben in der Bude'. Aber auch jetzt ist es sehr interessant, die putzigen Tiere zu beobachten. Es ist hier an der Küste recht stürmisch und ich habe Mühe, mich auf den Beinen zu halten. Aber die Sonne scheint und es ist warm. Weiter geht es dann mit unserem Bus, natürlich auf Schotterpiste; heutiges Tagesziel ist Comodoro Rivadavia. Ruth erzählt während der Fahrt einiges zur Landschaft um Comodoro. Rund 20 Millionen Jahre lang waren die küstennahen Regionen Patagoniens Meeresboden und die vorandiene Pampa etwa 10 Millionen Jahre lang. Muschel- und Algenbänke haben sich im Laufe von Jahrmillionen in Speichergestein für Erdöl verwandelt. 1907 bohrte der deutsche Geologe Josef Fuchs nach Trinkwasser und stieß dabei auf eine riesige Erdöllagerstätte. Die Pampa hier war also mal Meeresboden und heute fördert man das Erdöl. Man sucht die unterirdischen Lagerstätten, s. g. ‚Linsen' mit Hilfe von seismographischen Linien. Man zieht in der Landschaft eine Linie und auf dieser entlang wird nach den eventuell darunter liegenden Erdöllinsen gemessen. Die ersten Erdöl-pumpen kommen in unser Blickfeld und es sieht schon ir-gendwie ‚komisch' aus, diese ‚Ungetüme' in dieser Landschaft. Man nennt die Erdölpumpen hier ‚schwarze Schwäne'; ich finde sie haben Ähnlichkeit mit abstrakten Giraffen, die ih-ren langen Hals und den Kopf ständig auf und ab bewegen. Endlich ist die Stadt Comodoro in Sicht und wir haben es für heute geschafft – fast. Wir müssen nämlich erst eine Passkon-trolle im Bus über uns ergehen lassen. Wir befinden uns ja im Zentrum der argentinischen Ölproduktion und man ist recht vorsichtig in Sachen Touristen usw. Unser Übernachtungsho-tel hat eine hübsche, große Lobby. An den Wänden hängen wunderschöne, beeindruckende Fotografien von Patagonien. Derart eingestimmt betreten wir unsere Zimmer und sind sprachlos. ‚Begehbarer Minikleiderschrank' wäre passender – die Räume sind so klein, dass ein aufgeklappter Koffer Platz-not verursacht. Das einzige Fenster vom Raum führt zu ei-nem Lichtschacht, der nicht mehr als zwei mal zwei Meter groß ist. Na ja, für eine Nacht geht es; in das Doppelbett passte gerade so ins Zimmer. Unsere Gruppe geht gemeinsam zum Abendessen. Ruth hat in einem chinesischen Lokal vorbe-stellt. Das Essen wird in Büfettform serviert und es ist wirklich sehr gut. Der Rotwein schmeckt auch prima und so schlafen wir nach 600 km Fahrt von Trelew nach Comodoro wunderbar. (600km)

10.03.2004
Das Frühstück stärkt uns für den Tag, immerhin werden wir heute wieder rund 500 km unterwegs sein. Wir fahren noch ein kleines Stück entlang der Atlantikküste und dann geht es landeinwärts mit dem Ziel: versteinerter Wald von Ormachea. Ruth erzählt noch ein bisschen über die Erdölproduktion und

wir sehen auf unserer Fahrt noch viele Förderpumpen. Findet ein Farmer auf seiner Farm Erdöl, gehört es nicht ihm. Alles was unterirdisch ist, gehört dem Staat. Der Farmer erhält als Entschädigung für seine Farm Geld. Leer gepumpte Erdöllinsen werden mit Wasser gefüllt, verschlossen und nach einiger Zeit macht man eine Sekundarförderung, d. h. man pumpt zum zweiten Mal aus dieser Linse Öl. Viele Stromkabel und -masten durchziehen die Landschaft. Die Pumpen werden zum überwiegenden Teil noch mit Strom betrieben. Modernere Pumpen betreibt man mit Solarenergie. Auf den riesigen Flächen und Hügeln wachsen niedrige Büsche. Sie haben meistens lange, harte Blätter, Dornen und tiefe Wurzeln, da es hier sehr trocken ist. Ruth erzählt uns auch einiges zur Wirtschaftskrise vor zwei Jahren. „Ich habe den Peso Pyjama genannt. Warum? Gehen Sie mit Pyjama aus dem Haus? Unser Peso wurde 1:1 mit dem US $ gehandelt und es war einfach zu teuer, etwas zu exportieren. Wir haben praktisch nichts mehr selbst hergestellt und verkauft, sondern nur noch importiert und als Staat weit über unsere Verhältnisse gelebt. Schulden wurden mit neuen Schulden getilgt und irgendwann war alles ruiniert. Nun ist der Peso abgewertet, ist reeller und wir hoffen, dass es mit der Wirtschaft wieder bergauf geht." Während Ruth erzählt, ändert sich die Landschaft – nur die Schotterpiste nicht. Es sieht aus, als würden wir durch Mondlandschaft fahren. Es ist sonnig und klar, aber kühl. In der Ferne sehen wir zwei Seen, den Lago Colhue Huapi und den Lago Musters. Eine Bergkette ist am Horizont zu erkennen und Schwarzhalsgänse, Guanakos und Nandus sind auch unterwegs. Dann sind wir am versteinerten Wald von Ormachea. Ruth darf mit uns ohne Begleitung eines Nationalparkrangers in das Naturschutzgebiet. Es ist unbeschreiblich solche Landschaft, eigenartig erhellt durch das Farbenspiel der Sonne, zu sehen. Man hat den Eindruck, in einem riesigen ‚Mondcanyon' zu sein. Überall liegen weit verstreute Holz-

stücken, man sieht umgestürzte Baumstümpfe und Baumstämme. Doch beim Laufen knackt kein Holz unter den
Schuhsohlen – Steine knirschen. Hebt man ein Stück ‚Holz'
auf, fühlt man Stein und das vermeintliche Holzstück ist
schwer. Das ist alles ganz eigenartig und ich finde den Kontrast zwischen dem, was man sieht, dem was man hört und
fühlt, sehr beeindruckend. Die umgestürzten Baumreste lassen sich nicht bewegen, sie sind enorm schwer. Viele der versteinerten Bäume sind noch unter Sandstein verborgen, man
sieht aber die Formen z. T. schon und nach und nach wird die
Natur auch diese frei geben. Ein umgestürzter, hohler Baum-
stumpf bietet ein prima Fotomotiv. Da ich die dünnste in der
Gruppe bin, sagt Ruth zu mir, ich soll da `mal durch. Ge-
sagt, getan – auf alle viere, Arme nach vorn, auf den Bauch
und durch den Baumstamm schieben. Wieder diese seltsame
Gegensatz zwischen dem was man sieht, erwartet zu fühlen
und dem was man wirklich anfasst. Es ist schon toll, was man
alles hier in Patagonien als Zeugen aus der Erdgeschichte sehen kann. Ruth erklärt, dass vor Millionen von Jahren hier
subtropische Pflanzen- und Tierwelt existierte. In den riesigen Araukarienwäldern lebten Saurier und Mammutvögel und
die Anden hatten sich noch nicht erhoben. Die Baumriesen
erstickten später in bis zu 20 Meter hohen Ablagerungen vulkanischen Ascheregens. Bei dem ‚osmotischen Wunderwerk
der Mineralisierung' wurden sie im Laufe von Jahrmillionen
zu Stein. Beeindruckend. Toll finde ich hier auch die s. g.
Steinpflanzen. Die Pflanzen sehen aus wie Steine, die mit einer Art grobem Moos bewachsen sind. Sie sind auch sehr hart,
aber ausnahmsweise nicht aus Stein. Ruth bringt ihre Liebe
zu Patagonien jeden Tag mit dem Spruch: „Patagonien ist soo
schöön!' zum Ausdruck. Wir stimmen ihr zu. Mittagspause
ist auf einer Tschakra, einer kleinen Form von einer Estanzia.
Ruth kennt die Besitzer sehr gut und hier wird ein echtes
asado für uns gemacht, ohne Touristenrummel. In der großen

Küche des Hauses ist der riesige, blankpolierte Tisch für uns gedeckt. Es gibt hausgemachten Kartoffelsalat, Tomaten- und Gurkensalat und dann geht es los mit Gegrilltem: Würstchen, Schwein, Lamm, Huhn, Wildschwein. Man kann soviel essen wie man schafft, es schmeckt sehr gut und wir haben viel Spaß dabei. Zur Verdauung gibt es selbstgebrannten Schnaps – den haben wir auch alle nötig. Unsere Gruppe ist auch ganz nett, wir sind 15 Leute. Davon vier Ehepaare, einige Damen, die zu zweit reisen, und unser Junggeselle Klaus. Mit unserem Fahrer Oskar und unserer Ruth können wir auch sehr zufrieden sein. Oskar fährt uns sicher über die Schotterpiste und Ruth gibt ihr umfangreiches Wissen an uns weiter. Wir sind inzwischen rund 2.000 km von Buenos Aires entfernt und fahren heute von der Provinz Chubut nach Santa Cruz. Unterwegs kommen wir an einigen Militärbasen vorbei, die im Falklandkrieg genutzt wurden. Als wir dann die Grenze zwischen den Provinzen Chubut und Santa Cruz passiert haben, gibt Oskar für uns eine ‚Busrunde' Zuckerrohrschnaps aus. Er ist froh, das alles bis hierher ohne Komplikationen verlief. So lässt man sich den Nachmittag gefallen. Man wird durch die Landschaft Patagoniens gefahren, kann die Seele baumeln lassen und ein Schnäpschen trinken. Plötzlich ein Knall, ein Schlag gegen das Bodenblech, so dass uns fast die Latschen von den Füßen fliegen – wir haben einen Platten. Tja, wir hätten den Hochprozentigen wohl lieber am Abend trinken sollen. Unser Oskar fuhr aber nur 40 km auf der Schotterpiste und kann den Bus langsam am Rand zum Stehen bringen. Also, alle `raus und Reifen wechseln. Wir sind in der Pampa, in der Mitte von Nichts – wie Ruth so schön zu sagen pflegt. Oskar ist Profi im Reifen wechseln, bei den Straßen hier auch kein Wunder. Wir müssen noch einige Stunden bis zu unserem heutigen Schlafort fahren. Am Horizont sind die Kordilleren zu sehen, langsam färbt sich der stahlblaue Himmel in zartes blau und rosa und allmählich wird es

Nacht über der Pampa. Am Himmel ist das Kreuz des Südens schön zu erkennen. Dann sind wir endlich gegen 21.30 Uhr im Hotel in Los Antiguos, wunderschön am Lago Buenos Aires gelegen und nur 4 km von der chilenischen Grenze entfernt. (500km)

11.03.2004

Um 08.00 Uhr fahren wir ab und legen die rund 70 km bis Perito Moreno – wie auch sonst – auf Schotterpiste zurück. Es gibt einige Grenzpolizeikontrollen wegen der nahen chilenischen Grenze. In Perito Moreno muss Oskar einen neuen Reifen für den Bus besorgen und für uns ist somit eine Stunde Freizeit angesagt. In einer viertel Stunde ist die Hauptstraße abgeschritten, Geschäfte sind noch z. T. geschlossen bzw. öffnen gerade. Es ist ja auch erst gegen 09.00 Uhr. Wolle sucht nach einem Zahnarzt, denn er hat Bekanntschaft mit einem gut funktionierenden ‚Plombenzieher' gemacht. Ruth versorgt uns nicht nur mit Matetee, sie schenkt auch Wasser aus und verteilt täglich mehrmals Toffeebonbons. Bei einer dieser Gelegenheiten hat der ‚Plombenzieher' seinem Namen alle Ehre gemacht und Wolle fehlt seit dem 'ne Füllung aus einem Zahn. Wir finden keinen Zahnarzt, Oskar aber eine Reparaturwerkstatt und nach nun doch fast zwei Stunden können wir weiter fahren. Die Leute sind hier nicht so schnell, alles wird in Ruhe und mit Bedacht getan, bloß keine Hektik. Ruth erzählt unterwegs, dass 1991 ein Ascheausbruch des Vulkans Hudson auf der chilenischen Seite große Teile in der Region Santa Cruz mit dicken Ascheschichten bedeckte. Die Hälfte des gesamten Schafbestandes ging dadurch verloren und viele Farmen mussten aufgeben. Da Argentinien nach Australien und Neuseeland der drittgrößte Exporteur für Wolle ist, war das schlimm für die Wirtschaft. In Perito Moreno haben wir auf Oskar u. a. in einem Hotel gewartet. Dort waren Fotos von dem Ascheausbruch zu sehen, die ganz schön beeindruckend waren. Auf unserer Fahrt macht Ruth auch ein paar Ausführungen zur Schafzucht, Schur usw. Sie erklärt, dass die Komparsen (Gruppen von Schafscherern) von Estanzia zu Estanzia ziehen, um dort die Schafe zu scheren. Wanderarbeiter helfen ihnen dabei. Die Tiere werden zu Pferd und mit Hilfe der Hunde geholt, in den Schurstall gebracht und in drei bis vier min sind sie ‚nackt‘. Die Wolle kommt auf einen Tisch und die Helfer zupfen den gröbsten Schmutz heraus. Die Wolle wird dann in einer Presse zu Ballen bis ca. 200 kg gepresst und anschließend verkauft. Die richtige Reinigung und Weiterverarbeitung übernimmt der Käufer. Die Landschaft ist weiter baumlos, aber schon bergiger und ab und zu gibt es kleine Canyons, später größere. Es ist sonnig und klarer blauer Himmel über uns. Das Licht bringt die Farben der Mineralien im Gestein schön zur Geltung. Man sieht die roten, braunen oder ockerfarbenen Schattierungen sehr gut. Unterwegs haben wir dann auch einen herrlichen Blick zum 3.706 Meter hohen Monte San Lorenzo. Es ist der s. g. ‚ewig schneegekrönte König‘ und ist die höchste Erhebung der argentinischen Südkordilleren. Mittagspause machen wir heute ‚in der Mitte vom Nichts‘ und lassen uns die Lunchpakete schmecken. Auf der Weiterfahrt eröffnet sich dann ein toller Blick in einen Canyon, der uns sehr an den Grand Canyon erinnert. Am Nachmittag sind wir dann an den ‚Cuevas de las Manos‘, den ‚Höhlen der Hände‘. Die Höhlen liegen in der mächtigen Serpentinenschlucht des Rio Pinturas. Der Weg vom Busparkplatz zu den Höhlen windet sich schmal an den steilen Hängen der Schlucht entlang und liegt zurzeit in der prallen Sonne. Es sind jetzt inzwischen 34 °C im Schatten und 47 °C in der Sonne und wir sehen alle aus, als hätten wir unsere Gesichtsfarbe auf Knallrot gestellt (unsere Fr. Ziener, eine ehemalige Lehrerin, hat nämlich immer und überall ein Thermometer dabei). Die Höhlen liegen im

Felsen, bieten aber nur wenige Schattenmöglichkeiten. Die Zeichnungen an den Wänden stellen vorwiegend linke Hände, Guanakos und Jagdszenen dar und sollen ca. 9.000 Jahre alt sein. Es handelt sich dabei um s. g. Negative, d. h. die Hände wurden auf den Fels gelegt und die Farbe wurde mit Mund oder einem Röhrchen Drumherum aufgespritzt. An der Bedeutung der Zeichnungen und an der Urheberschaft wird bis heute herumgerätselt; die Wissenschaft hat eine Substanzanalyse vorgenommen und festgestellt, dass die Farben aus Gips, Tierfetten und Erdfarben bestehen und es ist schon seltsam, dass sie nach 9.000 Jahren immer noch zu erkennen sind. So, unser Ausflug in die Vergangenheit ist beendet und vor uns liegen noch etwa 5 Stunden Fahrt – auf Schotterpiste. Endlich sind wir gegen 21.00 Uhr am Hotel ‚Lagos de Furioso'. Es liegt zwischen den beiden Seen Lago Puyerredón und Lago Posadas, ganz einsam und nur ‚Landschaft' ringsum. Die nächste Ansiedlung ‚Bajo Caracoles' ist 25 km entfernt und hat nur 50 Einwohner und eine ‚Tankstelle ohne Gewähr'. Die Zimmer des Hotels sind in Holzbungalows, die auf dem Gelände stehen. Im Haupthaus sind die Rezeption, der Speiseraum, ein Kaminbereich und der Küchenbereich. Unsere Koffer werden mit einem kleinen Traktor auf einem Anhänger zu den ‚Jollihütten' gebracht. Die Räume selbst sind zweckmäßig und geschmackvoll eingerichtet, Strom wird mit einem Generator erzeugt und daher spät abends abgestellt. Für uns heißt es jetzt nur ganz schnell Hände waschen, Haare kämmen und dann zum Abendessen. Das ‚kleine Schwarze' ist auf dieser Rundreise eh' fehl am Platze. Wir sind doch wieder ganz schön geschafft, müde und vor allem hungrig. Das Essen wird an sehr schön eingedeckten Tischen als Dreigänge-Menü serviert und ist ausgezeichnet! Das hatten wir hier, 'mal wieder in der Mitte vom Nichts, so nicht erwartet. Es gibt köstlichen Lammbraten und Dieter, der eigentlich kein Lamm mag, schaufelt kräftig 'rein. Er hat angeblich nicht bemerkt, dass es Lammfleisch ist. Na, nun ist ihm der Spott unserer Truppe gewiss und es wird ein lustiges Essen. Auf unserem Weg vom Haupthaus zu den Bungalows sehen wir am Nachthimmel wieder verschiedene Sternenbilder, es ist ganz klar, relativ kühl und eine eigenartige Stille umgibt uns. Die gewohnte Geräuschkulisse, die einen Großstadtbewohner ständig umgibt, existiert hier nicht. Nur die Bäume rauschen, ein paar Katzen miauzen und ein paar Vögel sind noch vereinzelt zu hören.

(360 km)

12.03.2004

Heute heißt es zum ersten Mal auf unserer Rundreise und wohl auch zum letzten Mal: ausschlafen! 09.00 Uhr gehen wir zum Frühstück und gegen 10.00 Uhr fährt der Großteil unserer Gruppe mit Ruth und Oskar sozusagen ‚ins Blaue'. Ruth hat gestern vorgeschlagen, ein bisschen die Gegend zu erkunden, in den Canyons zu wandern, in den ausgetrockneten Seen der Canyons nach Pfeilspitzen zu suchen und einfach das ‚Patagonien ist soo schöön!' zu erleben. Vor ca. 9.000 Jahren lebten hier in der Gegend die Tehuelche, indianische Halbnomaden. Diese sollen die Felsenbilder in den Höhlen gezeichnet haben. Verbürgt ist, dass sie Steine bearbeiteten, um daraus Pfeilspitzen zu fertigen – u. a. für die Guanakojagd, sowie Messer und Schaber aus Steinen herstellten. Mit etwas Glück findet man davon noch etwas. Unsere Gruppe macht sich auf, fast am ‚Ende der Welt', nach ersten Zeugnissen vom Anfang der menschlichen Welt zu suchen. Wir machen also verschiedene Spaziergänge und finden doch tatsächlich ein paar Steine, die zu Messer und Schaber bearbeitet wurden. Schöne zweifarbige Steine, toll geformte, trockene Wurzeln und ‚Knotenäste' finden wir auch. Es ist heute leicht bewölkt und daher nicht so heiß wie gestern. Viele von uns sind nun mit dem ‚Steine-, Wurzel- und Fossiliensuchfieber‘ infiziert. Die Köpfe gesenkt, die Augen suchend auf dem Boden, ab und zu wird etwas aufgehoben und begutachtet, ‚stolpern‘ wir durch diese tolle Landschaft. Im Nu sind die Lunchboxen, Kapuzen sowie Hosen- und Jackentaschen mit gesammelten Utensilien gefüllt und es sind zum Teil sehr schöne Stücke dabei. Tolle Fotomotive gibt‘s auch – ‚Patagonien ist soo schöön‘! Wir haben zwei Mitreisende dabei, die durch ihre Fotoausrüstung schon alleine je ein Koffer füllen würden. Dieter schleppt immer und überall ein großes Stativ mit hin und macht eigentlich um seine ‚Fotografiererei‘ ein ziemliches Brimborium. Er ist mit seiner Lebensgefährtin hier und man sieht Beiden nicht an, dass sie schon 65 Jahre alt sind. Unser nächster ‚Fotofreak‘ ist Klaus, ein Junggeselle Mitte 40, der auf unserer bisherigen Reise schon 18 Filme verknipst hat. Zwei weitere Ehepaare, auch Mitte/Anfang 60, unsere je zu zweit reisenden Damen und wir, vervollständigen die Gruppe. Zu zwei von unseren Damen muss ich ein paar Sätze schreiben. Sie scheinen vom Alter her auch um die 60 zu sein und wenn man sie erzählen hört, könnte man sie für zwei ‚Jungfern‘ halten. Sie sind immer abseits unserer Gruppe, haben selbstgemachte Müsliriegel von zu Hause mitgebracht und rechnen sich die Kalorien der gegessenen ‚Plombenzieher‘ vor. Sind wir alle gemeinsam beim Abendessen, lautet deren Bestellung: „Um Gottes Willen, kein Steak! Nein, auch kein Geflügel oder Lamm – das ist ja alles Fleisch. Ein Salätchen wäre gut, es reichen aber sonst auch ein paar Kräcker und ein Tee.“ Einmal meinte doch unser Dieter ziemlich genervt dazu: „Vielleicht tut es ja auch ein gefundener Kiesel zum rund lutschen.“ Tja, unsere zwei ‚Grazien‘ sorgen also immer für großes Schmunzeln in unserer Truppe. Am Abend wird uns in unserem einsamen Hotel wieder ein köstliches Dreigänge-Menü serviert. Natürlich erhalten die zwei ‚Grazien‘ anstelle von ausgezeichnetem Schweinerollbraten lecker Salätchen.

13.03.2004

Da es in den Bungalows keine Telefone gibt, muss Ruth als ‚Wecker' fungieren. Sie stiefelt also von Bungalow zu Bungalow und klopft, um uns 06.00 Uhr zu wecken. Wir haben heute wieder eine lange Fahrt auf Schotterpiste vor uns, ca. 540 km. 07.30 Uhr geht es von diesem idyllischen Plätzchen los, Tagesziel ist der Bergsteigerort Chalten. Nach zwei Stunden machen wir den ersten Stopp, um den Bus aufzutanken; für uns gibt's Kaffee. Dann holpern wir wieder auf der Route 40 dahin. Ruth hat Salami, Käse und Kräcker gekauft und versorgt uns zwischendurch mit belegten Kräckern. Dieter gibt 'ne Flasche Zuckerrohrschnaps aus und das alles – einschließlich Matetee für einige – ist eine willkommene Abwechslung zur Vormittagszeit. Hier hat man wieder das Gefühl, die riesige Weite der Landschaft nicht erfassen zu können, weder mit den Sinnen, noch mit den Gedanken. Eigenartig und doch faszinierend! Dann bietet sich in der ‚Mitte von Nichts' ein tolles Fotomotiv. Die Schotterpiste verläuft hier schnurgerade bis zum Horizont und bildet zur Pampa und den Hügeln ringsum einen Kontrast. Unsere Frau Ziener macht es sich auf der ‚Piste' bequem und hat in ihrer Lage die unendliche Weite der Landschaft in einer super Perspektive. Das gibt natürlich prima Fotos. Wir machen dann Mittag und die Lunchpakete vom Hotel sind gut. Auf unserer heutigen Fahrt haben wir noch kein Dorf oder Örtchen durchfahren, nicht einmal eine Estanzia war zu sehen. Ruth meint so nebenbei, ein Kaffee wäre ja jetzt nicht schlecht und in 20 min könnten wir dann welchen trinken. Wir schmunzeln natürlich alle, denn wir haben keine Kaffeemaschine an Bord – nur die Thermoskanne und den Matetee. Außerdem können wir uns hier in dieser einsamen Gegend kein Café oder ähnliches vorstellen. Aber Ruth ist immer für eine Überraschung gut und nach 20min Fahrt biegen wir von unserer ‚Straße' ab und einige hundert Meter weiter stehen ein paar Gebäude. Hier lebt ein

Argentinier in der Einsamkeit, züchtet Guanakos, ist durch Satellitenfernsehen ein bisschen mit der Normalität verbunden, liebt Mozart und sucht 'ne Frau. Ansonsten sieht es aus wie ‚bei Hempels unterm Sofa'. Der Besitzer dieser ‚Estanzia' ist sehr nett und bewirtet unsere Gruppe tatsächlich mit Kaffee. Wir haben nun schon öfters auf unserer Fahrt kleine Bauerngehöfte besucht und dort konnte man Kaffee, Kuchen, kleine herzhafte Snacks oder einige Lebensmittel kaufen. Zur Not kann man dort auch Übernachten. Hier haben wir aber nicht erwartet, menschliche Behausung zu finden. Dann geht es weiter, unser Tagesziel El Chalten, am Fuße der argentinischen Anden und s. g. nördlichster Außenposten des Nationalparks Los Glaciares, ist noch viele Kilometer entfernt. Wenn man hier mit dem Bus durch die Landschaft holpert, kann man sich nur sehr schwer vorstellen, dass Patagonien ein, mit dem heutigen Amazonasregenwald, vielleicht noch gewaltiger und von vielen Tieren bewohnter Dschungel war. Als die Anden sich erhoben hatten, begann die Versteppung und das war etwa vor 15 Millionen Jahren. Wir sehen also daher die Landschaft in Schichtstufen, Terrassen, Tafeln, canyonartigen Tälern – bewachsen mit dornigen, harten Pflanzen, kein Baum, kein Strauch. Ruth erzählt uns etwas vom Perito Moreno Gletscher, den wir in ein paar Tagen im Nationalpark sehen werden. 1988 hatte er sich an einer Stelle bis an die Felsen auf der ihm gegenüberliegenden Seite vorgeschoben und schloss mit dem Land ab. Er staute damit auf der einen Seite das Wasser des Sees und damit waren die Wasserspiegel auf den beiden Seiten der ‚Eisbrücke' unterschiedlich hoch. Jetzt ist er erneut ans Festland heran und bildet zum ersten Mal seit 1988 wieder eine riesige ‚Eisbrücke'. Das Brechen dieser Brücke wird in den nächsten Tagen erwartet. Drei Jahre hat es gedauert, bis der Gletscher die ‚Brücke' gebaut hat. Plötzlich kracht es wirklich, aber nicht die Gletscherbrücke stürzt ein, wir haben wieder 'nen Platten. Oskar behebt mit Hilfe unse-

rer Männer die Panne und wir rollen weiter Richtung Gletscher Nationalpark. Wir kommen dann zum Andensee Lago Viedma, der mit seiner türkisfarbenen Wasserfläche von nahen Gletschern zeugt. Endlich sagt Ruth: „Wir sind fast da, dahinten ist der Fitz-Roy, mit einer Höhe von 3.375 Meter recht gewaltig, zu sehen." Nun, wir sehen so gut wie nix – Wolken hängen über dem Bergmassiv und der Staub der Schotterpiste trübt wahrscheinlich auch noch unseren Blick! Die hohen Berge sind also nur zu erahnen, den kleinen Ort Chalten erfassen wir aber mit einem Blick. Chalten ist ein indianischer Name und bedeutet soviel wie: rauchender Berg. Wenn die Wolken in den Bergen hängen, sieht es wirklich so aus, als würden die Berge rauchen. Wir checken in einem kleinen Hotel ein und dann geht es gemeinsam sofort zum Abendessen (wieder ohne das kleine Schwarze, aber noch mit Staub im Kragen). Ruth hat uns vom Bus aus telefonisch schon Plätze beim Italiener reserviert, bei dem es auch ausgezeichnete argentinische Steaks gibt. Komisch was? Wir verbringen also den Rest des Abends beim Italiener und nach dreizehn Stunden Fahrt über Schotterpiste und durch die Weite der patagonischen Landschaft sind wir k.o.
(550km)

14.03.2004
Heute werden wir 'mal keine Schotterpiste ‚unterm Hintern' haben – dafür unter den Schuhsohlen. Wir machen eine Ganztageswanderung im Nationalpark Los Glaciares. Es gibt hier rund 70 km Wander- und Steigwege und die Landschaft ist mit den schönen Bergen auch waldreich und hat verschiedene Seen. Der Fitz-Roy ragt hinter dem Hotel in die Höhe, aber ist auch heute in den Wolken versteckt. Der Himmel ist grau in grau, ab und zu regnet es und es ist relativ frisch. Wir ziehen uns also entsprechend an, ein Bergführer holt uns von

Hotel ab und los geht es. Nun doch ein kleines Stück mit dem Bus und natürlich auf Schotterpiste. Zu zwölf Personen wollen wir auf Wanderung und im Bus gibt es Diskussion darüber, ob wir die große Tour neun Stunden oder die kleine über fünf Stunden machen. Laut Reiseprogramm soll die gesamte Wanderung fünf Stunden umfassen, das stimmt aber so nicht. Das ausgewiesene Ziel der Wanderung im Programm ist nur mit der neun Stunden Wanderung zu erreichen. Wolle meint, die kleine Tour ist ausreichend, schließlich sind wir alle nicht trainiert und vorbereitet, sitzen seit Tagen fast immer nur im Bus. Einige Mitreisende protestieren sofort lautstark, sie wollen alles sehen, schließlich sind sie ausgeruht und so weiter. Wir einigen uns schließlich alle darauf, dass wir nach zwei Stunden und dreißig Minuten an einer Schutzhütte, wo der Aufstieg zum Gletscher beginnt, noch einmal entscheiden, ob wir weiter laufen oder zurück gehen. Unser guide spricht nur englisch, erklärt aber die Landschaft, Fauna und Flora sehr gut. Er schlägt ein straffes Tempo an, wir haben ein weites Stück Weg vor uns. Zum Teil ist es stark windig, es regnet, dann scheint wieder die Sonne – 'mal Mützen auf, Handschuhe und Jacken an – 'mal nur im T-Shirt und mit Sonnenbrille. Wir wandern durch Wald, an den Bäumen sehen wir den ‚Altmännerbart', eine Flechte, die für die Bäume nicht schädlich ist. Auch gibt es die ‚Chinesischen Laternen' – nestartige Bälle, die als Halbschmarotzer im Geäst hängen. Wir sehen aber auch die champignonförmigen Rindenpilze, die als Parasiten an den Bäumen leben und auf die die Bäume mit knotenartigen Wucherungen reagieren und nach und nach absterben. Es gibt hier Moore, Flächen ohne Wald, kleine Wasserläufe, Seen und trotz Regen ist es im Wald so trocken, dass jeder Schritt vom Vordermann eine Staubwolke aufwirbelt. Nach gut zwei Stunden haben wir die Schutzhütte erreicht und sind doch geschafft. Das Wetter spielt nicht so mit, wie wir es gerne hätten, es hat sich nun ringsum zugezogen, die Berge liegen unter dichten Wolken und es regnet. Unsere beiden Hobbyfotografen haben zur Anstrengung der Wanderung auch noch ihre Fotoausrüstungen zu schleppen, sind ständig auf der Suche nach ,dem Foto' und kein Sonnenstrahl ist zu sehen. Wir machen unsere Rast, essen eine Kleinigkeit und entscheiden gemeinsam, dass wir nicht die große Tour in Angriff nehmen. Unser guide meint auch, dass das Wetter nicht besser wird, wir auf dem weiteren Weg nach oben nur noch in windungeschütztem Gelände unterwegs wären und oben kaum etwas sehen würden. Also geht es auf einem anderen Weg zurück nach Chalten. Beim Laufen beobachte ich die Beine meiner Wandergesellen und sehe, dass manche schon einen leichten ,Watschelgang' an den Tag legen. Die, die am Morgen am lautesten gegen die kleine Tour protestierten, sagen jetzt: „Sechs Stunden waren wir unterwegs, stellt euch 'mal noch drei Stunden dazu vor – das wäre der absolute Hammer gewesen'. Tja, das stimmt so tatsächlich. Von 0 auf 100 kann man so eine Wanderung in den Bergen einfach nicht machen. Verstaubt, mit Dreckspritzern bekleckert, müde, k.o., aber voller schöner Eindrücke, sind wir dann wieder im Hotel. Am Abend gehen wir alle gemeinsam – bis auf unsere zwei Grazien – noch einmal zum ,Steakitaliener'. Die Fleischstücken sind ca. vier cm dick, nicht groß, dick! und ausgezeichnet. Hobbyfotograf Dieter traut seinen Augen kaum, aber nicht das Steak vor ihm ist interessant – draußen schickt die Sonne ein paar Strahlen Richtung Fitz-Roy und es sieht so aus, als wolle der Berg sich endlich einmal zeigen. Dieter stürzt aus dem Restaurant, Fotoapparat holen, Aufstellung nehmen und alles einstellen, um das Foto zu schießen, was er schon den ganzen Tag wollte: ,Fitz-Roy bei schönstem Sonnenschein'. Doch alles umsonst, keine Sonne mehr und kein wolkenloser Berg. Verärgert kommt er wieder und wird nun auch noch von allen ein bisschen ,hopp' genommen. „Du hast ein tolles Steak aus bestem Lammfleisch kalt werden lassen." Dieter mag doch kein Lamm und weiß nicht, dass sein Steak aus einem zarten Stück Rinderlende ist „Na ja, vielleicht bringen sie dir aber auch Elefant." Dieter darauf: „Ja, aus der langen Dose vom Supermarkt, da ist nämlich Rüssel drin." Oh, oh, so lustig geht es noch eine ganze Weile am Tisch zu – man merkt, acht Tage Fahrt, fast ausschließlich auf Schotterpiste, zeigen Wirkung im Gehirn.

15.03.2004
Es beginnt wieder ein typischer Urlaubstag auf unserer Reise: 06.00 Uhr Wecken, 06.30 Uhr Frühstück, 07.00 Uhr Abfahrt. Die Bedienung beim Frühstück scheint um diese frühe Stunde auch noch zu schlafen, es dauert und dauert. Sie bringen doch wirklich fast jede Scheibe Toast einzeln an die Tische. Ruth kann das gar nicht mit ansehen, greift daher beim Servieren mit zu und bringt etwas Schwung ‚in den Laden'. Sie möchte, dass wir pünktlich losfahren, um am Perito Moreno Gletscher mehr Zeit zu haben. Wir fahren also heute von Chalten nach El Calafate, das sind ca. 300 km und haben von Calafate aus einen Ausflug zum Gletscher im Programm. Die Fenster des Frühstücksraumes liegen mit Blick zum Fitz-Roy. Doch auch heute ‚raucht' er leider nur – erneut keine Möglichkeit, ein Bild zu schießen. Dafür erleben wir unterwegs einen wunderschönen Sonnenaufgang und endlich kommen alle Fotofreaks auf ihre Kosten. Nach etwa zwei Stunden Fahrt erreichen wir wieder die Route 40 und damit ‚schottern' wir unserem Ziel wieder entgegen. Gegen Mittag erreichen wir Calafate – einen 9.000 Einwohner zählenden Ort, der seinen Namen dem gleichnamigen Beerenstrauch (deutsch: Berberitze) verdankt. Berühmt wurde der Ort aber nicht durch seinen Namen, sondern durch den im Nationalpark liegenden Perito Moreno Gletscher. Er ist der zurzeit einzige noch wachsende Inlandeisgletscher. Ruth erzählt, dass er sich täglich zwei bis drei Meter

nach vorn und 60 cm zur Seite schiebt. Er ist etwa 257 km² groß und zurzeit wohl überall in den Nachrichten. Gestern (leider) konnte man nämlich eines der wohl spektakulärsten Naturschauspiele der Welt sehen. Die Gletscherzunge war in ca. drei Jahren auf die gegenüberliegende Peninsula Magallanes gewachsen und riegelte dabei den Südarm des Lago Argentino ab. Das sah wie eine riesige gläserne Staumauer aus. Der dahinter liegende Brazo Rico steigt an und wenn der Wasserdruck sehr stark wird, bricht der Eisdamm. Dabei stürzen haushohe Eisstücke mit enormem Getöse in den See, eine Gischtwolke ist zu sehen und dann schwimmen die neuen Eisberge wie taumelnd davon. Wir haben das also leider auch nur im Fernsehen gesehen – ein Tag früher in Calafate und wir wären live dabei gewesen (tja, ihr Termin wäre gestern gewesen). So etwas kann aber Gott sei Dank niemand genau vorhersagen, seit Wochen waren die wenigen Hotels in Calafate deshalb ausgebucht mit Reportern und Fotografen aus aller Welt. Die kleine Stadt Calafate wächst zurzeit sehr schnell, der Tourismus macht es möglich. Man schätzt, dass in zehn Jahren ca. 40.000 Leute hier leben werden. Im Moment gibt es zwar noch kein Kino, Theater usw., das Gas für die Heizungen, zum Kochen oder dgl. wird noch täglich per LKW gebracht. Wir fahren erst einmal zum Hotel, das am Stadtrand, oberhalb des Lago Argentino, liegt. Man hat vom Foyer einen tollen Blick zu den Bergen und zum See. Das war's aber auch schon. Die Zimmer sind sehr karg eingerichtet, geheizt wird über ein riesiges Gebläse, das sehr laut ist. Ursprünglich war ja laut Reiseprogramm ein anderes Hotel direkt im Zentrum vorgesehen. Durch das zu erwartende ‚Gletscherschauspiel' waren aber wie gesagt, sämtliche Hotels belegt und wir erhalten zum Ausgleich für den Hotelwechsel zweimal Abendessen auf Kosten des Veranstalters. Jetzt haben wir aber erst einmal drei Stunden Freizeit in Calafate. Das Städtchen hat eine Hauptstraße und die ist schön. Ein kleines Geschäft reiht sich ans andere, Restaurants, Cafés,

Post, Bank, Supermarkt – alles da. Schöne Bäume säumen die Fußwege zur Straße hin. Um 16.00 Uhr – zurzeit werden Einlasszeiten für den Nationalpark vergeben, da die Straße durch Baumaßnahmen nur einspurig ist – fahren wir also in den rund 80 km westlich von Calafate liegenden Nationalpark Los Glaciares, um den Perito Moreno Gletscher zu sehen. Den Namen erhielt er übrigens vom Forschungsreisenden Perito Moreno. Über etliche Stufen erreichen wir die Aussichtsplattformen und Laufstege, die dem Gletscher gegenüber gebaut wurden. Gestern waren hier ca. 9.000 Menschen, bewaffnet mit Kameras, Fotoapparaten, Mikrofonen usw., um das Brechen der ‚Gletscherbrücke' zu sehen. Aber auch nur mit Resten der gläsernen Brücke sind wir beeindruckt vom Gletscher. Smaragdfarben glitzert der See, ab und zu hört man ein urstes Knacken und Krachen aus dem Inneren des Gletschers und auch von seiner gewaltigen Zunge. Dann sieht man große Eisnadeln abbrechen und in den See stürzen. Es regnet inzwischen und ist recht kühl, aber wir stehen alle hier und sind fasziniert. ‚Patagonien ist soo schöön'. Schade nur, dass man immer im Moment, wenn man etwas abbrechen hört, den Fotoapparat nicht in diese Richtung hält. Bis das Geräusch des Abbrechens nämlich zu uns ans Ufer gelangt, man sich darauf orientiert hat, sind die Eisnadeln meistens gerade dabei im See zu versinken. So sind unsere Hobbyfotografen wieder einmal auf der ‚Jagd nach dem Foto'. Am Abend essen wir im Restaurant unseres ursprünglich geplanten Übernachtungshotels. Es ist inzwischen auch wieder 21.30 Uhr und ein langer Tag geht für uns zu Ende. (300km)

16.03.2004
Ein Großteil unserer Reisegruppe macht heute einen Fakultativausflug zum Upsala-Gletscher. Mit Katamaranen fahren sie vom kleinen Hafen Punta Bandera, etwa 50 km entfernt

von Calafate, zu Südamerikas ,Weißen Riesen'. Wolle und ich haben in Alaska so eine ähnliche Bootsfahrt gemacht, für mich leider mit Seekrankheit verbunden. So bleiben wir lieber auf dem Festland, schlafen aus, frühstücken bei herrlichem Sonnenschein und mit Blick zum See. Anschließend laufen wir ins Stadtzentrum. Calafate liegt also direkt am Lago Argentino – der zweimal so groß ist wie der Bodensee – und wird auch als ,Welthauptstadt der Gletscher' bezeichnet. Ringsum liegen imposante s. g. Schichtstufenfelsen und insgesamt 14 vom patagonischen Eisfeld gespeiste Gletscher liegen im nahen Gletschernationalpark. Es ist sonnig, warm aber wieder sehr windig. Am späten Nachmittag fahren wir mit Oskar und Ruth, um unsere Ausflügler abzuholen. Wir sind eine gute Stunde zum Hafen unterwegs, immer entlang des Lago Argentino. Die Sonne malt verschiedene Farbtöne an die Berge und es ist schön anzusehen. Gegen 19.30 Uhr kommen die Schiffe an und unsere Truppe ist total begeistert vom Ausflug zu den Eisbergen. Wir verstehen die Begeisterung, trotz Seekrankheit waren wir in Alaska auch sehr beeindruckt. Unser letzter Abend mit Oskar und Ruth ist nun da und Ruth hat sich etwas Besonderes ausgedacht. Zum Essen hat sie Plätze in einem kleinen Restaurant reserviert. Hier gibt es ganz tolle Steaks aus dem Lendenstück – schmecken super – und man zeigt eine kleine ,hausgemachte' Show mit Tänzen, Tango, live Gitarrenmusik und Gesang. Schön. Der argentinische Rotwein schmeckt auch hervorragend und weit nach Mitternacht sind wir wieder im Hotel.

17.03.2004

Gegen 09.00 Uhr holen uns Ruth und Oskar ab und zum letzten Mal wird unser Gepäck im Bus verstaut. Diesmal allerdings ohne schützende Plastiktüten – Fahrt auf Schotterpiste ade! Wir müssen zum Flughafen, haben aber vorher noch zwei Stunden Freizeit im Städtchen Calafate. Einige von unserer Gruppe holen nun die ‚shoppingtour' nach, die so auf unserer 3.050 km langen Fahrt von Trelew an der Atlantikküste, nach El Calafate nicht möglich war. Mich haben die vergangenen Tage unterwegs durch Patagonien sehr beeindruckt, die Größe, Weite und eigenartige Schönheit der Landschaft, Pflanzen und Tiere ist nur schwer zu beschreiben. Nun heißt es, Abschied von Ruth und Oskar nehmen. Beide haben dazu beigetragen, dass die Tage für uns unvergesslich bleiben, sei es durch sicheres Fahren über Schotterpisten, durch unkompliziertes, sachkundiges Organisieren, alles ‚im Griff' haben, durch herzliche Betreuung der Reisegäste oder wegen der vielen Informationen zu Land und Leuten, die wir von Ruth erhielten. Also, mit einem lachenden und einem weinenden Auge geht es nun zur letzten Etappe unserer Argentinienrundreise nach Feuerland. Der Flug von Calafate ans ‚Ende der Welt' ist ruhig und nach anderthalb Stunden sind wir auf Tierra del Fuego – Feuerland – und landen in Ushuaia, der südlichsten Stadt der Welt. Feuerland, ein Archipel an der Südspitze Südamerikas, gehört teilweise zu Chile und zu Argentinien, seine Südspitze ist Kap Hoorn. Vom Festland Südamerikas ist Feuerland durch die Magellanstraße getrennt, der zu Argentinien gehörende östliche Teil umfasst die Hauptinsel und die Staaten-Insel im Südosten. Im Osten werden die Inseln vom Atlantik und im Westen vom Pazifik begrenzt. Wir werden von einem Reiseleiter am Flughafen abgeholt. Wolle und ich sind die letzten, die ihr Gepäck kriegen und als wir in die Flughalle kommen, ist niemand von unserer Gruppe oder der Reiseleiter zu sehen. Eigentlich müsste der Reiseleiter ja merken, dass er statt 15 nur dreizehn Leute eingesammelt hat und so bleiben wir erst einmal in der Flughafenhalle stehen. Nach einer geraumen Weile kommt unser Single Klaus und holt uns. Er erzählt, dass unsere Gruppe den Reiseleiter erst darauf aufmerksam machen musste, dass wir noch fehlen (zwei verschollen am Kap Hoorn). Komplett fahren wir nun also zum Hotel und checken ein. Es ist inzwischen gegen 15.00 Uhr und es besteht noch die Möglichkeit, einen Ausflug in den Nationalpark Feuerlands zu machen oder zur Freizeit. Wolle und ich haben keine Lust, schon wieder bis spät Abends im Bus zu sitzen und so fahren wir ins Zentrum von Ushuaia. Die Stadt ist nicht groß, hat aber eine wirklich schöne Hauptstraße. Hier findet man Cafés, Hotels, Geschäfte über Geschäfte und die Architektur ist erwähnenswert. Es ist nämlich kein einheitlicher Baustil zu erkennen, hier und dort ein paar Häuser aus der s. g. Pionierarchitektur, aus Holz und Wellblech, mit Windfangveranda bis hin zu Giebelverzierungen, dann wieder einfache Häuschen oder Plattenbauweise. Wir finden ein gemütliches kleines Restaurant und bei Steak und einem guten Bier genießen wir das Gefühl auf Feuerland zu sein. Später, bereits zurück im Hotel, beobachten wir die Vögel am und auf dem Beagle-Canal. Unser Hotel liegt außerhalb der Stadt und direkt am Ufer des Beagle-Canals. Aber nicht nur die Tiere sind interessant, auch stehen einige Ornithologen mit riesigen Fernrohren am Kanal, um die Vögel zu beobachten und wir beobachten wiederum diese Leute. Sie benehmen sich teilweise recht putzig, da werden die Fernrohre angehoben, ein paar Schritte weiter wieder aufgestellt und erneut durchgeschaut. Dann, wie auf unsichtbares Kommando, erneuter Positionswechsel. Hier schwenkt ein Fernrohr gen Himmel, dort Richtung Wasser. Amüsant.

Wir lassen uns am Abend noch ein Gläschen argentinischen Rotweins schmecken.

18.03.2004

Wieder steht uns ein langer Tag bevor, aber erst einmal frühstücken wir ausgiebig im Hotelrestaurant. Man hat von hier einen schönen Blick zum Beagle-Canal und die Sonne lässt sich sehen. 09.00 Uhr fahren wir Richtung Hafen und von dort ist ein Ausflug mit einem Katamaran im Programm. Ich ‚arme‘ – hoffentlich erwischt mich nicht wieder die Seekrankheit. Herr Ziener meint, dass es ein gutes Mittel dagegen gibt: „unter eine Eiche legen und liegen bleiben.“ Tja, her mit `ner Eiche! Mit der Seekrankheit ist das ja so eine Sache, anfangs denkt man: hoffentlich wird mir nicht schlecht; in der Mitte denkt man ans Sterben und am Ende sagt man sich: „Scheiße, ich kann nicht sterben.“ Also, los aufs Boot und wir ‚schippern‘ Richtung Osten und Atlantik. Die Ushuaiabucht umgebenden Berge sind z. T. bewachsen mit Buchenwald (keine Eichen). Die Blätter der Bäume sind aber kleiner als bei uns und man kann viele ‚Flaggenbäume‘ oder s. g. ‚Windflüchter‘ darunter finden. Durch den ständigen starken Wind wachsen die Bäume in Richtung Osten und es sieht aus, als wären die Äste wie eine wehende Flagge gewachsen. Seelöwen begleiten unser Boot, Kormorane fliegen über uns und Albatrosse segeln majestätisch dahin. Schön! Am Ufer des Kanals gibt es auch einige Schaffarmen. Wir fahren ein Stück entlang der Südküste bis zum Les-Eclaireurs – Leuchtturm. Die Königskormorane haben ihre Nester direkt am Fels gebaut und wenn man sie sitzen sieht, sehen sie aus wie Pinguine. Auf den Inseln hier sind die Pflanzen kleiner als anderswo, da hier ständig ein starker Wind herrscht. Auf einer kleinen Insel gehen wir an Land und lassen uns erzählen, dass hier vor etwa 6.500 Jahren Ureinwohner als Seenomaden lebten. Sie errichteten kleine Hütten mit Astdächern, die jeder benutzen konnte. Ringsum legten sie u. a. ihren Muschelabfall ab; das sind heute kleine Hügel und die lassen erkennen, wo einst eine Hütte stand. 1930 strandete vor der Bucht von Ushuaia ein deutsches Kreuzfahrtschiff. Alle Personen wurden gerettet und lebten mehrere Wochen in Ushuaia. Man räumte dazu sogar das Gefängnis, um so ausreichend Platz für die gestrandeten Passagiere zu haben. Nur der Kapitän des Schiffes kam ums Leben; man vermutet Selbstmord. Auf der Rückfahrt wird auf unserem Katamaran Musik gemacht. Unterwegs konnte man ein Schlückchen Wein trinken, Kaffee oder Wasser. Nun gibt es also Livemusik vom Kapitän. Er spielt Gitarre und Mundharmonika, wir erhalten kleine Rasseln und ‚ab jehter, der Peter'. Der Kapitän spielt einen wunderbaren ‚Beaglekanalblues', hat eine tolle Stimme, wird von uns mit Rasseln und Schlaghölzern unterstützt und es macht allen viel Spaß. Man stelle sich vor, bei handgemachten heißen Bluesrhythmen schippern wir fast am Kap Hoorn – Wahnsinn. Mich hat es diesmal nicht mit Übelkeit erwischt und zurück im Bus geht es wieder auf die Nationalstraße drei. Diese endet im Nationalpark Feuerland und ist recht berühmt. Das Ende der Straße ist 3.063 km von Buenos Aires und 17.848 km von Alaska entfernt, wo sie als Pan-Amerikan-Highway beginnt. Es sind damit Hauptverkehrsstraßen gemeint, die Nord-, Mittel- und Südamerika von Alaska bis Chile miteinander verbinden. Von Fairbanks in Alaska bis nach Dawson Creek in Kanada wird der nördliche Streckenabschnitt Alaska-Highway genannt. Auf dem waren wir ja vor drei Jahren unterwegs. In Mexiko und Mittelamerika wird die Straße als Inter-American-Highway bezeichnet und in Südamerika als Panamericana. Der Nationalpark Feuerland wurde 1960 gegründet, wir fahren entlang des Pipoflusses, vorbei am südlichsten Golfplatz der Welt. Wir machen einen Spaziergang, essen eine Kleinigkeit und sehen zum ersten Mal bettelnde Falken. Sie sitzen auf den Bäumen an einem Grillstand und warten darauf, dass jemand eine Grillwurst mit ihnen teilt. Das Wetter ist angenehm, nicht zu kalt und die Sonne scheint. Wieder fahren wir ein Stück mit dem Bus durch den Nationalpark und dann geht es erneut auf kleine Wanderung. Es ist jetzt ein schönes Lagunen- und Waldgebiet. Wir laufen zur Laguna Negra und auf dem Weg dahin stehen viele

‚chinesische Laternen'. Hier haben wir also wieder die kugelförmigen Geflechte, die im Geäst hängen. Hier sind sie aber z. T. rot oder gelb leuchtend, im Nationalpark bei Chalten waren sie eher beigefarben. Weiter geht es durch einen wahren Märchenwald. Hier gibt es viele tote, von dicken Moospolstern und Pilzen bewachsene Baumstämme. In dem kalten Klima verrotten sie nur langsam und würden eine tolle Kulisse für ‚Hänsel und Gretel' bieten. Staunend stehen wir später vor einem riesigen Biberdamm. Sie fühlen sich hier genauso wohl wie die Magellangänse, die Nandus und Guanakos. Am späten Nachmittag sind wir zurück im Zentrum von Ushuaia, beschließen diesen Tag mit einem letzten Steakessen und dann müssen wir schon Richtung Flughafen. Es regnet jetzt und aus dem Beagle-Canal ‚wächst' ein Regenbogen. Das sieht ganz toll aus und unser Reiseleiter meint, wären wir mit dem Flugzeug schon in der Luft, würden wir den Regenbogen als Kreis sehen. Gegen 19.00 Uhr starten wir und mit einer Zwischenlandung in Trelew sind wir am **19.03.2004** gegen 00.30 Uhr wieder in Buenos Aires. Elisa, die uns schon am Anfang unserer Reise hier betreute, nimmt uns wieder in Empfang. Endlich, gegen 01.30 Uhr, sind wir dann im ‚Kempinski'. Bevor wir jedoch die Zimmerschlüssel erhalten, müssen wir wieder Anmeldeformulare ausfüllen – und das nicht in der ‚Mitte von Nichts', sondern in der ‚Mitte der Nacht'.

Gegen 09.30 Uhr treibt uns der Hunger zum Frühstücksbüfett. Ganz gemütlich frühstücken wir, später wird der Koffer für unsere Rückreise gepackt und 12.00 Uhr ist ‚check-out'. Das Gepäck kann im Hotel untergestellt werden und nun haben wir noch drei Stunden Freizeit. Wolle und ich laufen durch die Millionenmetropole Buenos Aires und es ist schon eigenartig nach zehn Tagen Fahrt auf Schotterpiste, durch einsame Gebiete und eigenwillige Landschaft, plötzlich wieder in diesem riesigen, quirligen Gewühle zu sein. 13.00 Uhr machen wir eine Führung im Teatro Colón mit. Das Opernhaus, 1908 eingeweiht, ist wunderschön und hat eine weltberühmte, perfekte Akustik. Die Tour beginnt und plötzlich ertönt im herrlichen Foyer wunderschöner Gesang. Eine Sängerin begrüßt die Touristen mit einem Lied aus Aida – Gänsehaut garantiert! Unsere englisch sprechende tourguide führt uns zur Präsidentenloge, die sich in der untersten der fünf Logenringe befindet. Der Zuschauerraum ist hufeisenförmig und zur Bühne hin geneigt. Im Raum sitzen ein paar Leute, die sich leise unterhalten – wir verstehen aber jedes Wort. Sehr beeindruckt bin ich aber auch von den 15 Meter unter der Avenida Neueve de Julio liegenden ‚Schätzen der Verwandlungskunst‘. Hier findet man sämtliche Werkstätten wie Malerei, Bühnenbildner, Perückenmacher, Schuhmacher, Schneider – mehr als 70.000 Kostüme, 20.000 Paar Schuhe und unzählige Requisiten und schmückendes Beiwerk. Schade, dass wir am Abend keine Zeit haben, eine Aufführung zu besuchen. Heute Abend sitzen wir wieder im Flugzeug Richtung Deutschland. 15.00 Uhr trifft unsere Gruppe im Hotel wieder zusammen und Elisa begleitet uns zum internationalen Flughafen. Es ist Freitagnachmittag und wie überall in großen Städten auf der Welt: Feierabend bedeutet Wochenendverkehr. Wir stecken also im Stau und unser Fahrer findet dann eine Abfahrt von der Autobahn, die zum Flughafen führt. Er will uns auf ‚Schleichwegen‘ zum Abflug bringen, nach einer dreiviertel Stunde Fahrt durch Stadtteile, die selbst Elisa nicht kannte, sind wir fast wieder am Ausgangspunkt – nur nicht am Flughafen. Inzwischen rollt der Verkehr wieder auf der Autobahn, unser Busfahrer sucht noch ’ne halbe Stunde eine Auffahrt und dann endlich geht es zügig zum Flughafen. Wir lassen unser Gepäck gleich bis Leipzig durchchecken und nach zwei Stunden Flugzeit landen wir in São Paulo. Hier haben wir noch zwei Stunden Zeit und bummeln über den riesigen Flughafen und durch die zahllosen Geschäfte. 22.25 Uhr soll unsere Maschine nach Frankfurt starten, inzwischen ist es 21.30 Uhr und Hunderte Menschen sind im kleinen Abflugbereich. Erst gegen 22.00 Uhr sehen wir den Kapitän an Bord gehen – um diese Zeit ist sonst schon die boarding time fast abgeschlossen. Wie von uns erwartet sagt man dann, dass es Verspätung durch technische Probleme gibt. Na, das ist wieder 'ne Aussage vor einem Zwölfstundenflug! Mit über einer Stunde Verspätung dürfen wir dann einsteigen und nach elf Stunden und dreißig Minuten Flugzeit landen wir in Frankfurt.

Es ist nun der **20.03.2004**, gegen 14.00 Uhr und unser Anschlussflug nach Leipzig geht erst 18.00 Uhr. Wir bummeln nun auch noch durch den Frankfurter Flughafen und dann endlich geht es nach Leipzig.

Wieder ist eine tolle, erlebnisreiche Reise zu Ende. Wir waren also 14 Tage lang unterwegs im Land der sechs Kontinente, welches sich über 34 Breitengrade erstreckt. Wir haben ca. 3.000 km mit dem Bus und noch einmal soviel mit dem Flugzeug auf unserem Weg von Buenos Aires nach Ushuaia zurückgelegt und was haben wir alles an unterschiedlichsten Landschaften gesehen und ‚durchschottert'. Seien es die fruchtbaren Ebenen im Osten mit den schönen Estanzien, die tolle patagonische Küstenlandschaft, die herrliche Gebirgskette der Anden im Westen, die Berg- und Gletscherwelt, die bizarren Landschaften der heutigen patagonischen Steppe (um die versteinerten Wälder herum) und dann die Landschaft Feuerlands. Damit stürzte also eine Fülle von unterschiedlichsten Informationen, Eindrücken und klimatischen Veränderungen in den vergangenen zwei Wochen auf uns ein und will erst einmal verarbeitet werden. Eigentlich könnte man doch jetzt Urlaub machen, oder?
Unser Fazit: Patagonien ist soo schöön!

Erlebnis Bali

Es ist der **01.09.2004** und wir steh'n mal wieder in den ‚Start-löchern'. Eine neue Reise liegt vor uns – Ziel: Indonesien. Ganz entspannt (soweit bei Flugangst von Entspannung die Rede sein kann) geht es am Nachmittag per Flugzeug von Leipzig nach Frankfurt. Die Maschine ist sehr klein, der Ausdruck ‚Sardinenbüchse' eher angebracht. Es gibt 76 Sitzplätze, davon zwei sogar entgegen der Flugrichtung. Das ist ein Vierersitz, ich sitze auch dort und eigentlich könnte man 'ne Runde Skat spielen. Aber wir fliegen nur knapp eine Stunde und am meisten beschäftigt uns, ob wir unseren Koffer am Endziel in Denpasar auf Bali wiedersehen. Wir konnten nämlich das Gepäck von Leipzig aus durchchecken lassen. Um 22.30 Uhr starten wir mit Singapur Airlines und einer Boing 747-400 Richtung Singapur. Eine Flugzeit von rund zwölf Stunden erwartet uns, ich sitze in der letzten Reihe und teile mir einen Vierersitz mit einer Asiatin. Wolle hat zwei Reihen vor mir einen Zweierplatz für sich alleine, die Maschine ist also nicht voll ausgebucht. Kaum haben wir die vorgeschriebene Reiseflughöhe erreicht beginnt der Service an Bord: essen, trinken, Unterhaltung. Angenehm ist hier, dass jeder Sitzplatz über einen eigenen Monitor verfügt, der in der Rückfront des Vordersitzes ist. Man kann selbst auswählen, welche und wie viele man von 60 Spielfilmen sich ansehen möchte, ob Reiseberichte von ausgewählten Zielen einen interessieren, ob man lieber Computerspiele spielen möchte oder ob man sich aus 90 Musikprogrammen sein eigenes zusammenstellt. Ständig kann man sich selbst die aktuelle Position des Flugzeuges einschließlich Reisehöhe, Flugzeit, Ortszeiten usw. am eigenen Monitor aufrufen. Toll! So etwas hatten wir auf unseren vielen Flügen auch noch nicht. Wolle schläft daher nicht wie sonst auf solchen langen Flügen, er schaut sich drei Filme an. Ich döse so vor mich hin, es ist ziemlich warm an Bord. Der Service ist ausgezeichnet, nur stören mich die vielen Turbulenzen. Unsere Flugroute führt von Frankfurt aus

Richtung Österreich, Ungarn, Schwarzes Meer, Kaspisches Meer, Iran, Indien, Bucht von Bengalen, ein Stück über den Indischen Ozean, Thailand bis nach Singapur. Als wir Indien überqueren, wackelt es ‚gehörig im Karton' und das bleibt fast bis zur Landung so. Inzwischen ist Donnerstag, der 02.09.2004 und wir landen gegen 17.00 Uhr Ortszeit im Stadtstaat Singapur. Wir haben nur knapp zwei Stunden Zwischenaufenthalt und um 19.00 Uhr starten wir in einer diesmal vollbesetzten Maschine Richtung Bali. Dieser Flug dauert nur zwei Stunden und ist sehr ruhig. Am Flughafen werden wir von unserem Reiseleiter abgeholt und wir treffen einen alten Bekannten – unseren Koffer. Wir sind sechs Leute und mit einem Kleinbus werden wir zum Hotel gefahren. Hier gibt es noch einen Begrüßungstrunk, dann geht es endlich unter eine warme Dusche und dann nach über 24 Stunden, gegen 23.30 Uhr Ortszeit (sechs Stunden plus zur ME Sommerzeit) endlich in die Waagerechte.

03.09.2004

Nach einer viel zu kurzen Nacht ist 07.00 Uhr Wecken, dann Frühstück und 08.30 Uhr Abfahrt zu unserer Bali-Rundreise. Wir sind nun insgesamt acht Leute, zwei Jüngere zwei Ältere (dazu zählen wir uns diesmal auch). Wir verlassen Sanur und erster Stopp ist an einer Geldwechselstelle, der Kurs steht bei 1 Euro zu rund 11.000 indon. Rupien. Nächster Halt ist an einem Batikzentrum, wo u. a. Sarongs verkauft werden. Unser Reiseleiter erklärt, dass wir alle einen Sarong benötigen, um die Tempel betreten zu dürfen. Der Sarong ist traditionelles Kleidungsstück und wird wie ein Wickelrock getragen. Auch die Männer tragen hier den Sarong und man kann am Sarongknoten erkennen, ob der Mann ledig oder verheiratet ist und ob er viel oder wenig Macht besitzt. Der Sarong reicht bis zu den Knöcheln und somit sind die Knie

bei den Frauen und die Beine der Männer bedeckt. Im Batikzentrum gibt es eine große Auswahl an schönen Stoffen und
Sarongs, aber ich habe lange Röcke mit und Wolle trägt zur
Tempelbesichtigung lange Hosen. Zurück im Bus macht uns
unser Reiseleiter mit den ‚drei goldenen Busregeln' für unsere
Rundreise bekannt: 1. nicht im Bus rauchen, 2. keine Durian (Stinkfrucht) essen, 3. keine ‚Tretminen' an den Schuhsohlen mit in den Bus schleppen. Die Straßen hier sind recht
schmal und voller Mopeds, Mofas und Bemos. Bemos sind
indonesische Minibusse, ähnlich unserem Barkas, haben längs
zum Auto eingebaute Sitzbänke und sind meistens total über-
füllt. Es herrscht auf Bali Linksverkehr und ein ziemliches
Durcheinander wirbelt über die Straßen. Die sehr beliebten
und für balinesische Verhältnisse erschwinglichen Mopeds und
Mofas sind voll beladen und ein wildes Hupen liegt in der
Luft. Wird hinter einem gehupt, heißt das: es wird überholt,
blinkt ein Auto vor einem rechts, biegt aber nicht ab, heißt
das: nicht überholen, da Gegenverkehr. Gibt ein Auto Licht-
hupe heißt das: abbremsen oder zur Seite fahren. Übrigens
gibt es auf Bali keine Autoversicherung – ein balinesischer
Autofahrer soll keine Ameise, Eidechse, Katze oder Hund tot-
fahren. Wenn doch wird das Fahrzeug symbolisch gereinigt
und vom Priester mit Weihwasser besprengt. Passiert ein Unfall mit Personenschaden, dann wird das Auto verkauft. Der
Linksverkehr geht nicht auf Engländer zurück, sondern resul-
tiert zu 80 % aus dem Glauben der Balinesen. Auf der linken
Seite der Straße wohnen nämlich die bösen Geister und daher wird links gefahren, um sie zu vertreiben. Wir vertrauen
unserem Busfahrer und den guten Geistern und hoffen, dass
alles gut geht. Die Balinesen sind in ihrem Glauben geprägt
von Animismus, dem Glauben an eine beseelte Natur und
dem Glauben an Dämonen und magische Kräfte. Geisterbe-
schwörung soll negative Kräfte der Natur bannen und die
Menschen auf positive Kräfte bringen. Am stärksten beein-

flusst von Geistern/Göttern und Dämonen ist der Hinduismus auf Bali. Zur Religion der Indonesier gehören aber auch der Islam, der Buddhismus und das Christentum. Als Balinese muss man einer der vier genannten Religionen angehören und das wird im Personalausweis eingetragen. Die Inselbewohner stehen also ständig im Kontakt mit den Göttern. Überall findet man auf den Fußwegen, an Eingängen zu Geschäften usw. kleine, kunstvoll angefertigte Opferschalen. Sie werden aus schmalen Palmenblätterfasern gefertigt und liebevoll mit Blüten, Obststückchen, Keksen usw. gefüllt, manchmal steckt auch ein Weihrauchstäbchen dabei. Unsere Fahrt führt von Sanur nach Batubalan und hier erleben wir die Aufführung des Barongtanzes. Es ist ein Maskentanz, sehr lebendig und farbenprächtig. Der Barong ist ein Fabelwesen und verkörpert das Gute. Er bekämpft das Böse, das durch die Hexe Rangda dargestellt wird. Beide sind am Ende allerdings gleichstark. Die Aufführung wird musikalisch untermalt von einem Gamelan-Ensemble. Dabei bestehen die Instrumente aus verschieden großen, handgeschmiedeten Kupfergongs und einem großen aufgehängten Becken. Bis zu 30 Musiker werden zum Teil benötigt, um qualitativ sehr gute Gamelanmusik zu machen. Der anderthalbstündige Tanz gefällt uns sehr gut und die ersten Fotos werden gemacht. Auf unserer anschließenden Fahrt geht es über Celuk nach Mas. Celuk ist bekannt für Gold- und Silberschmuck und der Ort Mas für Holzschnitzarbeiten. Im Holzschnitzerdorf sehen wir uns eine kleine Schnitzerei an. Es gibt hier ganz tolle Holzmöbel, Masken, Statuen usw. Wir erfahren, dass die Edelhölzer wie Sandel- und Ebenholz (auch Eisenholz genannt) z. B. von Borneo importiert werden, da sie auf Bali nicht wachsen. Je älter ein Sandelholzbaum ist, umso intensiver ist sein typischer Geruch des Holzes. Ab 30 Jahre aufwärts entwickelt der Baum seinen Geruch. Auf Bali findet man u. a. den Hibiskusbaum, den Mahagonibaum und den ‚Krokodilbaum'. Er wird so genannt, weil der Baumstamm wie ein Krokodilrücken genarbt ist. Deren Hölzer werden vorwiegend zu den verschiedensten Dingen verarbeitet. Übrigens war der Beruf des Holzschnitzers früher nur bestimmten Kasten vorbehalten. Auf unserem weiteren Weg nach Ubud besichtigen wir dann unseren ersten Tempel. Es ist der Goa Gajah (Goa = Höhle), aus dem 11. Jahrhundert. In die s. g. Elefantenhöhle gelangt man durch das steinerne Maul eines Dämons. Die Höhle wurde erst 1923 wiederentdeckt. Vor der Höhle sind Badeplätze, die 1954 ausgegraben wurden. Zahlreiche Balinesen sind auf dem Tempelgelände und bereiten ein Tempelfest vor. Es werden ganz tolle Opferschalen gestaltet, Bambusstangen geschmückt und die Balinesinnen kauen dabei Betel. Man ist dadurch in einem leichten Rauschzustand und nutzt das, um Alltagssorgen zu vergessen. Die Tempel hier sind ganz anders als die, die wir in China, Japan oder Thailand besichtigten. Hier ist alles naturbelassen, ohne reiche Verzierungen, Prunk, Gold und Farben. Bali wird ja auch Insel der 10.000 Tempel genannt, es sollen aber wohl mehr als 20.000 sein. Es gibt überall Tempel: in Häusern, Höfen, auf Plätzen und jede Berufsgruppe hat auch einen Tempel. Auf dem Feld für die Reisbauern, am Strand für die Fischer usw. Jedes Dorf hat drei Tempel, den Pura Puseh (Pura = Tempel, Puseh = Geburt, Geburtstempel) den Pura Desa (Dorftempel) als Zentrum des dörflichen Lebens und den Pura Dalem (Todestempel). Es ist inzwischen ganz schön warm und wir bestaunen die Reisfelder, die herrlichen tropischen Pflanzen, die Orchideen und blühenden Bäume. Unser nächstes Ziel ist das rätselhafte Felsrelief von Yeh Pulu. Es befindet sich in der Nähe von Bedulu, stammt aus dem 14. Jahrhundert, wurde 1925 wiederentdeckt und bis heute kann man die Abbildungen auf dem Relief nicht deuten. Wir fahren dann nach Ubud. Die Stadt liegt inmitten von herrlichen Reisterrassen, tropischen Wäldern und Schluchten. Der Name Ubud stammt von dem balinesischen Wort für Medizin: ubad. Früher war Ubud ein wichtiger Ort für Heilkräuter und -pflanzen. Ubud war auch ehemalige alte Königsstadt und so hat man heute alte Paläste in Hotels umgewandelt und der Tourismus erholt sich langsam wieder nach dem Anschlag 2002 auf Bali. Die Stadt ist auch Anziehungspunkt für viele Künstler. Wir besichtigen den Lotustempel und das ehemalige Palastgelände Puri Saren (Purmi = Palast). Es liegt mitten in der Stadt und war Residenz des Rajahs von Ubud. Gegen 17.30 Uhr sind wir in unserem Übernachtungshotel am ,monkey forest'. Das Hotel am Affenwald ist wie ein Tempel gebaut: hohe Mauern, kleine Türmchen, verwinkelte Ecken und die Zimmer nur über Außentreppen zu erreichen. Hinter dem Hotel erstreckt sich der Affenwald und man wird darauf hingewiesen, dass abends Fenster und Türen geschlossen zu halten sind und keine Kleidung oder anderes auf dem Balkon zu lassen ist. Sonst kann es passieren, dass am nächsten Morgen ein Affe mit deiner Badehose am Pool sitzt.

04.09.2004

Am Morgen sehen wir doch tatsächlich 'nen Affen über unseren Balkon klettern. Nach dem Frühstück setzen wir unsere Rundreise fort und erstes Ziel ist das Dorf Petulu. Wir machen einen kleinen Spaziergang auf der ,Dorfstraße' und schauen uns die Kuhreiher hoch über uns in den Bäumen an. Unser Reiseleiter erzählt, dass sie von Geburt an bis zum Tod im Baum leben. Sterben sie, bleibt das tote Tier solange im Baum, bis die Reste herunterfallen. Die weißen Kuhreiher werden als heilig betrachtet und verehrt. Beim Spaziergang durchs Dorf sehen wir wieder typische Bauerngehöfte. Sie sind von hohen Mauern umgeben als Schutz vor Dämonen – die haben nämlich kurze Beine und deshalb hat man hohe Mauern um die Anwesen, aber auch hohe Fußwege. Jedes Haus hat seinen eigenen Haustempel, die Häuser sind z. T. mit Elefantengras gedeckt. Uns begegnen Bauern mit Kraut von Süßkartoffeln auf den Schultern, das als Schweinefutter verwendet wird, Balinesinnen tragen geflochtene Körbe mit Eiern auf dem Kopf – das ist schon alles recht interessant für unsere ‚europäisch geprägten Augen'. Die Häuser stehen inmitten von dichtem Grün und sehen selbst wie kleine Tempel aus. Vor vielen Häusern stehen Körbe mit Kampfhähnen. Die Hähne werden jeder getrennt für ca. drei Monate in einem Käfig gehalten. Da sie nur einen kleinen Bewegungskreis im Käfig haben, treten sie oft auf der Stelle und das kräftigt die Beine. Sie bekommen nur bestes Futter, sind abgeschirmt und bleiben daher gesund. Ein Hahn kostet etwa 20 Euro, das Einsatzgeld beim Hahnenkampf kann aber bis zu 1.000 Euro und mehr betragen. Der Gewinner erhält den doppelten Einsatz, muss aber 10 % davon für die Dorfgemeinschaft spenden. Eigentlich sind Hahnenkämpfe um Geld illegal – werden aber in jedem Dorf abgehalten. Die Kampfhähne sollten zur Beruhigung der Balinesen und als Zeitvertreib gehalten werden. Im Dorf gibt es auch einen kleinen ‚Tante Emma' Laden. Neben Brot, Obst, Gemüse, Waschpulver, Eiern usw. stehen fein ‚säuberlich' aufgereiht Benzinkanister. Der Liter kostet rund 2.000 Rp, es ist aber nicht besonders rein und daher säubert man etwa alle sechs Monate den Tank seines Fahrzeuges. Das ist natürlich amüsant für uns und unser Reiseleiter erzählt in dem Zusammenhang etwas zum Führerschein auf Bali. Man muss also auch hier eine Fahrprüfung ablegen, alle fünf Jahre wird man erneut geprüft. Eine Augenkontrolle findet auch alle fünf Jahre statt. Auf unserer Weiterfahrt kommen wir immer wieder durch kleine Dörfer und an großen Reisterrassen vorbei. Es gibt drei Sorten von Reis, schwarzen, roten und weißen. Der schwarze wird zu Reiswein verarbeitet oder zur Schmuckherstellung verwendet. Den roten benutzt man auch als Schmuckelement zu Tempelfesten und der weiße ist das Nahrungsmittel. Bis zu drei Ernten im Jahr sind hier auf Bali möglich. Von einem ca. 100 m² großen Reisfeld erntet man etwa 50 kg Reis. Wenn man bedenkt wie mühsam die Arbeit dafür ist ... Der Reisbauer hat die Aufgabe das Feld mit Hilfe von Wasserbüffeln vorzubereiten und dann die Reispflanzen in den schlammigen Boden zu setzen. Die Reisbäuerin muss später das Unkraut zwischen den Pflanzen beseitigen. Dabei steht sie fast bis zu den Knien im Wasser und damit es auch ein bisschen ‚abwechslungsreich' zugeht, leben im Wasser ‚niedliche' Blutegel, Schlangen, Aale und andere Fische. Als Schutz vor den Blutegeln werden deshalb z. B. die Fußsohlen mit Salbe eingerieben. Gummistiefel o. ä. trägt hier niemand. Ist das Feld dann abgeerntet wird das Reisstroh verbrannt und wieder als Dünger auf das Feld gebracht. Reisanbau auf Bali ist bis zu einer Höhe von 700 Meter möglich. Auf Borneo oder Sumatra sogar bis zu einer Höhe von 1.500 m. Alle 210 Tage feiert man z. B. das Fest zum ‚Geburtstag der Reisfelder'. Auf Bali werden überhaupt viele Feste gefeiert. Man feiert auch alle 210 Tage das Fest ‚zum Geburtstag der Eisenwerkzeuge'. Dabei werden z. B. Hammer und Meisel, aber auch Mopeds und Autos geschmückt und man dankt damit der Erfindung des Eisens. Die normale Arbeitszeit beträgt sechs Stunden täglich und man hat zwei Wochen Urlaub im Jahr. Zum Teil ist es so, das Gastarbeiter von den umliegenden Inseln hier arbeiten, damit die Balinesen ihre traditionellen und religiösen Feste feiern können. Nächster Zwischenstopp am heutigen Tag ist an einem Gewürzgarten. Wir sehen uns an wie Kakao, Kaffee, Zimt, Nelken, Muskat, Vanille, Ananas, Yakfrüchte und Pfeffer heranwächst. Unser Reiseleiter erzählt auch, dass man hier z. B. den Saft des Weihnachtssternes zum Kleben von gerissenen Musikkassettenbändern verwendet. Der Weihnachtsstern wächst hier als große strauchartige Pflanze – toll. Auf unserem Programm steht natürlich auch wieder ein Tempel. Wir besichtigen den Pura Kehen. Es sieht dabei immer recht lustig aus und wir ziehen die Blicke der Einheimische auf uns, wenn die Männer aus unserer Reisegruppe im Sarong ‚dahinschreiten'. Unsere zwei jungen Männer haben außerdem eine Figur wie ‚Arni' und viele Balinesen sprechen die Beiden auf ihre muskulösen Oberkörper an. Mancher tippt dabei mal verstohlen auf die Oberarme, andere wollen sogar ein Foto davon. Also, am Parkplatz vor dem Tempel wird sich ‚tempelfein' gemacht und dann ‚schreiten' alle mehr oder weniger graziös los. Unser Reiseleiter trägt immer den Sarong; abends mit Hemd und in Jeans erkennt man ihn kaum. Der Tempel Pura Kehen wurde bereits im 11. Jahrhundert gegründet. Er ist ein Stufenheiligtum, gehört zu den sechs bedeutendsten Tempeln auf der Insel. Auf seinem Gelände steht auch ein riesiger, etwa 1.200 Jahre alter Gummibaum. Ein solcher Baum ist heilig und wird als Symbol für Indonesien betrachtet. Ein Hindutempel wie der Pura Kehen hat als Dach den Himmel und die Erde bildet seinen Boden. Die Treppen zum Tempeltor sind rechts und links mit Figuren bestückt. Die Figuren der linken Seite verkörpern dabei die guten Geister, die der rechten Seite die bösen Geister. In diesem Zusammenhang erfahren wir auch, dass steinerne Frösche als Wächter fungieren. Man findet sie daher fast überall – auf Plätzen, in Parks, auf dem Tempelgelände, auf dem Gelände der Bauernhöfe usw. Man sagt, da die Frösche ‚nie die Augen schließen und schlafen' sind sie als Wächter vor dem Bösen besser geeignet als z. B. ein Hund. Unsere Mittagspause machen wir in einem Restaurant im ‚Schwarzwald' von Bali, in etwa 500 Meter Höhe. Die balinesische Küche ist schmackhaft und nicht so scharf für unseren Gaumen wie in Thailand oder China. Unser Reiseleiter erzählt, dass Balinesen weder Hund noch Katze essen und prägt dabei den Satz des Tages: „Chinesen essen alles was vier Beine hat, außer Tisch und Stühle und alles was zwei Flügel hat, außer Flugzeuge." Wir amüsieren uns natürlich köstlich über diese Äußerung. Nach dem Mittagessen sehe ich das erste Mal in meinem Leben ein Erdnussfeld. Die Pflanzen entwickeln an ihren Wurzeln in der Erde kleine Knötchen und daraus werden dann die Erdnüsse. Also, warum heißt die Erdnuss, Erdnuss? Weil es eine Nuss ist, die aus der Erde kommt. Wir fahren weiter und erreichen Klunkung. Die Stadt hat heute ca. 20.000 Einwohner und war jahrhundertlang Sitz des Obersten Gerichtshofes von Bali. Auf die geschichtliche Bedeutung des Ortes weist heute noch die beeindruckende Kerta Gosa, die Gerichtshalle, hin. Sie steht erhöht auf einem Podest, ist nach vier Seiten hin offen und überdacht. Die Innenseite des Daches ist mit Zeichnungen versehen, die anschaulich zeigen, welche Strafen einen bei ungehörigem Benehmen wie Lügen, Stehlen, Ehebruch oder Prostitution erwarteten. Im angrenzenden Museum sehen wir u. a. eine Zahnfeile monströser Art. Dazu erzählt unser Reiseleiter folgende Geschichte: Jeder balinesische Junge zu Beginn des Stimmbruchs und jedes balinesische Mädchen mit der ersten Menstruation wurden zum Tempel gebracht. Dort nimmt der Priester die ‚Zahnfeilezeremonie' vor. Ohne Betäubung werden die vorderen, oberen sechs Zähne befeilt. Damit sechs böse Eigenschaften, die im Laufe des Lebens eventuell kommen, abgewehrt werden. Dazu zählen: Habgier, Neid, Zorn, Eifersucht, Wollust und Betrunkenheit. Die Zeremonie wird wohl heute auch noch durchgeführt. Das ist für uns ziemlich unvorstellbar und erzeugt ‚Gänsehaut'. Unser Reiseleiter meint allerdings dazu, dass ihm die Oberarmtatoos unserer jungen Männer viel mehr Respekt einflößen, wenn er nur an das Tätowieren mit der Nadel denkt. Am späten Nachmittag fahren wir noch nach Tenganan, einem Bali Aga Dorf. Hier leben noch die Ureinwohner Balis aus vorgeschichtlicher Zeit. Sie sind ihren Traditionen seit Jahrhunderten treu geblieben und das Dorf wirkt auch wie aus einer anderen Zeit. Gehöfte zwar auch umgeben von hohen Mauern, Lehmwege und strikte Regeln sollen die alten Traditionen bewahren. So war es lange Zeit üblich, Inzucht zu halten und auch heute ist der Zuzug Fremder ausgeschlossen. Bekannt sind die Agas durch die Herstellung ihrer Doppel-Ikats. Dabei werden Kett- und Schussfäden vor dem Weben durch Abbinden eingefärbt und dann erst nach einem genauen Plan am Webstuhl verarbeitet. Unser Hotel liegt am Condi Beach und die Zimmer sind in kleinen Bungalows. Einer der Swimmingpools liegt an der Meerseite und man hat einen tollen Blick.

05.09.2004

Unser erstes Ziel am heutigen Sonntag ist Goa Lawah, die Fledermaushöhle. Hier steht ein 800 Jahre alter Tempel, der auch zu den sechs bedeutendsten auf Bali gehört. Man glaubt, dass in der Höhle eine Pythonschlange und eine weiße Kobra als Tempelwächter fungieren. Angeblich sieht man die weiße Kobra nur alle 20 Jahre. Die hier lebenden Fledermäuse werden von den Balinesen als heilig angesehen. Man glaubt, dass eine unterirdische Verbindung zwischen Goa Lawah und Besakih – dem großen heiligen Tempel am Fuße des Vulkans Gunung Agung – besteht. Die Fledermäuse spüren Eruptionen des Vulkans in ihrer Höhle und verlassen diese dann zu Tausenden. Das ist ein Zeichen für die Balinesen, dass der Vulkan wieder aktiv ist bzw. ein Ausbruch bevorsteht. Am heutigen Sonntag findet hier ein Tempelfest statt. Aus den umliegenden Dörfern kommt man mit kunstvoll arrangierten Opfergaben zum Tempel. Man trifft sich am Strand und in einer feierlichen Prozession zieht man zum Tempel. Die Leute sind in Festtagskleidung, ihre Autos bzw. Mopeds sind mit einem Band versehen und das ist Zeichen für die Verkehrspolizisten, diesen Leuten bevorzugt freie Fahrt zu gewähren. Stellt Euch das mal bei uns vor! Im Tempel werden die Opfergaben vom Priester geweiht, darin enthaltenes Geld verbleibt im Tempel, man betet und dann nimmt man seine Opfergaben wieder mit nach Hause und isst sie gemeinsam mit der Familie und den Nachbarn. Die Opfergaben bestehen aus toll hergerichtetem und zu kleinen Türmen aufgeschichteten Obst, Blumen, Gemüse, gegrilltem Fleisch, Reis usw. Wir fahren von Goa Lawah über Klungkung nordwärts, kommen durch wunderschöne Berglandschaft mit herrlichen tropischen Wäldern, schmalen kurvigen Straßen und kleinen Dörfern. Dann sind wir am ‚Muttertempel' Balis, dem in 950 Meter Höhe am Fuß des heiligen Vulkans Gunung Agung gelegenen Pura Besakih. Der gesamte Tempelkomplex ist recht groß und umfasst etwa 200 Bauwerke. Auch hier alles naturbelassene Wände, steinerne Figuren usw. Einziger ‚bunter' Tupfer sind die schwarz/weiß karierten Sarongs, die den steinernen Tempelwächtern umgebunden wurden. Diese Sarongs findet man an vielen Tempeln und sie sind Symbol für den Ausgleich zwischen Gut und Böse. Alle 100 Jahre wird ein großes Fest im Tempel Besakih gefeiert, mit gleichzeitiger Besteigung des Vulkans. Das dient zur symbolischen Reinigung und Vertreibung aller bösen Geister. 1963 sollte wieder dieses große heilige Fest stattfinden. Mitten in den Vorbereitungen und kurz vor dem Fest brach allerdings der mit 3.142 Meter Höhe fünfthöchste Vulkan Indonesiens aus und verwüstete große Teile Ostbalis. Der Gunung Agung – der heilige Berg Balis – wird von den Balinesen als Sitz der Götter angesehen. Übrigens sieht man kaum Balinesen im Meer baden – das Meer wird als Haus der Dämonen betrachtet. Erst 1979 holte man die Feier aus dem Jahr 1963 nach. Wir fahren weiter Richtung Norden und kommen am Batursee vorbei. Der See erstreckt sich halbmondförmig auf einem Drittel des Baturkraters. Der Baturkrater ist einer der großen der Welt und gehört zum 1.700m hohen Mt. Batur Vulkan. Es gibt hier auf Bali, Lombok, Sumatra und Java viele aktive Vulkane, die sich kettenar-

tig über die Inseln ziehen. Sie sind Zeichen für den Sunda-
graben. Das ist ein Tiefseegraben, der sich mit rund 7.400
Meter Tiefe südlich von Sumatra und Java im indischen Ozean erstreckt. Der Graben ist eine der geologisch aktivsten Regionen der Erde und neben den vulkanischen Aktivitäten gibt
es hier auch häufig Erdbeben. Diese werden durch die In-
disch-Australische-Platte verursacht, die sich unter den indo-
nesischen Archipel schiebt. Zwischen Sumatra und Java liegen Überreste des Vulkans Krakatau. Er explodierte 1883 und
der Vulkanausbruch war von einem Seebeben begleitet, das
35 Meter hohe Flutwellen verursachte. Diese erreichten die
Küsten von Java und Sumatra, dabei kamen 36.000 Menschen ums Leben, riesige Gebiete wurden verwüstet. Der Ex-
plosionsknall war noch in 4.800 km Entfernung zu hören.
Wahnsinn! Durch neue Vulkanausbrüche entstand im Jahr
1927 im Kern der Caldera ein neuer kleiner Inselvulkan –
Anak Krakatau (Kind von Krakatau). Das ist ja alles unwahrscheinlich interessant, aber ich hoffe auf die guten Geister
und das sich nicht gerade jetzt ein Vulkan zum ‚spucken' ent-
schließt oder ein Erdbeben ‚zeigt'. Da hat man im ‚Hinter-
stübchen' immer ein bisschen Bedenken vor einem Terroran-
schlag, aber das einem ein Vulkan ‚um die Ohren fliegen kann'
oder die Erde unter einem ‚wackelt', das ist gar nicht so richtig in unserem ‚Touristenbewusstsein'. Unsere Mittagspause
machen wir in einem Restaurant, von dem man einen herrlichen Blick zum See und zum Gunung Agung hat. Nach der
Mittagspause treffen wir auf ‚fliegende' Straßenhändler. Sie
wollen ihre Sarongs, kunstgewerblichen Gegenstände usw. an
uns verkaufen. Sie bieten einen tollen Preis, gibt man das Geld
hin, wird in Windeseile und für uns kaum zusehen, die Ware
mit welcher von minderer Qualität vertauscht und dann sind
die Händler ‚davongeflogen'. Unser Reiseleiter erzählt, dass
die Straßenhändler hier oben zum Teil recht aggressiv gegenüber Reisebussen auftreten. Die Busse wurden schon beschä-

digt oder am Weiterfahren gehindert. Uns bleibt das – den guten Geistern sei Dank – erspart und so können wir ohne Zwischenfall weiter. Unser nächster Besichtigungspunkt ist der Pura Beji, ein bekannter nordbalinesischer Tempel. Er stammt aus dem 15 Jahrhundert und ist der Reisgöttin Dewi Sri gewidmet. Unser Reiseleiter erklärt, dass man an diesem Tempel auch architektonische Einflüsse der Holländer, Thailänder und Chinesen findet. Bei diesem Tempelbesuch hören wir auch, dass der Priesterberuf hier vererbt werden kann. Priester müssen heiraten; Ehefrauen von verstorbenen Priestern können den Beruf erben und dann auch ausüben. Die Priester dürfen hier nur ihre Religion praktizieren, aber nicht politisch tätig werden. Übrigens ist ihnen Alkohol erlaubt – kein Wunder bei den vielen Festen und den hochprozentigen Getränken die dabei getrunken werden. Wir fahren dann weiter und unser heutiges Übernachtungshotel ist am Lovina Beach direkt am Meer. Hier haben wir sehr schöne Bungalows und es gibt lavageschwärzten Strand.

06.09.2004

Heute ist leider schon unser letzter Rundreistag und auf unserem Programm steht u. a. der Besuch des Gitgit-Wasserfalls. Es ist Balis höchster Wasserfall und unser Reiseleiter nennt ihn scherzhaft ‚Niagarafall Balis'. Vom Busparkplatz aus muss man etwa 15 min zum Wasserfall laufen. Es gibt einen kleinen Weg der auf einer Seite von Nelkenbäumen und Kaffeesträuchern gesäumt wird, auf der anderen Seite reihen sich dicht an dicht kleine Souvenirstände. Es ist noch relativ zeitig und die Händler sind erst dabei ihre Buden herzurichten. Der Wasserfall ist ca. 75 Meter hoch und natürlich im Vergleich zu den Niagarafällen ‚winzig'. Auf dem Rückweg vom Wasserfall werden wir dann an jeder Bude angesprochen und zum Kaufen aufgefordert. „Sir, look in my shop. Mam, I give you a good price." Wir fahren wieder Richtung Süden und machen einen kurzen Stopp am s. g. ‚Affenberg'. Er liegt etwa auf 1.400m Höhe und von hier hat man einen schönen Blick zum Bujansee. Es gibt hier auch Affenfamilien, die an der Straße auf die Touristen warten. Am Haltepunkt kann man Affenfutter kaufen und sofort sind sie da. Das ist ein Schauspiel! Wir fahren dann weiter durch bergiges Gebiet mit herrlichem Urwald. Am Bratansee machen wir den nächsten Stopp. Der See wird von den Balinesen ‚heiliger Bergsee' genannt und sein Wasser soll magische Kräfte besitzen. Auf einer Insel im See steht der Pura Ulun Danu. Dieser Tempel wurde 1633 erbaut und man verehrt in ihm Dewi Danu, die Göttin des Meeres und der Seen. Hier am See ist es im Vergleich zu den bisherigen Aufenthaltsorten von uns merklich kühler und windiger. Nach unserer Mittagspause fahren wir an die Küste des Indischen Ozeans. Hier steht der sehr schöne Pura Tanah Lot aus dem 16. Jahrhundert auf einem Felsen im Meer. Allerdings hat die Tourismusbranche hier auch alles ‚in Beschlag' und so gibt es viele, viel Leute, Souvenirstände in Massen, Hotels, Restaurants usw. ‚Tanah' bedeutet ‚Ozean' und ‚Lot' ist die Erde. Unseren letzten Besichtigungspunkt haben wir nun auch gesehen, auf Foto und Film festgehalten und nun heißt es Rückfahrt Richtung Küste. Dort werden wir in unseren Badehotels abgesetzt und für Wolle und mich beginnen zehn Tage Erholung pur.

Unsere 25. Rundreise weltweit ist nun zu Ende und wir haben wieder sehr, sehr viel gesehen, erlebt und gelernt. Im Vergleich zu unseren bisherigen Rundreisen war diese hier sehr kurz, wir waren nur vier Tage unterwegs und haben dabei insgesamt 630 km zurückgelegt. Bali, eine der Kleinen Sunda-Inseln im Indischen Ozean, ist ja nur 145 km lang und 80km breit, hat ca. 5.600 km² Fläche, ist 15 Flugstunden von uns entfernt, hat nur etwa 2.800.000 Einwohner, ist aber landschaftlich sehr schön und ganz anders, als bisher gesehenes. Der Name Bali kommt vom balinesischen Wort Wali und bedeutet Opferschale, Feier/Fest und wie bereits erwähnt, finden hier ja sehr viele Feste statt. Das Leben in den Dörfern hat mich beeindruckt, alleine schon die Bauerngehöfte, die kleinen Geschäfte usw. Wie in China haben wir auch hier Leute gesehen, die am Nachmittag gemeinsam auf den Fußweg Schach oder anderes gespielt haben. Wir haben Frauen gesehen, die zu dritt oder viert hintereinander auf dem Fußweg saßen und ihre Köpfe gegenseitig nach Läusen absuchten. Eigentlich sollten Balinesinnen ihre schönen schwarzen Haare bis zum Knie tragen. Das ist aber für fast alle zu teuer – die Mittel gegen Läuse kosten sehr viel Geld und so trägt man die Haare meist nur über die Schultern. Alte Balinesen sieht man kaum auf den Straßen, Märkten oder Feldern, obwohl die Lebenserwartung hier inzwischen bei 68 Jahren für die Frauen und bei 73 Jahren für die Männer liegt. Die alten Balinesen bleiben im Haus oder auf den Bauerhöfen, kümmern sich dort um alles, auch um den Haustempel. Es ist auf Bali auch heute noch so, dass eine große Familie als soziale Absicherung gilt. Es gibt keine staatliche Altersvorsorge (nur für Regierungsbeamte) und keine Krankenversicherung. Bali hat auch noch keine eigene Stromerzeugung. Strom wird von Java bezogen. Tja und so gibt es noch etliches was man anführen könnte. Wolle und ich verbringen bei herrlichstem Wetter, also Sonne pur, Temperaturen um 32 °C und nicht so hohe Luftfeuchtigkeit unseren Badeurlaub. Wir liegen insgesamt 60 Stunden unseren Hintern am Pool platt, machen jeden Nachmittag einen Spaziergang zum Strand und durch die umliegenden Straßen und sind froh, diese Runden immer mit gesunden Gliedmaßen zu beenden. Ich habe ja erwähnt, dass die Fußwege hier sehr hoch sind, wegen der bösen Geister und Dämonen (dass man Touristen auch dazu zählt, wusste ich allerdings nicht), Die Fußwege sind nämlich nicht nur hoch, nein – da fehlen gleich mal die Gullydeckel, an Einfahrten fehlt abrupt ein Stück Weg, kaputte Wegplatten ragen in die Höhe bzw. sind notdürftig abgedeckt. So eine Abdeckung sollte man aber nicht betreten, die kippt nämlich ab und man ‚poltert' unerwartet einen halben Meter abwärts. Es geht bergauf und -ab und wenn man nicht aufpasst ‚plumpst' man mit einem Fuß 40 cm nach unten und der andere ‚patscht' in eine der kleinen Opferschalen, die auf dem Weg stehen. Man ist also mit Blick nach unten beschäftigt, ja nicht zu Stolpern oder Fehlzutreten und weicht auf die Straße aus – aber Vorsicht! Böse Falle – Linksverkehr! Hat man erfolgreich die Mopeds, Mofas, Bemos, Autos und Fahrräder ‚umkurvt', ertönt plötzlich ein: ‚määp, määp!' und man steht vor einem Kaki Lima. Das sind Straßenverkäufer die eine zweirädrige Karre vor sich her schieben. Darin ist eine kleine Kochstelle und sie bereiten u. a. Suppen zu. Hat man nun alles gut im Griff und vor allem im Blick, kann man einen Blick zu den Souvenirhändlern werfen. Aber nur einen kleinen, denn sonst kann man sich vor Aufforderungen doch näher zu kommen und zu kaufen, nicht retten. Wirft man dann eventuell noch einen weiteren Blick in die Runde, tönt es gleich mehrfach: „Hey Sir, do you need transport?" „Transport?" und voller Stolz zeigen Balinesen auf ihre polierten Mopeds oder Mofas und bieten Fahrdienste an. Allerdings gilt hier das Motto: many risk, no fun! Wir haben also unsere täglichen Nachmittagsspaziergänge ohne Blessuren erfolgreich absolviert. Zurück von einem solchen Spaziergang im Ort Sanur, kam dann am **15.09.2004** um 16.35 Uhr Ortszeit der ‚krönende' Abschluss unseres Urlaubes. Wir betreten unser Zimmer und haben für einen Moment den Eindruck, im Zimmer über uns werden die schweren Holzmöbel über die Fliesen geruckt. Als sich aber die Wände verschieben, die Stehlampen bedenklich wackeln und ein Grummeln in der Luft zu hören ist, hält mich nichts mehr im Zimmer. Draußen stehen schon sämtliche Nachbarn und aufgeregt schwirrt das

Wort ‚earthquake' durch die Luft. Tja, nun hat also tatsächlich die Erde für einen Moment gebebt. Wieder eine Erfahrung die neu für mich ist, die bei uns aber einen ‚bleibenden Eindruck' hinterlassen hat. Am **16.09.2004** sind wir dann nach Hause geflogen; unser Urlaub war leider zu Ende.

Im Rückblick macht mich dieses Erlebnis auf Grund der verheerenden Flutkatastrophe vom Dezember 2004 in Südostasien sehr betroffen und man ist einfach wortlos, angesichts der unzähligen Opfer und des unsäglichen Leids, was sich in einer der schönsten Gegenden unserer Erde ereignet.

Zu Ende ist nun auch unsere ,Buchrundreise', die ,Zieletappe' ist greifbar – die letzte Seite.

Am Ende einer Reise – auch einer Buchrundreise? – fragt man sich immer, sind meine Erwartungen erfüllt, habe ich es mir so oder anders vorgestellt, was war toll, was nicht so und konnte ich mit Kompromissen umgehen oder Situationen, die nicht einkalkulierbar waren? Hat es mir gefallen, was habe ich alles gesehen, gehört, gelernt? Wenn man bereit ist, andere Lebensgewohnheiten, Ansichten und Auffassungen zu akzeptieren, ist eine gute Grundlage zum Gelingen einer Rundreise gelegt. Wir haben da allerdings schon viele schlechte Erfahrungen mit Mitreisenden gemacht, die dachten, es muss alles so sein wie zu Hause. Ich kann also nicht erwarten, dass z. B. im afrikanischen Busch ein geliebtes Schnitzel, ein wohltemperiertes deutsches Bier und die Filzpantoffeln auf mich warten.

Wie am Ende einer gut organisierten Rundreise verabschiede ich mich nun als Ihre ,Buchreiseleiterin' und hoffe, dass es Ihnen viel Freude gemacht hat, mit mir und meinem kleinen ,Reisebüchlein' unterwegs gewesen zu sein. Ich wünsche alles Gute und vielleicht treffen wir ja irgendwann und irgendwo bei einer Reise aufeinander.

Die Autorin ...

Jutta Kunze wurde 1960 in Merseburg geboren.
Sie lebt in Halle (Saale), ist verheiratet und Mutter einer
erwachsenen Tochter.

Nach Abschluss ihrer Schul- und Berufsausbildung zur
Wirtschaftskauffrau, mit einer Spezialisierung auf den
Einzelhandel, arbeitete sie lange in der Wirtschaftskontrolle und
Verwaltung.

Seit 1990 ist Jutta Kunze bei der Stadtverwaltung Halle (Saale)
als engagierte Verwaltungsfachangestellte tätig.

Die Autorin fühlt sich auf der ganzen Welt zu Hause.
Sie liebt das Reisen in ferne Länder ebenso sehr wie die Literatur.
Mit dem Schreiben von Reiseberichten kann Jutta Kunze diese
Leidenschaften wunderbar verbinden.

Durch die Augen der Autorin sieht man exotische Welten, setzt
seinen Fuß auf weit entfernte Kontinente und bestaunt fremde
Kulturen. Mit einer gehörigen Portion Charme und Humor in
ihren Texten, vermag Jutta Kunze bei jedem Leser die Neugier
und die Reiselust zu wecken.